江苏省哲学社会科学重点学术著作·青年文库

江苏省哲学社会科学重点学术著作·青年文库

消费合宜性的伦理意蕴

Ethical Meaning of the Propriety of Consumption

赵 玲 / 著

社会科学文献出版社
SOCIAL SCIENCES ACADEMIC PRESS (CHINA)

图书在版编目（CIP）数据

消费合宜性的伦理意蕴/赵玲著．－北京：社会科学文献出版社，2007.6
（江苏省哲学社会科学重点学术著作·青年文库）
ISBN 978－7－80230－694－3

Ⅰ.消… Ⅱ.赵… Ⅲ.消费经济学 Ⅳ.F014.5
中国版本图书馆 CIP 数据核字（2007）第 082030 号

目录

CONTENTS

绪　论 ·· 1
  一　生命尊严的消费之维及其现代际遇······················· 2
  二　本书的创新、方法及思路······································ 7

第一章　合宜与消费合宜性 ·· 15
  第一节　"合宜"的伦理内涵 ······································ 15
    一　"宜"—"义"—"礼"·· 16
    二　西方文化中的"合宜性"思想······························ 23
    三　合宜释义 ·· 30
  第二节　作为人的存在方式的消费 ···························· 40
    一　消费的多重规定性·· 40
    二　消费生产着人的存在方式 ·································· 45
  第三节　消费合宜性的价值规定及其历史演变 ········ 53
    一　消费合宜性的评判尺度 ······································ 55
    二　消费合宜性的传统内涵 ······································ 61
    三　"新"消费观念 ··· 65

第二章 消费经济功用的凸显及其道德风险
　　——消费合宜性问题产生的基本制度性架构 ········ 72
　第一节 消费经济功用凸显的必然性 ············ 73
　　一 消费在社会再生产中的地位 ············· 73
　　二 市场经济的内在要求 ················· 77
　　三 人的生命存在的时代诉求 ·············· 80
　第二节 资本主义消费精神的流变 ············· 83
　　一 节俭还是奢侈——资本主义起源的消费精神透析 · 84
　　二 西方资本主义消费精神的现代走向 ········· 94
　第三节 消费功用的道德风险 ··············· 100
　　一 现代市场经济的消费逻辑 ·············· 100
　　二 消费作为经济增长点的道德风险 ·········· 105
　　三 "刺激消费"政策的伦理反思 ············ 110

第三章 消费中的主体权能与生态限度
　　——生态难题及其破解：可持续消费 ········· 116
　第一节 生态向度下的人的消费 ·············· 117
　　一 自然与自由意志 ···················· 117
　　二 消费权利及其内在规定性 ·············· 122
　　三 现代消费对自然生态的影响 ············· 127
　第二节 人的主体权利的越位与归位 ············ 130
　　一 现代生态危机的消费根源 ·············· 131
　　二 自然权利说辩驳 ··················· 136
　　三 人的主体地位及其权利限度 ············· 141
　第三节 走向绿色文明的消费 ··············· 146
　　一 尊重自然 ······················· 146
　　二 坚持消费的可持续性 ················· 150

三　绿色消费理念……………………………………… 154

第四章　消费中的个性自由与社会公平
　　　　——自由难题及其破解：公平消费……………… 160
　第一节　消费行为的个性特征………………………………… 161
　　一　消费是个性自由的表征………………………………… 161
　　二　消费与个体社会身份建构……………………………… 168
　　三　个体自由消费的道德沉思……………………………… 175
　第二节　个体自由消费的伦理维度…………………………… 179
　　一　公共利益还是群体悲剧………………………………… 179
　　二　消费领域中个体与社会关系…………………………… 184
　　三　评价个体消费行为的双重向度………………………… 189
　第三节　现代消费中的公平问题……………………………… 194
　　一　公平理念………………………………………………… 194
　　二　消费差距的合理限度…………………………………… 200
　　三　公款消费的道德考问…………………………………… 207

第五章　消费中的自我欲求与人本根据
　　　　——人性难题及其破解：人本消费……………… 214
　第一节　消费与自我实现……………………………………… 215
　　一　自我的欲望及其裁决…………………………………… 215
　　二　适度消费及其伦理规定………………………………… 221
　　三　幸福的实现……………………………………………… 227
　第二节　消费的人本意蕴……………………………………… 232
　　一　消费的人本理念………………………………………… 232
　　二　"以人为本"——中国社会转型期的消费
　　　　价值选择………………………………………………… 239
　　三　广告下的理性——现代消费的人本指归…………… 244

第三节　人本消费的价值规范 …………………… 249
　　一　健康消费 ……………………………………… 250
　　二　科学消费 ……………………………………… 255
　　三　文明消费 ……………………………………… 258

第六章　现代消费美德 …………………………… 264
第一节　消费主义批判 ……………………………… 266
　　一　消费主义的兴起与蔓延 …………………… 266
　　二　消费主义的特征 …………………………… 271
　　三　消费主义的实质与危害 …………………… 275
第二节　节俭的现代诠释 …………………………… 281
　　一　传统节俭观述评 …………………………… 282
　　二　节俭的现实功用 …………………………… 289
　　三　节俭的现代内涵及其实现 ………………… 295
第三节　基本消费价值观辨析 ……………………… 298
　　一　"节俭"与"吝啬" ………………………… 298
　　二　"高贵"与"高消费" ……………………… 300
　　三　"享受"与"享乐主义" …………………… 303
　　四　"荣誉"与"虚荣" ………………………… 306
　　五　"成功"与"占有" ………………………… 309

结　语 ……………………………………………… 313

参考文献 …………………………………………… 316

后　记 ……………………………………………… 325

绪　　论

"人的全部尊严就在于思想"。17世纪的思想巨人帕斯卡尔在《思想录》中如是说,"人只不过是一根苇草,是自然界最脆弱的东西;但他是一根能思想的苇草。用不着整个宇宙拿起武器来才能毁灭他:一口气、一滴水就足以致他死命了。然而,纵使宇宙毁灭了他,人却仍然要比置他于死地的东西更高贵得多;因为他知道自己要死亡,以及宇宙对他所具备的优势,而宇宙对此却是一无所知"①。人的全部尊严就在于思想。由于有了思想,人就比摧毁他的任何东西甚至整个宇宙都高贵得多。由于有了思想,脆弱如苇草般的人却囊括了宇宙。人凭借思想意识到自己,使自己从自然界中独立出来,显示出他无与伦比的优越性和尊严。然而,人凭借思想,又必然会认识到自己的有限、死亡、可悲,认识到人的存在本身所面临的各种悖论:人自知又不自知;追求真理和幸福却又永远达不到真理和幸福;不愿承受劳碌之苦,但空虚和无聊更让人难以忍受……思想赋予人以尊严,思想使人优越于自然物,优越于其他物种甚至是浩瀚的宇宙,使人获得了尊严。但思想又会带给人忧虑、烦恼、危机,它又会使人陷

---

① 帕斯卡尔著,何兆武译《思想录——论宗教和其他主题的思想》,商务印书馆,1986,第157~158。

于种种诱惑、无知、自我迷失之中，遮蔽人的生命尊严。人应当如何去解决生命存在本身充满的种种矛盾，如何去为维护生命尊严而战，去叩问、追寻和创造生活的意义，使人高尚起来。因为"尊严就是最能使人高尚起来、使他的活动和他的一切努力具有崇高品质的东西，就是使他无可非议、受到众人钦佩并高出于众人之上的东西"①。

一　生命尊严的消费之维及其现代际遇

生命是每一个现实的人都能直接体验到的自己的存活状态。生命首先是活着，是肉体器官的运转和功能基本完好的状态。活着就要摄取、获取、消费养料，获得生的权利，去张扬自己的生命活力和生存欲望。这是肉体生命的内在要求。然而生命又并非无待，生是张扬、是蓬勃之态，但由于"命"这一客观实存，"生"就不是自我任意主张的激情状态，而总是要受制于"命"，受制于客观必然性。所以，人只能在能动与受动、自在与自觉、必然与自由之中去寻求生命的实现。同时，生命并不就是一个活着的状态，不是一个无目的的、任意发散的自然肉体生命的流逝过程，人作为有思想、有尊严之质的存在物，他的生命就不单纯是一个活着的问题，而是存在着一个为何活、如何活以及怎样活之类的问题。所以，一个人的生命不是纯然的肉体生命，它同时具有精神的、文化的本质；不是已经实现了的、既定的东西，而是不断开辟着新的可能性的合目的的生生不息的活动；不是可以由外在物（自然的或人为的）随意摆弄、处置的客观对象，而是人的自我理解、自我确证的活动。在生命过程中，人通过自己

---

① 《马克思恩格斯全集》第40卷，人民出版社，1982，第6页。

的思想以及将思想转化为实践的自觉自由的活动去不断地实现人的生命本质，去孜孜以求地发明工具、创造科技、拓展文明，争取在自然面前有更大的自由、自主的能力，摆脱受自然力支配的被动地位，获得高于其他物种的优越地位。因而，生命是人的生命，人如何使自己的生命存在归属于"人"的维度，如何使"自我确证"的对象性活动真正生成"人"的存在方式，实现和展示人的"全部丰富性"，使"人"真正变成"人"，而不是变成自己的对立物，即如何弥合人的灵与肉、理与欲之间的分隔，从而既尊重人的肉身存在的事实，尊重肉身存在欲望的合理性，又能不断对肉身欲望进行超越，逐步提升到更高的价值存在，去拓展人的心灵世界和精神世界，提高生命智慧，使人成为真实的人格主体，成为有着自我价值和尊严意识的人，并能在现实生活中去彰显、张扬生命存在的尊严。这是人类永恒的话题，也是人类必须面对的难题。然而，这个肇始于人类文明源头的问题，虽经历了农耕文明的审思、工业革命的洗礼，在科技高度发展的现代社会，依然没有得到一个确定性的实践答案，却更成为萦绕在现代人心头的一块难以排解的疑云，是那样的浓重，那样的挥之不去。生命应当如何？人类应当向何处去？人类一次次地问，一次次地反思。

人的生命尊严应当如何实现？尤其是在现代社会这个科技高度发达、物质财富相对丰富的社会，当"人被物包围"的那种性状的消费社会逐渐临近，当消费日益成为生活重心，当人的存在方式发生重大转换的社会条件下，人应当如何在消费生活中去维护和升华生命的尊严？

在传统社会，短缺、匮乏一直是人的需要满足的障碍。与这种匮乏的社会状况相应，"消费"不仅因其"毁坏、用光、浪费、耗尽"的消极内涵得不到道德正当性的证明，而且因其潜

消费合宜性的伦理意蕴

伏着"玩物丧志"、"享乐"、"纵欲"之类的危险性而一直备受思想家们的抵制与批判。伴随着市场经济的发展,伴随着人性的解放与政治民主化的进程,"消费"也经历了一场语意的深刻变革与解放过程,消费原初的消极内涵逐渐退隐,而其作为提升生活质量、推动幸福的意义逐渐彰显。特别是在现代市场经济的发展中,原本束缚人的需要得以满足的客观物质条件在经济发展、科技力量的作用下已得到根本性的改善,人们不再担忧那种落后生产方式下物质生活匮乏的不自由的生存际遇,拥有了自由地、随心所欲地选择自己生活方式、消费方式的可能与条件。然而,当欲望得到释放,当人们决意从消费中满足自己不断被激起的欲望时,也并未体验到真正的幸福与快乐。相反,前所未有的孤寂、恐惧、忧郁、空虚情绪包围着人类。由于市场化、世俗化、全球化浪潮的推进,消费俨然被视为一种生活方式、身份象征,消费成了一项人类需要花费大量时间与金钱的不可或缺的活动。在时尚、流行、品位等种种诱惑下激起的欲望不断膨胀起来,挤压、排斥着人的精神生活,使人日益变得世俗化、物欲化十足,越来越失去人性的丰满与光彩。更可怕的是,由于人们尚未意识到这种欲望满足的正当性源于客观社会条件,没有考虑到欲望的合理性在于对社会公共资源的尊重与维护,却任凭更"多"、更"好"的欲望驱使着自己的消费行为;当人类误将浪费、奢侈作为一种体面的、高尚的生活追求与生活理想时,已不止一次地打开了"潘多拉盒子":严重的生态危机正以锐不可挡的姿态报复着人类贪婪的、肆无忌惮的消费方式——土地沙化、草地锐减、怪病丛生……不公平的消费方式在一定程度上也导致了社会的动荡、不安。人的消费由于放大了人的肉体的存在,放纵了精神、灵魂对人的生命意义的引导,人的尊严并没有得到维护,而是面临着被颠覆的危险性。因而,当人自以为能通过消费

绪　论

确证自己的本质力量，肆无忌惮地征服自然、践踏自然的尊严的时候；当个体被无限充分的欲望调动起来并为贪婪欲望的满足而旁顾无人的挥霍、浪费时，人的良心、责任感、友爱精神、自爱自重等等人的尊严的内在精神资源正在消失，人类的尊严正遭受着前所未有的人的自我践踏。

中华民族在步履维艰中一路走来，传统与现代、现代与后现代的多重挤压，中华民族不仅经历着社会形式的转型，更经历着价值形式的嬗变。重义轻利、存理去欲等价值理念、道德准则正遭遇着空前的激荡与裂变。一向视安贫乐道、知足常乐为美德，视人欲为洪水猛兽，视休闲享受为玩物丧志、奢侈行径的信念正在被市场经济利益本位、效率优先、实效原则、个性至上的本质要求冲击着。随着体制的变革、观念的更新，中国人开始用务实的眼光反思长久以来一直被压抑的需要与欲望，贫困不再是光荣的代名词，艰苦朴素、清心寡欲也不再是大众的普遍生活方式，"新三年，旧三年，缝缝补补又三年"、克勤克俭的消费理念正经受着时代的反思与考验。当经济短缺时代那种计划生产、凭票供应、有限消费的方式被不断充裕的消费品所克服，当注重生活质量提高、消费结构升级的政策被作为现代文明的标志而不断被官方认可并强力支持，当新的消费理念在商业机构与媒体联姻的强势鼓噪下逐渐被人们内化为日常消费行为的参考与准则的同时，一些新的消费方式（借贷、按揭、旅游）不断涌现，使国人的生活质量与生活理念发生着新的演变。于是，消费不再被视作罪恶，而是维持人的生命存在、生命尊严和获得自由的必要条件。与此同时，出于迫切发展经济、摆脱贫困面貌的忧患意识，消费的经济功能得以彰显，消费业已成为不断培育经济发展的新的增长点的重要动力。在市场经济扩张性特点的本质要求下，消费已被纳入到经济持续发展的轨道之中，承载着重要的经济使

消费合宜性的伦理意蕴

命。"扩大内需,刺激消费"的经济政策便是对消费在现阶段中国作用的绝好诠释。对于处社会主义初级阶段的中国来说,重视与提高人民的消费水平、消费质量,不仅有助于促成合乎人性的生长环境的生成,而且是社会主义制度优越性的鲜明体现。然而,由于市场经济内在的功能性缺陷以及传统消费文化中一些腐朽、落后的沉渣泛起,当市场经济解放了人们对欲望克制、压抑的生活态度,以便于人的正当、合理、健康的生活成为现实的同时,也解放了人性中的弱点,贪婪、自私、纵欲、奢靡也在与日俱增起来,成为某些社会成员的实践信条与准则。不仅如此,当西方发达国家的消费主义伴随着全球化浪潮得以传播时,西方式的高消费模式与奢侈、享乐主义的生活理念却被我们这个欠发达国家竞相羡慕与模仿起来。一些具有"小资情调"的有产者开始有意经营着这样的生活方式,也有一些暴发户急于通过一掷千金的挥霍、攀比而获得自我价值实现的确证,更有一些集团消费、公款消费背离了社会公平原则,助长了享乐主义的奢侈之风,刺激着我们这个消费文化原本就不成熟的国家。就社会发展的实际要求而言,正当的、合乎人性发展需要的消费是值得提倡的,这对于我们这个经济落后的国家来说,更具有根本性的意义。但另一方面,中国还是经济力量较为薄弱、资源相对匮乏的国家,尚不具备高消费的条件。我们固然要反思以往的消费伦理,反思传统消费文化中压抑人的正当、合理欲望的成分,抛弃传统消费文化中的落后内容,但这并不意味着我们要毫无原则地矫枉过正,并不意味着要将节俭、朴素视作落伍、保守,将浪费、奢侈当做新潮、进步。我们鼓励消费,是要通过消费这一工具性的手段构建做人应当拥有的合乎尊严的生活方式,进而推动人的全面发展,而不是将消费视作生活的目的,以至于放浪形骸、奢侈无度,从而最终将人推向奴役与苦恼的困境。在多重困境与压力下的现代化中国,应当如何摆正消费的位置?应当树立何种消费方式与消费理念呢?

二 本书的创新、方法及思路

本书试图探究消费领域中的合宜性问题,希望通过消费合宜性这一理念,展示现代人的存在矛盾与困境,寻求有利于人的健康生存与自由发展的消费方式、存在方式,为现代人面临的消费问题提出一定的理论思考与解决方法。所以,本书主要集中于消费在人的生命尊严中所扮演的角色及人的消费在实现生命尊严中所应当持有的道德原则、处理诸种关系中所应有的道德立场。为了深刻论述消费及其对人存在的重要意义与现代社会合理、健康消费方式的应有状态,本书立足于社会主义市场经济建设这一宏观社会背景,立足于哲学伦理学层面,广泛汲取经济学、社会学、政治学、心理学的有关研究成果,力求论述深入、有理有据。从合宜性这一概念出发,本书坚持马克思主义人学的根本立场,指出,人的自由而全面的发展是评价社会生活中一切现象的终极价值尺度,每个人的自由而全面的发展就是作为一个完整的人,占有自己的全面的本质。消费是"人的本质"的表现和确认,也是人的本质的不断升华、不断发展的重要条件。也就是说,人的发展是消费是否合理的终极价值尺度,消费的目的在于人的自我发展和自我实现,人的潜能的发挥,人的健康生存与自由发展即人作为人的有尊严的存在。由此,本书从消费与人的存在的关系出发,在现代市场经济中消费功能凸显的必然性及其有可能带来的道德风险的基本制度性架构中考查了现代社会中的消费难题——生态难题(主体权能与生态限度之间的矛盾)、自由难题(个性自由与社会公平之间的矛盾)、人性难题(人自身灵

消费合宜性的伦理意蕴

魂与肉体的内在冲突),并相应地提出了难题破解的伦理对策,认为坚持以人为本,可持续地、公平地、适度地消费,推动人与自然、人与人以及人与自身关系的和谐,是现代社会消费合宜性的内涵。最后,消费合宜性能否实现还有赖于节俭之德的伦理支撑与价值维度,以培育人的合理存在方式——人的有尊严的、自由的存在。

本书的创新之处表现在以下三个方面:

(1) 从人本的角度出发,将消费作为人的存在方式,指出消费的目的在于人的潜能的发挥,人的健康生存与自由发展,人的生命尊严的维护与提升。这种生命尊严首先体现于人的创造性劳动中,劳动提供了消费的前提,这是人的自我确证;其次,自然是人的生存的基础,人的生命尊严还应当以怜惜生命、关爱自然这一人的"无机的身体",在自然"有尊严"的存在中获得人类自己的存在尊严。再次,人不仅是个体性的存在,而且是社会性的存在,个体消费自由的实现必然要与他人的、社会的正当利益为规定,并在承担责任、尊重他人利益的过程中体现自己的尊严。只有当每个个体都能拥有自我生命存在的尊严,并能发自内心地去尊重他人生命存在的尊严,他才能获得尊严并受到社会的尊重。只有在体现人与人、人与社会的和谐发展中去消费,并能以友爱、互助、公平的方式与他人共享社会资源才是值得称颂的。第四,生命尊严体现为人对肉体生命的尊重、合理满足及其超越,它体现了人本的精神,既要维护人们的消费权利、基本生活权利,过上体面的人的生活;又要在消费过程中能够体现"人"应当过的生活方式、消费方式,树立积极的生活意义——人的自由而全面的发展,从而使消费真正为人的自由而全面的发展服务,而不是使消费僭越为主,成为人的生活目的。

(2) 为了体现消费的人本意蕴,本书使用了消费合宜性这一理念。之所以使用合宜性这一概念，主要出于以下几个方面的考虑：

第一，在古文中，"宜"与"义"互训，"义者宜也"，"义者，宜此者也"，"义者，谓其宜也，宜而为之"。"义载乎宜之谓君子，宜遗乎义之谓小人"。"义者，循理而行宜也"。但是否"合宜"，还在于能否合于"礼"。由此可见，"合宜"是"恰当"、"应然"，是行为的应当或适宜的标准，是善行之本。

第二，"合宜"作为行为正当的标准，包蕴了丰富的伦理内涵。合宜的精髓在于恰当。当然这种恰当的行为应以适度为原则，以人的理想存在样式为根本，以社会和谐为目标。这种恰当首先是要"不偏不倚"，要适度，但同时又能够固守这种恰当，即"恒常不易"，唯有如此，方可一以贯之地行事合宜、正当而恰当，方可体现出行为者具有行为恰当的道德理性与道德情操。其次，要立本。合宜要求先立"天下之大本"，"本立而道生"。有了这个"大本"，才能使行为有个明确的方向与目标。这个大本就是以人的生命尊严为目标的发展状态。同时，这大本既立，人的情感、态度、行为诸方面方可"合"于"本"、"诚"于本、"敬"于"本"，方不可做出"违""本"之举。再次，求和。合宜总是要面对复杂的情境，在矛盾重重的二难选择中，在错综复杂的矛盾（人与人、人与自然、人与自身）系列中，不可执其一端，不可执著于一体之利益，而应考虑到利益关系的全面性、历史性、社会性，应寻求多种矛盾体的和谐统一。而和谐的根本目标，在于透过辩证互动而追求人和社会的持续发展。合宜性的意义在于培养对特定环境、特定关系作出合乎情理的伦理反应，能够谨慎地审时度势，创造性地作出灵活而不失原则、自由而无违规矩的道德行为。

第三，合宜性与合理性之间的区别：①在本质上，合宜性与

消费合宜性的伦理意蕴

合理性都可以表达消费的合理化,但合理性更侧重于价值的追问,它既可以指称经济合理性、政治合理性、技术合理性,也可以指称道德合理性。但经济合理性、技术合理性有着技术理性的本性,它有可能更多的关注数量的扩张而遮蔽价值的追问。合宜性侧重于行为的价值评价与价值维度。消费作为人的存在方式,作为人的一项重要的现实行为,因而对它的研究不能仅仅是一种价值上的追问或强调其对经济推动作用的工具性价值,而更要为人的现实生活提供行为正当的价值指南。②在评价标准上,合理性强调评价的同一性;而合宜性则强调差异性。合理性具有标准化的倾向性,它会按照同一标准一视同仁地处理问题,但在无限开放性的现代社会,差异性是必然的事实,每个人有着不同的文化背景、心理特征、经济条件,不能用千篇一律的模式去要求人,否则会因不宽容而造成教育失败。合宜性是一个伦理学范畴,同时,它要求在异中求同,在原则性与权变性之间寻求一种最佳的评价。所以,从根本上说,本书使用消费合宜性这一概念,目的在于寻求现代多元社会中消费行为恰当性的依据、标准及现实的道德要求。

(3) 本书将消费作为人的存在方式,不是将消费作为一种孤立的经济行为或个人行为,而是将视野投向社会,通过消费来透视现代人生活中所面临的问题,如人的发展与经济发展之间的关系问题、人的生活需要与生态承受力之间的关系问题、个体生活自由与社会公平之间的关系问题等等,希望从对这些问题的剖析中寻求现代人生活的目的与意义,寻求现代人的正当、合理的消费方式。

在研究方法上,本书立足于现代性这一宏观的历史背景,在总体上坚持唯物史观的基本观点与方法,坚持历史与逻辑相统一、抽象与具体相统一的方法;在具体问题上采用实证分析方法、矛盾分析方法。

本书的逻辑框架：

本书的正文部分共分为六章。

第一章是基本概念阐释。首先从中西方文化中挖掘合宜性（propriety）的资源，指出合宜性问题是伦理学必须考量的价值问题。"合宜"在直接的、具体的意义上是恰当的做，这种恰当的做是以人的理想存在样式为根本，以适度为原则，以社会和谐为目标的。其次，消费是"人的实现或人的现实"。消费总是与人的存在相联系，并以人的生命本质的弘扬为根本内容的。所以本书中的消费是与人的生命存在这一主题密切关联的，人通过消费生产着人的存在方式。再次，消费合宜性是消费上的一种道德理念与道德属性，它的本质是要人们能够审时度势，对特定情境作出正确反应进而恰当地消费。消费合宜性有两个价值评判尺度：人的需要的全面性及其满足方式、条件的正当性。消费合宜性是一个历史范畴，在不同的历史时期具有不同的内涵。在现代市场经济条件下，一些"新"消费观不断涌现出来并被越来越多地实践。但这些"新"消费观是具有危害性的，它不合乎消费合宜性的评判标准。

第二章突出消费合宜性问题产生的制度性架构，勾勒消费在现代社会中功用的凸显及其潜在的道德风险。在市场经济条件下，消费功用的凸显是有其必然性的，它是市场经济的内在要求和人类（尤其是中国人）发展自己的时代诉求。在资本主义市场经济的发展过程中，消费精神经历了一个由节俭向奢侈、由世俗禁欲精神向消费主义的流变过程，消费服务于资本增值的逻辑，成为不断为经济扩张提供驱动力的神话。资本主义社会消费主义的蔓延以及其所带来的后果说明：消费经济功用的凸显虽是必然的，但却是具有道德风险性的，它在本质上是经济主义的表达,它会带来生态问题、公平问题、人的异化问题等等社会问题。中国在实施"刺激消费"这一政策时应当全面地衡量和裁决消费在经济发展中的作用,警惕夸大消费的神话所导致的社会后果。本书之所以突出消费经济功用的凸显这个基本制度性架构,目的在于强调消费的张力不是无限扩展的,而是要受制于人的生命存在的根本要求的。

第三章是在人的消费需要与生态限度的矛盾即消费扩张的生态难题及其破解中寻找消费合宜性的内涵。人的生命存在需要人从自然中采撷资源、消费资源,以维持生命、拓展能力,去获得自己的主体地位,获得自己的权利。但由于滥用了自己的权利,人类自以为可以任意处置自然,贪婪地浪费资源,人类已经严重地破坏了生态自然。人类的主体地位及其权利并不是无条件的,而是在尊重自然、爱护自然的活动中获得的,维护自然的尊严就是维护人类自身的尊严。自然是人类生存的基础,人类应当对大自然承担起爱护的责任,在实现人和自然之间的和谐发展中去消费、去生活。所以,可持续消费是合宜性的消费。

第四章是在个体消费的自由与社会公平的矛盾即消费扩张的自由难题及其破解中寻找消费合宜性的内涵。人既是个体存在物,又是社会存在物。人一方面要实现个体的独立人格、自由的创造能力;另一方面,个体的自由发展又离不开社会,只有在社会中,人才有自由。在消费生活中,追求体现个性自由的消费既是个体获得自尊与自信、激发个体创造性的前提,也是社会富有生机与活力,富有现代性、民主性、平等性特征的标志。然而,个体的自由却不是任性的、自我的,个人必须关注社会公平,必须使自己的自由限制在一定的公平范围之内:要考虑到消费差距的合理限度;要尊重和维护甚至关心他人的尊严与自由的生存权利,不应听凭自己欲望的驱使而任性妄为。所以,实现人与人之间的和谐发展的公平消费是合宜性的消费。

第五章是在人自身的存在矛盾（自然性与超自然性、感性与超感性）即消费扩张的人性难题及其破解中寻找消费合宜性的内涵。每个生命个体都是有着欲望的存在，没有欲望的满足人无法生存，就没有人的生活。但完全迎合人的自然欲求去消费，人也未必会幸福。幸福人生的实现在于欲望满足的适度，在于人的适度消费。但节制、适度消费本身只是行为的原则而不是目的，其目的在于要寻求人的合理的存在方式：即实现人的全面而自由的发展。在现代市场经济条件下，人类社会已远离了匮乏，但人并未因此而自由，而是疲于奔命地在商业文化的鼓噪下进行无休止的消费，变成了物的奴隶，失去了人的尊严、自由。因此，合宜性的消费是以人为本的消费。它的真实目的就应当是人的发展，它的全部内容在于把人类作为发展主体，以人的全面和谐发展为理论依据，以改善和提高人的生活质量为实现条件，以人的素质提高和能力发挥为最终目的。

第六章指出现代消费美德的重要性及其内涵。"合宜性"的本质是恰当的做，但主体能否恰当地去做，能否体现合宜精神，却需要美德贯注于其中，并需要美德时刻作为一种内在品性影响主体的行为模式。拥有了美德，才会使合宜性得到落实，才不会使人丧失原则，变得任性妄为、贪婪无度，在物中迷失自我、丧失自我。本章一方面批判了西方消费主义的本质和危害，另一方面又指出传统节俭观的实质及其现代困境。在此基础上阐明：作为现代消费美德的节俭，并不是一种过时的美德，也不是简单化的道德约束，更不是使人的正当的、合理的需要无法实现的障碍，而恰恰是人的需要得到合理满足的保障。它体现了合宜性的精神，即实现了立本（以人为本）、执中（适度消费）、求和（人与自然、人与人、人与自身的和谐）的统一。不仅如此，节

消费合宜性的伦理意蕴

俭在其根本上是包含着需求与责任、享受与奉献、创造性与人文性相统一的价值理性,它指导人们进行合理消费并为人的生命活动提供价值制衡,养成人的世俗性与超越性相统一的精神气质的美德。

最后,本书的结语点明了人的消费应当体现出人的尊严,使人成为丰满与充实的"人"而不是物欲膨胀但精神萎缩的"消费人"。

第一章 合宜与消费合宜性

合宜性（propriety）问题是伦理学必须考量的价值问题。道德作实践理性，其根本点就在于规导人如何恰当地做的问题。从孔子、亚里士多德、康德、黑格尔等人的思想中，我们都可以看到，能否恰当的做，是人与动物的本质区别，是人的存在的核心问题。这就是说，道德问题，其本质不在于一个人的理性能力如何出众，技艺如何灵巧，而在于他做得是否适宜、恰当。"合适"、"恰当"、"合宜"才是一个人行为正当的价值标准。然而，"合宜性"作为行为正当的标准，并非仅仅指涉行为的原则那么简单，而是包蕴了丰富的伦理内涵。

第一节 "合宜"的伦理内涵

在中国文化中，"合宜"既是为人处事的一种境界，也是一种方法。它要求行为主体不但具备高尚的人格操守，还应具备适时而动的权变能力。不过，能否做到合宜、恰当、有分寸却是持之以恒的修身、为学，长期的生活磨炼、锻铸以及对不良欲望的克制等等环节的结果。更重要的是，能否做到"合宜"，关键在于是否能果敢地、恒久地使行为合于"义"，至乎"礼"。

一 "宜"—"义"—"礼"

在中国古文中，"宜"与"义"互训。古代"义"字一般作"谊"，谊字训"宜"。事得其宜为义。郑司农注《周礼·肆师》："古者仪但为义，今时所谓义者为谊。"《说文》云："谊，人所宜也。"《礼记·中庸》说："义者，宜也。"《礼记·祭义》也说："义者，宜也。"制事得其宜，处己有度，也就是义了。"宜"是"恰当"、"应然"，是行为的应当或适宜的标准，是善行之本。也就是说，"宜"通常是与人的行为联系在一起的，且以"义"作为其客观内容与标准的。

在儒家文化中，"义"首先是一个至高无上的道德价值，是值得有志者用尽毕生精力乃至整个生命倾力而为的一种人生目标。"君子之于天下也，无适也，无莫也，义之与比"[1]。"君子义以为质，礼以行之，逊以出之，信以成之，君子哉！"[2]"君子义以为上，君子有勇而无义为乱，小人有勇而无义为盗"[3]。在孔子看来，人之为人，在于能遵从"义"。"义"是人生的第一原则，舍弃义，则人无法成为真正的、高尚的人，而只能成为一个犯上作乱的人；舍弃义，社会则会混乱与无序。孟子更强调"义"之功能，彰显"义"之价值。在他看来，"义，人之正路也"[4]。"义"是人的行为正途。为了提扬"义"的重要性，他甚至提出"鱼，我所欲也，熊掌亦我所欲也，二者不可得兼，舍生而取义者也。

---

[1] 《论语·里仁》。
[2] 《论语·卫灵公》。
[3] 《论语·阳货》。
[4] 《孟子·离娄上》。

第一章 合宜与消费合宜性

生,亦我所欲也;义,亦我所欲也。二者不可得兼,舍生而取义者也"①的主张。"义"是最高的道德原则,唯有秉而持之而已,即使是牺牲生命也在所不惜。荀子亦认为,"义"居于人生价值的第一位,因而"义之所在,不倾于权,不顾其利,举国而与之不为改观,重死、持义而不桡,是士君子之勇也。"②那些能够把"义"放在第一位,为了"义"而不倾于权,不顾及对己是否有利,甚至把一个国家给他也不能使其改变立场,杀害他也不能使其变节的人,就是君子。墨家也把义作为一种最高的价值标准,《墨子·贵义》指出:"万事莫贵于义。"义具有至高无上的地位,"不义不富,不义不贵,不义不亲,不义不近。"③法家从自己政治学说的需要出发,将礼义廉耻视作"国之四维"。"何谓四维?一曰礼;二曰义;三曰廉;四曰耻。礼不逾节,义不自进,廉不蔽恶,耻不从枉。"④《吕氏春秋》也强调"义者,百事之始也,万利之本也"⑤,特别指出"士民黔首益行义矣"⑥、"从义断事"⑦。

"义"固然重要,但如果不能落实,则"义"只能流于形式,成为空谈。所以,在具体的生活实践中,还有着一个如何将这一目标落实在日常生活行为中的问题。如何行"义"?《淮南子·齐俗训》云:"义者循理而行宜也。"何谓"理"?《礼记·仲尼燕居》云:"礼也者,理也。"《疏》云:"理,谓道理,言礼者使万事合于道理也。故古之君子,若无礼之道理,

---

① 《孟子·告子上》。
② 《荀子·荣辱》。
③ 《墨子·尚贤上》。
④ 《管子·牧民》。
⑤ 《吕氏春秋·无义》。
⑥ 《吕氏春秋·怀宠》。
⑦ 《吕氏春秋·召类》。

消费合宜性的伦理意蕴

不妄兴动。"①《礼记·礼器》中云:"礼也者,合于天时,设于地财,顺于鬼神,合于人心,理万物者也。"周敦颐在《通书·礼乐》中云:"礼,理也……君君、臣臣、父父、兄兄、弟弟、夫夫、妇妇,万物各得其理。"人们在行事处世时,总要遵循一定的道理,但这道理不是空洞的教条或玄谈,而是整个的内容或实质,此即融理论、规范与实践为一体的礼。故礼即理,理也是礼,二者音同义通。道理融于礼中,礼又昭显道理,能兴礼,就是义,就"合宜"了。对此,《韩非子·解老》篇有一个比较详细的解释:"义者,君臣上下之事,父子贵贱之差也,知交朋友之接也,亲疏内外之分也。臣事君宜,下怀上宜,子事父宜,贱敬贵宜,知交友朋之相助也宜,亲者内而疏者外宜。义者,谓其宜也,宜而为之。"孟子主张君有君道,臣有臣道,"义者宜也,君臣之间各有其义"。"欲为君,尽君道;欲为臣,尽臣道"②。君臣有上下之分,然两者相待各有其宜。《礼记·礼运》篇中提出了"十义"说:"何谓人义?父慈,子孝,兄良,弟悌,夫义,妇听,长惠,幼顺,君仁,臣忠,十者谓之人义。"一个人要行"义",就是要根据礼,根据自己的角色职责并能习以有常、一以贯之,从而能够合宜地选择并践行符合自己的角色义务所规定的行为方式。也就是说,能够体现礼之精神,就是"合宜"。所以,在中国的礼制文化下,礼更合乎合宜性的内在本质。现代西文在诠释中国的"礼"时,也往往以"propriety"译作"礼"③。

---

① 孔颖达:《正义》。
② 《孟子·离娄下》。
③ 英语学界用这个词来译孟子"仁义礼智"四端中的"礼"。具体可见 Ethics, Edited by Perter Singer, OUP (Oxford University Press), 1994, p. 28 也可见 The Book of Mencius, from A Source Book in Chinese Philosophy, Princeton University Press, 1963.

第一章 合宜与消费合宜性

不合礼的行为，就是不义，就是不合"宜"①。

"不学礼，无以立。"② 中国古代思想家一般都将人能否懂礼、守礼视作人安身立命的根本。孔子认为，只有约束自身言行，使之完全符合周礼的要求才算达到了最理想的道德状况。孟子也指出，能符合礼的要求，就是"盛德之至"。管子则把礼、义、廉、耻定为国之四维，而礼被列为四维之首，礼成了最高道德准则。荀子视礼为政治、法律、道德的根本原则。"法之大分，类之纲纪也。故学至乎礼而止矣，夫是谓道德之极。"③ 为了提扬"礼"的重要意义，思想家们甚至将礼作为人区别于动物的根本标志。《诗经·风·相鼠》云："相鼠有皮，人而无仪。人而无仪，不死何为？……相鼠有体，人而无礼。人而无礼，胡不遄死。"《礼记·曲礼上》说："今人而无礼，虽能言，不亦禽兽之心乎？夫唯禽兽无礼，故父子聚。是故圣人作，为礼以教人，知自别于禽兽。"荀子也指出："故人之所以为人者，非特有其二足而无毛也，以其有辨也。夫禽兽有父子而无父子之亲，有牝牡而无男女之别，故人道莫不有辨。辨莫大于分，分莫大于礼。"④ 这种将礼视作人区别于禽兽的特质的观点，实质上是要求人们扬弃原始的、自在的生命形式，维护人的崇高尊严。它体现了人类精神的自觉。

但如何才能做到礼？在中国的礼制文化下，礼作为人的行为规范，它的本质就是"定亲疏，决嫌疑，别同异，明是非也"。

---

① 《左传·隐公元年》记载，郑庄公说："多行不义必自毙。"是说他的弟弟共叔段占有京城之地超过百雉（三百方丈），不合"先王之制"，即不合礼，是不合"宜"的行为。
② 《论语·季氏》。
③ 《荀子·劝学》。
④ 《荀子·非相》。

消费合宜性的伦理意蕴

"礼者,天地之序也……序,故群物皆别。"① 礼所标识的是别、异、差等。守"礼"的实质是别贵贱、序尊卑,是要依据嫡庶、长幼、亲疏等关系,辨贵贱、明亲疏、别父子、识远近、知上下,从而做到等差有序、贵贱有等、各处其位、各奉其事。每个人惟有恪守自己的社会角色并且能够按照社会角色的道德规范行事,方能成人。"人能自曲直以赴礼者谓之成人。"② 这就是孔子为什么要强调正名说的缘由了③,也是他为什么批评季氏和管仲的原因了。从礼的实质出发,循"礼"的目的就不单是个体的行为,而是以秩序的稳定、人伦的和谐为根本内容的。"礼之用,和为贵,先王之道斯为美。小大由之,有所不行。知和而和,不以礼节之,亦不可行也。"④ 先王之道之所以为美,就在于通过礼的作用使社会达到了和谐统一。人们如果能够养成遵守各种仪节的习惯,尊重和敬畏各种礼仪,在言谈举止、思想情感、衣着服饰等各方面都以礼的规定为标志,真正做到"非礼勿视、非礼勿听、非礼勿言、非礼勿动"⑤,恪守"父子有亲,君臣有义,夫妇有别,长幼有叙,朋友有信"⑥ 的道德规范,安

---

① 《礼记·乐记》。
② 《左传·昭公二十五年》。
③ 当子路问孔子若是卫君请他当政,他将先做什么,孔子不假思索地答道:必也正名乎!所谓正名,即正君臣父子长幼之名分和礼序,使人们能够依照上下尊卑之礼节行事。齐景公问如何为政时,孔子即答:"君君、臣臣、父父、子子。"(《论语·颜渊》)在孔子看来,"名不正,则言不顺;言不顺,则事不成;事不成,则礼乐不兴;礼乐不兴,则刑罚不中;刑罚不中,则民无所措足。"因而正名意在兴礼乐,使民知道做什么不做什么。
④ 《论语·学而》。
⑤ 《论语·颜渊》。
⑥ 《孟子·滕文公上》。

20

第一章 合宜与消费合宜性

分守己，安伦尽分，社会就会秩序井然，和谐有序。

"礼"不仅仅是一种外在的行为规范，同样也具有养情的功效。荀子指出："人生而有欲，欲而不得，则不能无求，求而无度量分界，则不能不争。争则乱，乱则穷。"为了解决这一社会矛盾，他强调"制礼明分"、"制礼义以分之"，"养人之欲，给人之求"①。也就是说，礼既要肯定人的自然本性，又要对人的自然欲望进行节制，从而通过个体的身心和谐达到社会的和谐。所以，礼的功用在于"养情"。对此，荀子是用一系列的类比来阐述"养"的内涵，"刍豢稻粱、五味调香，所以养口也；椒兰芬苾，所以养鼻也……故礼者，养也"②。礼一方面要矫饰人的情性，使之处于受控状态；另一方面又要扰化人之情性，使之得以宣泄。"古者先王分割而等异之也，故使或美，或恶，或厚，或薄，或佚或乐，或劬或劳，非特以为淫泰夸丽之声，将以明仁之文，通仁之顺也。故为之雕琢刻镂，黼黻文章，使足以辨贵贱而已，不求其观；为之钟鼓磬、琴瑟竽笙，使足以辨吉凶、合欢定和而已，不求其余；为之宫室台榭，使足以避燥湿、养德，辨轻重而已，不求其外。"③礼中的饰作为明仁之文，通仁之顺，就是要通过在审美中设定人伦中贵贱的界限，以便人与人之间能够合欢定和，达到养德的目的。"礼者，体其情也"。"礼者，体情制文也"④。礼是对人的行为的节制，它具有对人的自然情感和欲望进行约束和提升的功能。"礼者，因人之情而为之节文，以为民坊者也。"⑤人的自然情欲中有诡诈、贪婪的成分，因而

---

① 《荀子·富国》。
② 《荀子·礼论》。
③ 《荀子·富国》。
④ 《淮南子·齐俗训》。
⑤ 《礼记·坊记》。

消费合宜性的伦理意蕴

制礼的目的既是要因人之情,但同时也是要制约人情,使人的情感、情欲不至于"灭天理而从人欲"①,使人情受到节制而不犯分乱理,从而涵养出一种体现人性尊严的生活方式和"文质彬彬"的君子人格。② 从礼的这一功效出发,合于"宜"的行为在逻辑上还有着如何对待"利"的态度问题。中国文化对此问题的解决之策是"重义轻利"、"以义制利"。③ "利"作为人的需要源于人的最基本的生存、生理需要,有其存在的正当性与合理性,但问题的关键在于,对"利"的满足是否采取了正当的方式,即是否符合"义"。所以,"利"虽为人生之必需,但并不是人之所以为人之道,不能作为人生的第一原则。"义"在与"利"的比较中应当具有被优先考量的地位,且唯其作这样的优先考量,行为结果才是最为有益的。一个有道德的君子,应该以义制利,取符合义的利。

从上述中国文化对"合宜"的解释中可以看出,"宜"是为人之道。"合宜"的行为,既要清楚地明白做人的目标、准则,即使颠沛流离、身处险境也不能放弃;更要怀有敬意地履行"礼"的根本要求,④恪守人伦规范,并以人伦和谐、秩序安定为己任,坚持做人的原则,捍卫人之为人的尊严。即要如孔子所言的"克己复礼为仁"⑤。可见,这种"合宜"的生活是具有极

---

① 《礼记·乐论》。
② 正如孔子所言:"质胜文则野,文胜质则史,文质彬彬,然后君子。"——《论语·雍也》。
③ "义"是行为的道德准则及人们应当履行的道德义务;"利"是对物质财富、权势等的客观需求。
④ "敬,礼之舆也;不敬则礼不行。"(《左传·僖公十一年》)恭敬与礼是一致的,敬就好比实行"礼"的车子,如果做不到恭敬,"礼"就不可能实行。
⑤ 《论语·颜渊》。

强的原则性的,它铿锵有力地向人们揭示出一条成人之道,昭示出"合宜"的真义在于恰当的做。

二 西方文化中的"合宜性"思想

在西方,合宜性(propriety)一词是从中古英语 propriete (特性;所有权)演变过来的,propriete 源自古法语 propriété。到了近代,它演变出了两个词:一个是 property,即合法的、合适的拥有物,即财产;另一个是 propriety(propriety 有两种含义:一是合宜性,另一是礼节、规矩、行为规范。本文仅指前者)。所以,从词源上说,合宜性(propriety)是一个伴随着现代私有观念产生之后的概念,或者说是与个体自由平等的权利意识及其维护相关的一个现代性语词。尽管合宜性(propriety)是现代观念,但从文化的传承性来看,合宜性思想是深深地扎根于古代西方文明中的。

在古希腊时期,合宜性是从属于"公民—美德体系"结构的伦理观念。在古希腊人看来,城邦中的公民生活是通向幸福的唯一道路,他们全部行为的出发点和归结点乃至全部道德理想都是要做一个在各方面都完善的公民。人的行为的道德合理性的根基是深置于个人与城邦的关系之中的,所有对生命价值、生命意义和生存理由的思考始终是以"公民"这一体现个人与城邦关系总体的概念作为"主轴"的。[①] 正是由于这一伦理精神的内在本质,所有的美德诸如中庸、中道、适度、和谐、正义等等都是以城邦的整体利益为根本规定性的,能够做到这些,行为就具有合宜性。也就是说,合宜与中庸、中道、适度、和谐、正义等等

---

① 参见田海平《西方伦理精神——从古希腊到康德时代》,东南大学出版社,1998,第 21~22 页。

消费合宜性的伦理意蕴

观念是具有同等意义的伦理观念。古希腊民间很早就流行着"中庸是最好"的古老训诫。早期的哲学家毕达哥拉斯在《金言》中说:"一切事情,中庸是最好的。"[①] 他反对过分的行为和欲望,特别是反对过度的食欲和色欲,强调要对食色行为适当加以节制。同时,毕达哥拉斯学派也主张和谐,认为"美德乃是一种和谐"[②],能够做到中道、做到和谐就是恰当、合宜。柏拉图的思想中也蕴涵着合宜性思想。在《政治家》中,柏拉图指出,技艺有两部分:"一部分包括所有测量数目、长度、宽度、厚度以及与它们相关的对立面的技艺,另一部分包括那些与适度、恰好、必要以及所有其他位于两端之间的'中'的标准相关的技艺。"[③] 他认为,包括政治家技艺在内的所有技艺都要依"中"的标准而加以审视,当技艺保持了"中"的标准时,它们的所有成果才会又美又好。在个人的品德问题上,合乎"中"的标准的才是美德、是善[④]。如何达于中、达于善?在柏拉图看来,善就是和谐,就是正义。[⑤] 至善的人是"理性"、"激情"与"欲望"——心灵的三个结构的协调统一;至善的社会即统治者、武士、劳动者三个等级各就其位、各司其职、各负其责,实现社会的和谐,亦即每个人做最适合其天性的、"干他自己分

[①] 罗国杰、宋希仁编著《西方伦理思想史》(上卷),中国人民大学出版社,1985,第194页。

[②] 苗力田:《古希腊哲学》,中国人民大学出版社,1996,第36页。

[③] 柏拉图著,黄克剑译《政治家》,北京广播学院出版社,1994,第75页。

[④] 柏拉图说:"无论什么,当它比必要的正当理由更激烈时,或者,当它是太快或是过于悍猛时,它会被称做'凶暴'的或'疯狂',同样,无论什么,当它太沉稳、太缓慢或过于优柔时,它会被称作'怯懦'的或'迟钝'的。"(同上)可见,不管是政治家技艺还是个人美德,都必须要合乎"中"的标准。

[⑤] 在古希腊语中,正义是跟和谐密切相联系的。

第一章 合宜与消费合宜性

内的事而不干涉别人分内的事"①。德谟克利特强调行为上的节制和适度。他说,"当人过度时,最适意的东西也变成了最不适意的东西"②,因此,一个人"不应该追求一切,而应该满足自己所有的"③。亚里士多德认为,惟有中道才可以产生、增进、保持体力和健康。德行与体力和健康的保持一样,也要中道,"德性就是中道,是最高的善和极端的正确。"④ 由于人是城邦的动物,所以每一个社会成员的行为还必须合乎法律,惟有如此,才是恰当的。这种法律不仅包括国家颁布的成文法,还包括不成文的道德法典。"一个违犯法律的人被认为是不正义的。同样明显,守法的人和均等的人是正义的。因而,合法和均等都当然是正义,违法和不均是不正义的。"⑤ 在中世纪时期,由于封建专制尤其是教会庞大势力的深层影响,合于基督教教义的、合于上帝旨意的行为则被视为合宜性的、恰当的行为。⑥

近代以来,随着自由市场的发展以及资本主义制度的确立,个体作为现实的利益主体的地位、自由平等的主体地位不断得到制度上、法律上的确证。在个体的权利、个体的利益受到制度

---

① 柏拉图著,郭斌和、张竹明译《理想国》,商务印书馆,1996,第154页。
② 北京大学外国史教研室编《古希腊罗马哲学》,三联书店,1957,第116页。
③ 北京大学外国史教研室编《古希腊罗马哲学》,三联书店,1957,第115页。
④ 亚里士多德著,苗力田译《尼各马科伦理学》,中国社会科学出版社,1990,第32页。
⑤ 亚里士多德著,苗力田译《尼各马科伦理学》,中国社会科学出版社,1990,第32页。
⑥ 在中世纪,古希腊的美德被改造成了一种神学上的人对上帝的义务:恭颂、敬畏、仁慈、信仰、希望等。参见田海平《西方伦理精神——从古希腊到康德时代》,东南大学出版社,1998,第258页。

消费合宜性的伦理意蕴

上、价值论的认可之后,个体如何在利益多元化的社会中去实现自己的利益,如何处理多元冲突的社会关系,如何去做才是合宜的,才是值得称赞的之类的问题日益迫切起来。① 对于这一问题,近代启蒙思想家们着力于"自利的人"如何推动社会的公共利益,自利与利他如何实现统一问题的探究。而在这方面最具代表性的便是亚当·斯密。斯密对这一问题的解决被当前的学术界视作"斯密难题"。对此,本文不作展开。这里需要说明的是,亚当·斯密是西方伦理思想史上第一个较明确、较完备地提出合宜性理念的思想家。笔者认为,在以个体为本位的市场经济条件下,斯密提出合宜性概念,一方面在于肯定人的自利行为。"毫无疑问,每个人生来首先和主要关心自己",而他这样做"是恰当和正确的"②。自利是每个人天生的一种倾向,是每个人的一种自然而然的选择,这一点是不容否认的。顺应这一自然倾向,当然是恰当的和正确的。只要个人的自利行为在不违背法律、不危害他人利益的情况下,则是完全正当的,理所当然地具有道德上的正当性与合理性。所以它虽然不够崇高,但却不应遭受贬斥。而且自利的人在追求自己利益的过程中会自动地推动社会公共利益的实现。另一方面,斯密希望用"同情心"去克制、消除自私自利的自然本性带来的恶果,使人与人之间生成互助友爱的交往方式。也就是说,能否做到自利与利他的统一,便是合宜。

在对西方伦理思想考察的基础上,斯密指出:"根据柏拉

---

① 启蒙思想家将人性归结为自然性,他们主张人是自利的、自私的,个人的欲望的满足应被提高到作为伦理功能的价值标准,一切超越个人的关系都必须以个人作为解释的出发点。
② 亚当·斯密著,蒋自强等译《道德情操论》,商务印书馆,2003,第101~102页。

第一章 合宜与消费合宜性

图、亚里士多德的观点,美德存在于行为的合宜性之中,或者存在于感情的恰如其分之中。"① 通观《道德情操论》全篇,斯密虽然并没有给合宜性下一个非常明确的定义,但就其根本要领而言,合宜性是建立在情感共鸣基础上的,与人的行为密切相关的道德概念与道德评价尺度。在其基本倾向上,合宜性主要是要标明行为的性质即行为是否具有恰当、合适、适当的属性。斯密对"合宜性"的研究,是以同情作为出发点的。"在当事人的原始激情同旁观者表示同情的情绪完全一致时,它在后者看来必然是正确而又合宜的,并且符合它们的客观对象。"② 他认为,我们是通过别人的感情同我们自己的感情是否一致,来判断它们是否合宜的方式。也就是说,由于人类具有同情,所以通过他人在一定场合中所表现出来的感情、行为与自己的一致时,这种行为就是合宜的。斯密强调,美德存在于合宜性之中,"没有合宜性就没有美德。"③ 当人们设身处地地注意到他人的处境所产生的情绪,在程度上往往与当事人所产生的有所不同时,为了得到相互同情的愉快,本性教导旁观者尽可能把自己的情绪降到旁观者所能赞同的程度。在这两种不同的努力下,形成了两种不同的美德,即坦率的屈尊相从和宽怀的仁慈行为的美德和无私、克己和控制自己的激情的美德,这种美德使我们所有来自本性的举动合乎自己的尊严、荣誉和行为合宜的要求。在谈到合宜的本质时,斯密指出了合宜与适度之间的关联:"显然,同我们有特殊联系的客观对象所激发的每一种激情的合宜性,即旁观者能够赞同的强度,必定存在于某种适中程度之内。如果激情过分强烈,或者

---

① 亚当·斯密著,蒋自强等译《道德情操论》,商务印书馆,2003,第352页。
② 亚当·斯密著,蒋自强等译《道德情操论》,第14~15页。
③ 亚当·斯密著,蒋自强等译《道德情操论》,第386页。

消费合宜性的伦理意蕴

过分低落,旁观者就不会加以体谅。"① 但是,他又说,蕴涵着有关合宜性的观点的适中适度因各种不同激情而不相同。人们之所以将它们看做是合宜或不合宜,完全是同他们意欲对这种激情表示或多或少的同情成比例的。他还从古希腊哲学中寻找根源,例如他总结了亚里士多德的观点,指出美德是处在两个相反的邪恶之间的某种中间状态。如节俭这种美德就是处在贪财吝啬和挥霍浪费这两个恶癖之间的中间状态。这两个恶癖,前者对自身利益的关心超过了应有的程度,后者则是关心不够。这与他的合宜性理念在根本上是别无二致的。对于从肉体中产生的各种激情,如食欲、情欲等,斯密认为其合宜性的根据在于是否能够节制。"人们恰如其分地称为节制的美德存在于那些肉体欲望的控制之中。把这些欲望约束在健康和财产所规定的范围内,是审慎的职责。但是把它们限制在情理、礼貌、体贴和谦逊所需要的界限内,却是节制的功能。"② 合宜性的持有需要美德,需要节制。斯密的合宜性理念在某种程度上还是与公正同义的。作为伟大的思想先行者,他看到当时初露峥嵘的市场经济的力量,即在商品经济条件下,利己心非但不是威胁社会的洪水猛兽,反而是推进经济发展和社会繁荣的基本动力。他认为,利己之心是人的本性,"我们每天所需的食物和饮料,不是出自屠户、酿酒家或烙面师的恩惠,而是出于他们各自的打算。"③ 然而,虽然利己之心是人的本性,但人同样是有同情心的。同情心是道德的起源,是行为合宜性的源泉。合宜性理念正是在自爱的利己心和同情的

---

① 亚当·斯密著,蒋自强等译《道德情操论》,第 28 页。
② 亚当·斯密著,蒋自强等译《道德情操论》,第 30 页。
③ 亚当·斯密著,郭大力、王亚南译《国民财富的性质和原因的研究》(上卷),商务印书馆,1997,第 14 页。

第一章 合宜与消费合宜性

利他心的平衡中产生的,这一平衡来自于学会用一个与当下利益毫无关系的他者的眼光来审视和约束利己心。而要平衡利己心与利他心之间的矛盾,就应当以一种非当事人的眼光、态度和评价。"不是用自己看待两种对立的利益时所天然具有的眼光,而是用他人天然具有的眼光来考虑那两种利益。"① 这样,合宜即公正,即要平衡利己与利他的关系。斯密强调,前人之所以没有找到弄清或判断感情的恰当的或合宜的明确的或清楚的衡量标准,就在于没有关注到见闻广博的旁观者,因为合宜标准"只能在没有偏见的见闻广博的旁观者的同情感中找到"②。但这个旁观者的同情感恰恰就是公正的化身。从根本上说,斯密的合宜性理念涉及到了合宜性的源泉、本质、标准等等问题,尽管其中有着较为明显的不足之处③,但他试图通过"合宜性"概念协调

---

① 亚当·斯密著,蒋自强等译《道德情操论》,第238页。
② 亚当·斯密著,蒋自强等译《道德情操论》,第385~386页。
③ 其不足之处在于:1. 同情作为合宜的基础是否可行。斯密认为,人天性中明显地存在着这样一些本性,这种本性使他关心别人的命运,把别人的幸福看成是自己的事情。这种本性就是同情。固然同情是可能的,它是人际关系产生互动、共识的基础,但是人与人之间并不是在所有情境中都能取得共识或共感的,有时候我们同情对方,对方并未会得到回应。另外,我们的同情、为他人设身处地着想可能对对方是一种压力。因此,以同情作为合宜甚至是道德的基础存在着这样一些问题:(1)一个人的感情是否可以转移,是否可以影响另一个人。并不是每个人都会像应声虫似的在所有事情上都与其他人的观点相呼应,事实上在多数的情境中每个人的看法或多或少都存在着差异。而且持有不同意见的两个人,如何能够做到同情呢?(2)什么样的个人感情才是合宜的激情。由于个体的情感好恶的多样性,往往在很多情况下缺乏可公度性,因而以情感作为合宜的基础具有很大的随意性、偶然性。2. 合宜是否能够公正呢?斯密以旁观者的身份来评价别人的行为和性格。要求存在一个公正的旁观者来评判人们行为的合宜性,但是,这个公正的旁观者如何产生,能否公正?尤其是自利的人如何公正?有无统一的标准?另外,公正是否永久不变的,一个人行为的合宜性,不是(转下页注)

消费合宜性的伦理意蕴

市场经济时代人与人关系，调节利己心与利他心的冲突，确立市场经济的道德原则、行为规范等等问题，为人们的行为选择与道德评价有着积极的借鉴意义。当然，斯密的合宜性概念是建立在个体差异性、"同情心"基础之上的，个体性、道德情感的不确定性、偶然性又使他的"合宜性"呈现出极其富有弹性的特性。这并不妨碍合宜性中蕴涵着道德主体的自我反省意识以及对行为的道德矫正功能。这也是本文提出合宜性概念的主要原因之一。

康德、黑格尔等人虽然并未明确提出合宜性概念，但非常强调行为的适度、恰当以及和谐。在当代，罗尔斯亦提出了合宜概念①，他用合宜来指称一种非自由社会，它虽不理想，但却是符合多元社会的本质要求，即每一个公民都拥有平等的自由权利，每个成员之间能够彼此平等协商，能够形成共识、达成一致，并在行动中践履之。

三 合宜释义

结合中西方文化对合宜性问题的有关论述，笔者认为，合宜

（接上页注③）凭借它适宜它所处的任何一种环境，而是凭借它适宜于他所处的一切环境。因为不同的国家，正义的标准是不同的。3. 合宜性是以"经济人"假设为前提的。或者说，是以利己心为基础而展开的。不仅这种人性假定是有失偏颇的，而且从利己心出发能否实现利己心与利他心之间的平衡？怎样做到平衡？这个斯密的难题，即使到了现代社会也没有得到有效的解决。

① 罗尔斯在《万民法》引言部分指出他的"合宜"一词是要描述这样的非自由社会，其基本制度满足政治权利和正义的某种特定条件（包括公民在政治决策中扮演实质性角色的权利，虽然要通过联合体与集团才能实现），并引导公民尊重人民社会合理而正义的法则。——罗尔斯著，张晓辉等译《万民法》，吉林人民出版社，2001，第3页。

第一章 合宜与消费合宜性

性作为一种重要的伦理范畴,应当包含以下三个方面的内容。

（一）合宜的价值指向是人的理想存在样式

"合宜"意味着"应然"（ought to be）,它所标识的是人应当是什么的问题,是人类在长期的生活实践中对自己理想的存在样式经过反思性把握之后的主观表达。人是什么？人应当走向何处？这一直是人类苦苦求索的主题之一。当然,对此命题又可以从类的及单个人这两个维度展开。作为类的"应然"存在方式,它所指示的是社会应当具有何种伦理关系、伦理规范、伦理秩序,它所探究的是社会秩序、规范、关系本身的合理性。作为单个人的"应然"存在方式,所指示的是个人应当做一个什么样的人,它所探究的是个人存在的意义与价值。中国古代社会将礼视为合宜的行为,强调"不学礼,无以立"。"无礼何以正身"[1]。但是,"人而不仁,如礼何？人而不仁,如乐何？"[2] 所以,要成人,就必然要"克己复礼为仁"。"仁"是"人"的根本规定性与价值目标。如果"礼"没有"仁"之道德情感的内在约束与调节,社会就会失去亲和力、凝聚力。所以,孔子说:"仁者人也,亲亲为大；义者宜也,尊贤为大。亲亲之杀（极）,尊贤之等,礼所生也。"[3]

"仁者,人也。"[4] 仁是人的特征,或者说,人之所以成为人,就是因为有了仁的精神。"仁者爱人",人的特征就是爱人。这里的爱人,是爱所有的人。在与人相处时要亲爱一切人,与一切人友善和睦。当然,如孔子所言,真正的爱人并不是不讲原

---

[1] 《荀子·修身》。
[2] 《论语·八佾》。
[3] 《礼记·中庸》。
[4] 《礼记·中庸》。

消费合宜性的伦理意蕴

则、不论是非善恶的"乡愿"。如何为"仁"?"克己复礼为仁"。克己就是要克制自己的自私自利之心、贪欲享受的念头,这是成为人的前提。人生在世,总会有一些私欲和放逸之心,如果不加以克制任其发展,就必然不能容人容物。克己,正是对自私自利之心的限制。人们通过道德修养,不断克制自己不良的一面,使自己在身心言行上都能达到君子的标准,这正是爱人的必要前提,也就是说,实行仁道必须以约束己身为先。如何约束自己?就是要把外在的礼义规范反之于己身而践履之。具体说来,就是要"学礼",即是要"非礼勿视,非礼勿听,非礼勿言,非礼勿动"①。因而,成人的关键在于克己、成己,在于要在视听言动上合乎伦理道德和社会的各种规范,而不是以责人为前提;其二,"求诸己"。"夫仁者,己欲立而立人,己欲达而达人。能近取譬,可谓仁之方也已"②。"君子求诸己,小人求诸人"。君子应自重自立,凡事都先从自己找原因,而不是像小人那样,不去检讨自己,却对别人求全责备。其三,要持之以恒。"仁远乎哉?我欲仁,斯仁至矣。"③仁是最高层次的品德,是德性的最高境界,但仁的实现是一个自我提升与实现的过程,它体现在人的不屈不挠、一以贯之的努力之中。"君子无终日之间违仁,造次必于是,颠沛必于是。"④

在资产阶级革命时期,康德针对当时宗教神学对人性的压抑及启蒙运动将人理解为自然之人、感性之人和物质之人的简单做法,追问了"人是什么"的问题,提出"人是目的"的思想。

---

① 《论语·颜渊》。
② 《论语·雍也》。
③ 《论语·述而》。
④ 《论语·里仁》。

第一章　合宜与消费合宜性

"你必须这样做，做到无论是你自己或别的什么人，你始终把人当作目的，总不能把它只当工具。"① 在康德看来，每个人本身都是一个"人格"，都具有任何物质财富、金钱珍宝所不能比拟的超越感性世界的绝对价值。每个人都只能作为目的而存在，而不能被作为手段而存在。人的目的性的存在，其根本要义在于不依附于他者、不沉迷于欲望的人格的独立性与自由性。

人既不是兽也不是神，或者如常言说"人一半是天然，一半是野兽"。人是自然性与超自然性的统一体。在感性直接性的意义上，人生来是自然人，有着"目好色，耳好声，口好味，心好利，骨体肤理好愉悦"②的生理本能，没有感性肉体的生活，没有饮食男女的各种形而下的物欲生活，人的生命存在乃至人的尊严都无法得到保障。但是如果人仅仅关注生理肉体生命，仅仅沉溺于世俗性的感性生活而缺少精神、理想、道德的贯注，其结果只会使人处于一种近似动物般的自发的本能的状态，以至于走向平庸、停滞和倒退，使人的存在蜕化为物的存在，这样的人虽然是活着，但却仅仅是行尸走肉般地活着，同样没有尊严可言。人之为人，就在于不断去克服、超越这些生理本能，去努力克服人性中的弱点，战胜源自于自然性、动物性但却在生活中被膨胀、恶化甚至夸大了的欲望，从而不断对自己的生命进行批判性的审视、反省及超越，使人的存在不同于动物式的平面性的生存状态，而是呈现为立体性、复杂性、超越性的存在状态，实现人的理想的、应然的存在样式。所以，人需要超越，需要完满，需要自由，需要不依附外力的目的性、全面性存在。正是在这个

---

① 康德著，苗力田译《道德形而上学原理》，上海人民出版社，1986，第43页。
② 《荀子·性恶》。

意义上说,对理想的存在样式的反思性把握是鼓励人去充满激情、富于想象力地实现他所意愿的"理想生活"的内在动力。值得注意的是,"应然"是一个理想状态,是对实然的反思性把握。"应然"在每一个具体时代都有其具体内容,随着时代的发展,它又会不断否定自己。所以它是开放的,不断自我超越的。正是在这个意义上,"合宜"为人的存在悬设了一个形而上的道德目标:即人的完满性、理想性存在。不过,目标的实现还有赖于现实的实践,这就涉及到了行为的标准与准则问题,即应当如何做的问题。

(二) 合宜是行为的适度

尽管中西方文化对合宜性有着不同的理解方式,但都强调行为的道德意义在于合适、恰当。根据亚里士多德、孔子、康德、黑格尔等思想,道德就是恰当的做,而正是这恰当的做将人与动物相区别。动物也能做,但动物是本能,无恰当可言,唯有人才有做得是否恰当的问题。而恰当的做即是要以合乎人性的方式、以增进人的自由为目的的恰到好处的做。如何才可恰当的做,其标准是什么?孔子一生对中庸评价甚高,他说:"中庸之为德也,其至矣乎!民鲜久矣。"[①] 孔子的中庸,其意在说明人们要根据自己所遇到的实际情况灵活行事,做到不偏不倚、恰如其分、无过无不及,切不可过"度",因为"过犹不及"[②]。显然,孔子已经认识到伦理行为都有其"度"。当人的行为符合人伦的"度"时,行为就是善的;反之,必流于恶。比如,慈是中,过则为溺爱,不及则为虐;文为中,过则为史,不及则为野;仁为中,过则为兼容,不及则为暴;礼敬是中,诌媚为过,傲慢为不

---

① 《论语·雍也》。
② 《论语·先进》。

及，等等。可见，在孔子那里，中庸之道在本质上是人的立身之道、处世之道、做人之道，只有体现中庸、固守中庸的行为方式才能实现仁（人）的理想。当然，孔子所理解的"中"，是与礼、社会的人伦规范紧密联系起来的，只有以"礼"为内涵的"中"才是善的。① 所谓"君子而时中"，就是本着礼义规范，随时以处其中。而所谓"小人而无忌惮"②，就是说小人不遵礼义，离礼求中，放肆而妄行，堕入反中庸之途而不自知。正是由于人们在伦理活动中常常不能很好地把握这个度，非过则不及，所以孔子感叹说中庸之德"民鲜久矣"。

亚里士多德在探讨"什么是美德"时指出："在行为中同样存在着过度、不及和中间。德性与情感和行为相关，在这里过度和不及会犯错误，而中道会受到称赞，并达到成功。"③ 过度和不及都是恶，唯有中道才是德性。就德性的本性而言，亚氏认为："德性是一种凭选择所得的习性。它的特点在于适度，或遵循适合各人的适度。"④ 道德价值的标准就是要符合"中道"或中间性。中道在现象界，就是处于两个极端的中间，但不是指强度上的中间（即过度弱一点而又比不及强一点），而是有着道德原则上的区分。比如说，勇敢是在懦弱和鲁莽的中间，但并不是说，勇敢是在情感的强度上比懦弱更强一点，而又比鲁莽更弱一点，而是说，勇敢是情感接受理性告诉我们的哪些是健全的公共

---

① 孔子认为，如果没有礼法的约束，优点也会超过分限而走向反面，从而失中、失和。孔子还以齐国的两位名相为例，说管仲衣食住行的奢华程度与天子诸侯一样，这种越礼行为导致了他的过分；而晏婴在祭礼祖先和参加朝会时，祭品和衣着都过于粗陋寒酸，也是不依礼而行的表现。

② 《礼记·中庸》。

③ 亚里士多德：《尼各马科伦理学》，中国社会科学出版社，1990，第33页。

④ 亚里士多德：《尼各马科伦理学》，第33页。

消费合宜性的伦理意蕴

规则禁止的、哪些是它鼓励我们去做的观念并诉诸行为。当然，亚氏的中道也是有其特定的适用范围的，他指出，并非全部的行为和情感都有中间性，像通奸、偷窃、谋杀等等错误的行为，因其本身就是罪过，也就谈不上什么过度或不及。

由于生活的多变性、情境的复杂性，任何事物都只会有一个相对恰当、合宜的状态，没有一成不变的、放之四海而皆准的适度标准。适度是多样性和流动性的。所以，行为是否合宜，恰当，并不是一种死板的教条或概念推演的僵化框架，而是非常富有弹性的处事原则。对于一个只按规范和普遍原则来行为的人来说，固守规范和原则固然是可敬的，但是道德规范是普遍的，事情却又是具体的、千变万化的，所以在具体生活中，还需要有一种具体问题具体分析的灵活性。也就是要寻求具体的、恰当的解决方法，这种方法就是对事物的合宜裁断，就是"合宜"之所在。所以，孔子说："君子而时中。"孟子亦说："执中无权，犹执一也。所以恶乎执一者，为其贼道也，执一而废百也。"[①] 不能一味地刻板与教条，因为任何一种道德规范都蕴涵着一个活的、随境遇不同而有所不同的"中"，即应当"时中"。如果死守规范，就是行为失宜；如果不把道德规范同生命情感加以化通，在某些时候就将犯下不可饶恕的道德罪过。所以，亚里士多德认为，中道作为德性，作为行为的一种适度与合宜，是在"应该的时间，应该的境况，应该的关系，应该的目的，以应该的方式"[②] 对中间的理性选择。比如向他人散财，合乎一种目的，但却要以恰当的方式，对应该的人、用合适的数量、在恰当

---

① 《孟子·尽心上》。
② 苗力田主编《亚里士多德全集》第 8 卷，中国人民大学出版社，1991，第 36 页。

的时候去散财，这才能表现为一种优良的行为。随便散财，那是胡闹；而收买人心、得到恭维、换取名声等，就是出于不纯的动机。这些都不是高尚的行为。

（三）合宜以利益关系的"和谐"为目标

从中西方合宜性的思想资源来看，和谐是合宜性的必然要求和目标。儒家的礼，以和谐为最高价值指向。即"礼之用，和为贵"。古希腊思想家也强调和谐（既包括个体身心的和谐也包括社会关系的和谐）是美、善、正义。《国语·郑语》云："夫和实生物，同则不继。"和谐不是以同裨同，简单同一，而是多样性的统一。孔子指出："君子和而不同，小人同而不和。"古希腊毕达哥拉斯学派把和谐看成是杂多的统一，不协调的协调。赫拉克利特也认为和谐就是互相排斥的东西结合在一起（如不同的音调造成最美的和谐），和谐就是对立的统一。黑格尔在《美学》一书中明确指出："比单纯的符合规律更高一级的是和谐。和谐是从质上见出的差异面的一种关系，而且是这些差异面的一种整体，它是在事物本质中找到它的根据的。""和谐"是"各因素之中的""协调一致"[①]。可见，和谐是以差异性、多样性、个别性为前提的。和谐并不意味着简单的"整齐划一"、无差别的"同一性"，简单化的"一"必然消解多样性，导致原则性、个体性、独立性的丧失。和谐的前提是承认、允许差异、区别，保持特殊性和独立性，从而最终实现具有差异面事物的统一。所以，和谐从积极的意义说，是多样性统一、多元性互补；从消极的意义上说是多样性之间的并行而不相悖，共生而不相害。既然和谐以差异性、多样性为前提，那么多元的利益体之间必然存在着冲突，这种冲突如果得不到有效的解决，就会导致两

---

① 黑格尔著，朱光潜译《美学》第1卷，商务印书馆，1979，第180页。

消费合宜性的伦理意蕴

败俱伤,导致事物的解体。"乾道变化,各正性命,保合太和,乃利贞。"[①] 天道的大化流行,万物各得其正,保持完满的和谐,万物就能顺利发展。孔子也说:"和无寡,安无倾。"[②] 人与人之间和睦团结,国家便不会倾危。王充在《自然篇》中指出:"天地合气,万物自生,犹夫妇合气,子自生矣。"遵循和谐这一准则,便可使天地万物各得其所、充满生机、繁荣兴旺。

人不仅仅是个体的存在物,而且是社会的存在物。追求个体的独立性,最大限度地满足自己的个人利益固然是个体的自我价值所在,但是,个体的存在总是有限的,个体欲望的满足、价值的实现离不开他人、社会的认同与辅助,个体只有在社会中才具有自我的内在规定性,脱离社会的个体无法确证自己的存在。因而,作为行为标准的合宜,其根本要求就在于超越个人对自己感性欲望、物质利益渴求的狭隘视野,将社会性的立场作为自己行为的出发点。也就是说,合宜性始终有一个是否合乎社会大义,协调复杂社会关系的问题,即人际关系的和谐性。当然,这种和谐的取得,却是要以个体对社会义务的履行为本质性规定的。对此,中国古代学者曾予以界说:"义载乎宜之谓君子,宜遗乎义之谓小人。"[③] 即是说,个人行为的合宜性应当以合乎社会道义,遵循社会"理义"的方式来体现,那些置社会大义于不顾的人,其行为是无法得到合理证明的。在现代社会,"合宜性"所标识的应当是以平等、双向权利义务为中心的人与人之间相互关系的合理状态。合宜性的行为既要维护个人的正当利益,同时还要按照社会大义的要求,以体现人的仁爱、人道精神使社会各方面的

---

① 《周易·乾·彖辞》。
② 《论语·季氏》。
③ 《淮南子·缪称训》。

第一章 合宜与消费合宜性

利益统一起来，实现和谐。在利益关系的协调上，它还要涉及到人与自然之间利益关系的处理以及人自身内在矛盾即灵肉之间关系的处理等问题。所以，合宜性的目标是要平衡分歧、冲突、矛盾，通过协商、平等对话、调节等方式来实现和谐，实现人的生存条件与生命质量的优化与美化。

综上所述，"合宜性"有着深刻的伦理内涵。它在直接的、具体的意义上是恰当的做，当然这种恰当的做是以人的理想存在样式为根本，以适度为原则，以和谐为目标的。合宜性的意义在于培养对特定环境、特定关系作出合乎情理的伦理反应，能够谨慎地审时度势，创造性地作出灵活而不失原则、自由而无违规矩的道德行为的"人"的存在方式。在这里，合宜性的精髓在于恰当。这种恰当首先是要"不偏不倚"，要适度，但同时又能够固守这个"度"，即"恒常不易"，唯有如此，方可一以贯之地行事合宜、正当而恰当，方可体现出行为者具有行为恰当的道德理性与道德情操。其次，要立本。合宜要求先立"天下之大本"，"本立而道生"。有了这个"大本"，才能使行为有个明确的方向与目标。这个大本就是以人的尊严与自由为目标的发展状态。同时，这大本既立，人的情感、态度、行为诸方面方可"合"于"本"、"诚"于本、"敬"于"本"，方不可作出违"本"之举。第三，要求和。合宜总是要面对复杂的情境，在矛盾重重的二难选择中，在错综复杂的矛盾（人与人、人与自然、人与自身）系列中，不可执其一端，不可执著于一体之利益，而应考虑到利益关系的全面性、历史性、社会性，应寻求多种矛盾体的和谐统一。而和谐的根本目标，在于透过辩证互动而追求人和社会的持续发展。

合宜性作为一种道德评判的标准与行为准则，其存在范围是非常广泛性的，凡是涉及行为的地方，总是存在着合宜性的问

消费合宜性的伦理意蕴

题。随着生产型社会向消费型社会的转型,消费作为一项人们必不可少的行为正在占据着人们生活的重要地位。消费合宜性的问题已经呈现在人们面前,要求人们作出解答。

第二节 作为人的存在方式的消费

消费的原义是毁坏、用光、浪费、耗尽。工业革命以后,消费的地位逐渐合法化,尤其是新技术革命以来,现代市场经济为了其交换价值的尽早实现而不断寻求新的经济增长点,急切地把消费纳入其扩张的轨道,消费业已成为人类生活须臾不可缺少的重要内容。然而,人类蓦然发现,自己正在变成依靠物质资料来确证自己存在价值的欲望永无止境的消费动物,人类正面临着严重的生存危机。

一 消费的多重规定性

"人从出现在地球舞台上的那一天起,每天都要消费,不管在他开始生产以前和生产期间都是一样。"[①] 从直接的意义上说,消费是指人们在一定的物质生产方式中进行的,对物质产品、精神产品、劳动力和劳务进行消耗与使用的活动。消费包括生产消费与生活日用消费两种形式。生产消费是社会生产过程中对实物、资本及活劳动的消耗,它本身就包含在生产之中。生活日用消费属于"生产过程以外执行生活职能",属于"原来意义上的消费",是社会成员为了满足自身的物质及文化生活的需要对社会产品、服务或劳务的使用,如衣食住行等。"吃喝是消费形式之一,人吃喝就是生产自己的身体,这是明显的事。而对于以这

---

① 《马克思恩格斯全集》第 23 卷,人民出版社,1975,第 191 页。

第一章 合宜与消费合宜性

种或那种形式从其一方面来生产人的其他任何消费形式也都可以这样说。"① 人类消费的目的是要实现人自身的再生产，以及文化发展等需要。这样，生产消费固然重要，但生产消费不是人类实践活动的最终目的，而仅仅是使生活日用消费成为可能的持续发展的手段。生产消费必须依附于生活消费，并为生活消费服务。没有人类的生活消费，生产也就失去了任何意义。因而本文中使用的消费是就后一种意义而言的。就消费的行为主体而言，消费既可包括个人消费行为，亦包括社会公共消费行为。社会公共消费是满足人们共同需要的消费活动，它一般标明消费资料公共所有的特征，并由公共财政交付。② 公共消费也是消费生活中的重要组成部分。比如，我国社会生活中屡见不鲜的集团消费、公共消费。

诚然，生活日用消费是非生产性的，但就其功用而言却无时不对经济生活发挥着重要影响，也正因此，人们通常将消费看做是为了满足社会生产与社会生活的需要而消耗物质资料和获取有关服务或劳务的经济行为。而最初关于消费的定义，也主要是经济学的定义。作为经济学的专门术语，消费更多的强调对资料、资源的消耗。在《经济大辞典》中，消费被解释为："社会再生产过程中生产要素和生活资料的消耗。"③ 可见，在经济学中，消费主要突出资料、资源的手段性、过程性存在，资料、资源的价值在于服从于社会再生产（尤指经济生产）这一目标。而且，在经济学中，人的主体性价值也存在着某种程度的遮蔽，经济学

---

① 《马克思恩格斯全集》第46卷（上册），人民出版社，1979，第28页。
② 公共消费资料，通常包括文化教育、医疗卫生、妇幼保健、公共交通、公共住宅、公共饮食店等等。另外，所有与公共消费有关的生活设施和福利设施，也属于公共消费资料。
③ 于光远：《经济大辞典》，上海辞书出版社，1992，第193页。

消费合宜性的伦理意蕴

会有意无意地张扬人的物质欲求，贬抑人的主体性。如萨缪尔森等人所言，经济学对于消费行为的解释，是"依赖于一个基本的前提假定，即人们倾向于选择在他们看来具有最高价值的那些物品的服从"①。但消费不仅仅是一种经济行为，马克思曾指出："消费这个不仅被看成终点而且被看成最后目的的结束行为，除了它又会反过来作用于起点并重新引起整个过程之外，本来不属于经济学的范围。"② 这说明，消费并非只是经济学问题，对消费的完整阐释绝非经济学本身就能实现。

还有学者从社会学、文化学、心理学的意义上定义消费。按照他们的分析，消费是体现社会地位的象征，是消费者通过其收入购买一定价值和使用价值的物品，来表征自己社会地位的行为。消费是人们社会地位的象征符号。从西美尔、埃利亚斯到凡勃伦、布尔迪厄，他们在探讨消费对社会的影响时，首先是从商品作为地位象征这一假定开始的，认为消费不是受生物因素驱动的，也不纯然由经济决定，而更多是一种符号运作的系统行为。在这种行为中，消费是由符号的象征意味所激发的社会心理行为，也就是说，具体实物是一种媒介，而实物所折射的象征意味才是消费的本质。譬如，饥而欲食、寒而欲衣不一定被称为消费，但品美食珍馐、穿高档名牌才是消费的含义。"财富和产品的生理功能和生理经济系统（这是需求和生存的生理层次）被符号社会学系统（消费的本来层次）取代"，"一种分类及价值的社会秩序取代了自然生理秩序"。③ 因此，人们消费的不是被消费对象的物质性，而是它的社会意义。被消费的东西，与其说

---

① 萨缪尔森、诺德豪斯著，萧琛译《经济学》，华夏出版社，1999，第62页。
② 《马克思恩格斯选集》第2卷，人民出版社，1995，第92页。
③ 波德里亚著，刘成富等译《消费社会》，南京大学出版社，2000，第71页。

第一章 合宜与消费合宜性

是物品,不如说是社会关系本身,它成为一个人在消费时社会地位和身份的标志。恰如费瑟斯通指出:"消费文化中人们对商品的满足程度,同样取决于他们获取商品的社会性结构途径。其中的核心便是,人们为了建立社会联系或社会区别,会以不同方式去消费商品。"[①] 在他们看来,在当今社会,消费俨然已成为财富、声望和权力显示的重要甄别指数。原因在于,在现代社会,财富在市场经济中实际上表现为个人用其经济收入交换商品或劳务的能力,即通过消费满足自己需求的能力。你属于哪个阶层不在于你拥有多少财富,而在于你消费了什么东西,消费了哪个阶层的东西。从这个意义上诠释消费,是将消费从基本的、生物的需要中分隔出来,更多的强调主体对对象物的操纵行为,凸显的是物的象征性价值,以及人们非理性的、随波逐流的赶潮、模仿行为及其心理机制。

正如消费绝非仅是经济学范畴一样,将消费定位于其象征意味、社会心理过程也决非消费的完整意义,因为消费不是独立的、个体性的行为,它总是在一定环境中,并受一定的自然、社会等多种因素制约的活动。因而,从20世纪90年代起,当能源危机、环境污染等问题日益严峻,生态学者从生态维护的角度提出生态消费,并对消费提出了界定。1977年,伦敦国家社会研究委员会和联合国国际科学学会发表了一个有关消费的联合说明,他们给消费的定义是物理学和社会学有关消费定义的整合:"消费是人类对自然物质和能量的改变,消费是实现使物质和能量尽可能达到可利用的限度,并使对生态系统产生的负面效应最小,从而不威胁人类的健康、福利和其他人类相关

[①] 迈尔·费瑟斯通著,刘精明译《消费文化与后现代主义》,译林出版社,2000,第18页。

消费合宜性的伦理意蕴

的方面。"① 在生态学家看来，消费不应是"用完，特别是吃完、喝完、占去"之意，而应当是人与自然的生生相息、相与互友的行为方式，人的消费首先应将自己视作自然界的一分子，并在这个视域中展开对物的使用，以获得生活所需要的能量、营养、养分，维护人自身的生存与发展的持续性。

消费概念还可以从物理角度来理解。从物理角度看，由于自然界的物质和能量是不会消失的，人类消费物质和能量的过程，也是人类和自然界之间进行物质和能量的交换过程。

上述概念从各个角度定义消费，展开了消费的多重规定、消费的特点及其所面临的问题。然而，这些方面所展开的不过是"人"存在的各个侧面的内容，而未看到人存在的整体性特征这一事实。从其本质而言，消费是人的"感性表现，就是说，是人的实现或人的现实"②。换句话说，人的消费正是人的存在状态的缩影。消费总是与人的存在相联系，并以人的生命本质的弘扬为根本内容的。因为在生产中人客体化，在消费中物主体化。人通过消费，将客观力量主观化、客体对象主体化、劳动创造物人化。在消费中，物转化为人的生命力量、物质力量和精神养分，使人的体力和脑力的消耗得到补充和恢复，人的精神生活亦得到充实与提升。正是在这个意义上，人们消费的内容，消费的质、量以及消费的方式决定着人的价值定位，决定着人是什么样的人，决定着人的生存发展状态。所以，研究消费就应将其与人的生命存在这一主题联系起来，从人的存在这一维度中揭示消费的本质、问题及价值理念。

---

① 参见周梅华《可持续消费及其相关问题》，《现代经济探讨》2001年第2期，第20页。
② 《马克思恩格斯全集》第42卷，人民出版社，1979，第121页。

第一章　合宜与消费合宜性

二　消费生产着人的存在方式

"消费，作为必需，作为需要，本身就是生产活动的一个内在要素。但是生产活动是实现的起点，因而也是实现的起支配作用的要素，是整个过程借以重新进行的行为。个人生产出一个对象并通过消费这个对象返回到自身，然而，他是作为生产的个人和把自己再生产的个人。"① 消费与生产是息息相关的，没有生产就没有消费，没有消费也就没有生产。所以，生产直接是消费，消费直接也是生产。但是，消费的生产性本质不仅在于为生产提供动力，更在于为生产提供主体的生命、素质和能力，"消费生产出生产者的素质"②。消费是实现人的自由、全面发展的根本条件与途径。

（一）"消费直接也是生产"

在《〈政治经济学批判〉导言》里，马克思研究了生产与消费的关系问题："生产直接也是消费。双重的消费，主体的和客体的。[第一]，个人在生产过程中发展自己的能力，也在生产行为中支出和消耗这种能力，这同自然的生殖是生命力的一种消耗完全一样。……生产行为本身就它的一切要素来说也是消费行为。"同样，"消费直接也是生产"。③ 从人类发展的链条来看，生产与消费是互为前提和条件的。一方面，生产创造出消费的对象、消费的方式和消费的动力；另一方面，消费完成生产行为，使产品成为现实的产品，使生产者成为现实的生产者，并在生产者身上引起追求一定目的的新的需要，进而创造出新的生产的需

---

① 《马克思恩格斯全集》第46卷（上册），人民出版社，1979，第31页。
② 《马克思恩格斯全集》第46卷（上册），第30页。
③ 《马克思恩格斯全集》第46卷（上册），第93页。

消费合宜性的伦理意蕴

要。就生产与消费的目的而言，它们都不过是要生产出人的存在方式。生产的目的在直接的意义上是要生产人们所必需的生活资料，同时也就间接地生产着他们的物质生活本身。但生产的目的不仅是生产着物质资料，使人的肉体得以存在并得以存续与繁衍，"它在更大程度上是这些个人的一定的活动方式，表现他们生活的一定形式、他们的一定的生活方式。个人怎样表现自己的生活，他们自己也就怎样。因此，他们是什么样的，这同他们的生产是一致的——既和他们生产什么一致，又和他们怎样生产一致。"① 所以，在更大的意义上，对个体而言，它是要生产出个体的不同生活态度、生活信念和行为方式；对类而言，即是要生产出社会制度、社会习俗等等社会规制，为人的自由发展提供尺度与规范。另一方面，消费也是生产，消费不过是人再生产自身的一种方式。人在什么意义上进行消费，他就在什么意义上把自己再生产出来。生产使人"客体化"，而消费使物"主体化"。人的发展和本质的展现固然必须通过生产实践，并由生产实践创造出的劳动产品展现人的本质力量与人的发展程度，但人对这些产品的消费也是不断发展和展现人的本质的必要环节。当然，消费并不是人的一种自满自足、自我规定的行为，它是由社会生产决定的，而人们之所以要进行社会生产，这取决于他们的需要，所以消费的性质应该由社会生产，更确切地说，应该由社会生产方式来决定。不仅如此，人的生产与消费并非仅仅是对物质财富的生产和消费，而且也是对精神财富的生产和消费，而后者更是人的存在方式、生活方式的必要内容。比如马克思曾以钢琴演奏者和听众对音乐的生产和消费为例，对艺术生产和消费的对人的本质力量的提升做了如下描述："钢琴演奏者生产了音乐，满足

---

① 《马克思恩格斯全集》第3卷，人民出版社，1960，第23页。

第一章 合宜与消费合宜性

了我们的音乐感,不是也在某种意义上生产了音乐感吗?……钢琴演奏者刺激生产:部分地是由于他使我们的个性更加精力充沛,更加生气勃勃,或者在通常的意义上说,他唤起了新的需要,而为满足这种需要,就要用更大的努力来从事直接的物质生产。"① 在艺术生产与消费过程中,一方面,艺术生产主体按照美的规律创造出文艺作品,满足了艺术消费者的审美需要,不断地造出生动鲜明、丰富多彩的精神产品;另一方面,这种需要的满足,又形成并提高了艺术消费者的审美能力和审美需要,反过来推动了艺术生产向更高、更强烈、更集中、更典型、更理想的境界发展,最终实现人的存在方式向更高层次的递升。

(二) 需要—生产—消费—新的需要

消费是人类生存与发展的必要条件与物质前提,它在本质上是受人的欲望与需要推动的,是需要得以满足的活动。需要是人自身的规定性,渗透着人的目的、意图与选择,是人全部活动的内在动力。人的需要首先表现为自然肉体的需要。人的自然肉体需要是指由人的生理肉体决定的,用以维持其生命而对生活资料的需要,这是人的最直接的生理需要。马克思说,人们为了能够创造历史,必须能够生活,但为了生活,首先就需要衣、食、住以及其他东西,也即是要消费。这种消费首先是基于人的生理肉体需要的"吃喝住穿"。这是人类历史的前提,它的满足为人的随后的活动提供了起点和可能。所以,人首先是一个自然存在物,同时又是一个受动的存在物。人作为自然存在物,有着自然赋予他的自然力和生命力,这些力量是作为秉赋和能力,存在于人自身之中;作为受动存在物,他就会时刻感受到自己存在着欠缺和需要,所以他又有情欲,情欲既是人满足自己需要的力量,

---

① 《马克思恩格斯全集》第 46 卷(上册),人民出版社,1979,第 264 页。

消费合宜性的伦理意蕴

同时又推动着人改造外部世界,因而它又使人成为能动的存在物。正是由于情欲的驱使,所以人必须依靠他之外的对象来表现自己的内在本质力量和生命,这就使人成为一个对象性的存在物。这样,人为了满足自身的自然需要,就必须从事劳动和其他社会活动,通过劳动和社会交往得到满足。劳动(生产实践)是人区别于动物的本质性规定,因而,基于人的生理肉体需要的"吃喝住穿"等消费行为亦非动物的纯粹本能的生存,而是人自身的"生产",它为人的生产创造了观念上的起点。"消费的需要决定生产","消费为生产创造……需要"①。在人的物质生产活动过程中,劳动既满足了人的需要,又创造出与人的本质的需要相符合的物品。人通过消费这些物品使需要得到满足。而需要的满足(消费)之后又会产生出新需要。"已经得到满足的第一个需要本身,满足需要的活动和已经得到满足需要用的工具又引起新的需要。"② 于是,"需要—劳动—消费—新的需要"构成了一个不断反复、永无止境的发展过程,不断推动着人的发展。因为需要的满足(消费)本身就是外部世界逐步同化于人,并转化为人的发展因素的重要环节。在这个过程中,劳动(生产实践)作为人的需要满足的中介环节,它不仅是人区别于动物的本质特征,而且还具有能动性、创造性。人在生产劳动中通过各种途径(经验的积累、工具的改良、技能的提高等)满足了不断滋生的新需要,推动生产力的不断发展。另一方面,人的自然需要及其转化为消费的过程,也是把客体对象转化为自己现实生活中需要和消费的过程,客体对象既是人需要的对象,同时也是表现和确证人的本质力量所不可缺少的、重要的对象。所以,人

---

① 《马克思恩格斯全集》第46卷(上册),第28页。
② 《马克思恩格斯全集》第22卷,人民出版社,1979,第243页。

第一章 合宜与消费合宜性

的本质力量是强烈追求自己的需要对象的力量,人的本质力量的确证就是人的需要的满足,人的本质与人的需要是内在统一的。这样,每一次的消费活动,在它满足了某一范围的需要之后,又会创造出新的需要,作为动力、作为方向,进一步引导生产活动,从而推动社会发展,促进人的发展。

(三) 人的本质力量的充实

在生产劳动中及对(对象化了的)劳动创造物的消费中,由于人的生理肉体生存性需要(消费)不断得到满足,人的生存具有了坚实的物质基础。另一方面,人的自然感觉——视觉、听觉、味觉、触觉、嗅觉展示出越来越丰富性、主体性、属人性的特性。"只是由于人的本质的客观地展开的丰富性,主体的、人的感性的丰富性,如有音乐感的耳朵,能感受形式美的眼睛,总之,那些能成为人的享受的感觉,即确证自己是人的本质力量的感觉,才一部分发展起来,才一部分产生出来。"① 如此,感受音乐的耳朵,感受形式美的眼睛已与原始初民的非"人"的耳朵与眼睛有着本质的不同。这就是为什么对于不辨音律的耳朵说来,最美的音乐也毫无意义的原因。于是,人的消费开始具有了更多的享受性特征,诸如对"美食"、"美衣"、"悦目"的追求。这种追求只是对对象化了的人的创造物的感性占有,还具有明显的物质性特征。如果人类的消费生活仅局限于如此领域,它只能将生命的本质归于单纯的肉体感受性,其结果是诱发人的物质生活需要及实用功利性,推崇人的生物本能和利己之心,甚至为此而主张放浪形骸、醉生梦死。这样,人的存在就会变得极其庸俗和粗鄙,其生命体验也会变得十分浅薄和狭隘——因为它主张人生在世的全部内容就是追逐和满足物欲。一个人存在着,不

---

① 《马克思恩格斯全集》第 42 卷,人民出版社,1979,第 132 页。

消费合宜性的伦理意蕴

仅仅是为了生存，不单纯是"活着"，而更是为了作为一个人而存在、而活着。应当说，存在是人的"存在"，但人的存在并不是生命的存活状态，并不只是无意义、无理想的"活着"。单纯的活着是无深度、无层次性的，它抹杀了人的自主能动性、社会历史性，没有涉及到人的意义、文化、理想等价值内涵。当人将自己的存在托付于当下，将人的存在归属于简单的占有感，则会失去生机、活力和创造性，失去自由的向度，从而日益愚蠢而片面。所以人还要通过消费这一人的重要生活方式去追求人之为人的特殊性，追求只有人才可能具有的生活，实现作为"人"的存在。

在生活意义的目标下，需要（消费）的发展，应是"人的本质力量的新的证明和人的本质的新的充实"[①]。因为满足需要的劳动是人的本质力量的确证，体现着生活的创造性。创造性是对无限可能性的发现、开掘和实现。不仅如此，劳动的存在及其内在的自觉目的性能使人的需要超越动物式的片面而趋向全面，使原本以满足肉体需要的生存活动由此转向超越性的各种非生存性活动，如艺术、哲学、宗教等活动样式，从而使人伴随着劳动的发展而不断成熟、丰富。在劳动与消费中，不仅人的自然感觉展示出越来越丰富的属人的特征，人的"精神感觉、实践感觉（意志、爱等）"[②]亦发展出来，成为人的本质力量的确证。这样，以满足人的需要为目的的消费就不仅表现为人的肉体的生产过程，也是人的精神、灵魂的生产过程。人的精神、灵魂的产生，使人的消费由维系生存内容的活动转向确立自身存在价值、确证社会主体地位的活动。精神是人的感性肉体生命的结晶和升

---

① 《马克思恩格斯全集》第42卷，第132页。
② 《马克思恩格斯全集》第42卷，第126页。

第一章 合宜与消费合宜性

华,是人的生命的自我表达、自我体验、自我意识、自我理解。当然,人首先注意到的是人的生理肉体生命,但人的肉体生命中如若没有精神的贯注,就不成其为人的生命;而人对肉体生命的超越,就必须凭借内在精神的提升。人的精神是使人的生命走出自然的蒙昧无知状态的内在根据。精神是自由的,它使人不断自我立法、自我否定、自我扬弃、自我解放。

正是因为精神的存在,人不只创造出外在的物质文明,也创造着内在的精神文明,即完成着人的主体性文化—心理建构。精神驱使人们不断去从事物质资料的生产与消费,在营造富足的物质文明的同时,亦不断催开姹紫嫣红的精神文明之花。在这个过程中,提升自我、超越自我的精神需要诱导人们的消费去选择、接受、消化知识,净化心灵,陶冶情操,锻炼人的思维思辨能力、识别鉴赏能力等各种能力,不断激发生产实践实现消费品的升级换代。这样,人的消费活动就不再是简单的对物质品及人的创造物的感性占有和片面享受,而是要通过消费展示出人的存在意义与价值,正是在这个意义上,消费活动,尤其是提升人的精神生活的消费还是人的能动的主体性文化—心理建构活动。在此类消费活动中,人一方面在生存条件、生命尊严得到改善的基础上接受着精神文化产品的影响,使原有的思想状态发生解构;另一方面在理解精神文化产品时,又不断在头脑中进行新的建构,将负载于消费品中的精神内容内化于心灵,并且通过审慎的思考发掘其内在价值,自觉扬弃其中的合理成分,从而化腐朽为神奇。在不断的与消费品的沟通互动中,人的世界观、价值观、道德品质、心理素质和审美情趣等属人的特性不断提升。正因如此,就不难理解为什么有的人甘愿放弃安逸享受,生活俭朴,并且孜孜以求地孤灯夜读,或者把大量的金钱投入到读书、文化培训等等消费活动中。这种消费绝不是直接为生存享受,而是为发

消费合宜性的伦理意蕴

展与实现人之为人的目的。此类消费方式,使人不再盲从于自然的、肉体的、情欲的非理性需要,并力图摆脱动物式的消耗行为,确立起"人"的存在方式,使人的生命显得更加富有意义、富有光彩。

需要不仅是自然性的,而且是社会性的。人根据现实的需要展开人与自然、人与人的关系,又根据发展了的需要拓展和深化人与自然、人与人的关系。这样就会使人的生活逐步由脆弱走向强健、由贫乏走向丰满、由蒙昧走向文明、由自在走向自由,产生出越来越丰富多彩的、具有活力的人的世界。在人的世界中,每个人都感受着"他者"的共在。因为,单个人的存在是偶性的、任性的,亦是贫乏的,人的消费只有在社会关系中,并且在与他者的相互依存、协调发展中才能真正实现;进一步说,他的消费,只有在社会关系中才能真正实现对自我生命的肯定及对自我价值的确证。马克思在评价法国社会主义劳动者的聚会时曾言:"吸烟、饮酒、吃饭等等在那里已经不再是联合或联络的手段。交往、联合以及仍然以交往为目的的叙谈,对他们说来已经足够了;人与人之间的兄弟情谊在他们那里不是空话,而是真情,并且从他们那由于劳动而变得结实的形象向我们放射出人的高贵精神之光。"① 只有在个人与他人的共在、共鸣中,个体的消费才摆脱任性,才能获得无限的惬意与幸福,使生命得到升华。也只有这样,人才能在由人自己的活动所创造的不断发展着的人的世界中享用越来越丰富和多样化的物质的和精神的文明成果,展现出品味和质量越来越高、形式和内容越来越丰富的物质的和精神的生活,人就能使自己的规定性相应地得到丰富和发展。

---

① 《马克思恩格斯全集》第42卷,人民出版社,1979,第140页。

因此，在消费活动中，人不仅在肉体上、在内在精神世界上发展自己，而且也在社会关系上发展自己。正是在这个意义上，消费是人类生存与发展的基础，它生产着人的本质与特性，创造着人的全面发展的客观前提，没有消费就没有人的再生产，就没有人类社会的延续。

第三节 消费合宜性的价值规定及其历史演变

人的生命存在集生产性和消费性两重特性为一身。人的生命存在首先要获得维持，就必然要消费，而消费的实现却有赖于生产。于是，需要—生产—消费——……人的发展。生产与消费是息息相关的，且都是人的生命活动的重要内容。在前工业化时期，由于资源的相对短缺、生产力的相对落后以及简单再生产的生产方式，人的生命存在的生产性方面被强有力的凸显出来，而消费性方面却受到了主流价值观的抑制。在资本主义初期，生产方式对生产力的解放作用以及资本主义市场经济扩大再生产的需要，对个体财产所有权进行制度上的保护成为现实的必然。所以，合宜的（property）观念即现代所有权的观念产生了。它鼓励个体通过积极的生产劳动创造财富并将财富转化为自己的拥有物或占有物。这就是启蒙思想家为何探讨利己心的重要作用以及政府对个体所有权的保护职责的缘由了。当然，在这一时期，主流价值观也重在褒扬人的生产性方面。比如韦伯在《新教伦理与资本主义精神》就点明了在资本主义原始积累时期对坚韧耐劳、精明强干、严于律己伦理品质的推崇。但是，生命的消费性始终是个无法回避的问题。如何使人的消费不危及到社会扩大再生产的需要，不致使人在财富不断增长的条件下懈怠甚至

消费合宜性的伦理意蕴

放纵,放弃对正义人生的追求,新教教义提出了世俗禁欲主义。斯密也热情地歌颂了节俭,认为节俭是社会的恩人。这里必须指出,新教讲禁欲、斯密颂节俭并不是不让人消费,而是要强调消费的合宜性(propriety)。随着资本主义的发展,消费社会的降临,消费的经济地位不断被彰显开来,消费的合宜性内容也有了相应的时代变迁,即消费主义。然而,从消费主义的现实运作来看,消费越来越与人的生命本质相异化,人的人性光彩变得越来越黯淡。消费合宜性(propriety of comsumption)需要科学的释义。

人的生命存在是人存在的永恒的内驱力。一方面,它凝聚了自然力、生命力的本能力量,具有较强的自发性、自为性。另一方面,它又融合了价值、意义、理想等等价值因素,具有目的性和自律性。它使人的生命状态呈现出生生不息的蓬勃状态,这种蓬勃状态并不仅仅是对生理肉体生命的过分关爱,而是在于对生命贯注意义,使人扬弃灵与肉、生与死的对立,在生命意义的追寻中实现自我批判、自我超越。它通过人的自由自觉的实践环节,不仅使人摆脱盲目性、被动性和自发性,使人通过自由意志展现出人高于动物的本能式的有尊严的存在;另一方面,它不断按照价值尺度、按照美的规律来形塑物体,使物体由外在于人的存在转变为人的存在物或为人的存在物,实现对无限自由的追求。当然,这种自由并不是任性,而是与必然与规定性相联系的。在这个过程中,人们不断追求至真、至善、至美的境界,将自己的精神生活、生命状态不断充实与升华,这种充实与升华将使人不断趋向、接近于一个超越物质生活、不为物役、追求崇高、提升尊严的自由状态。而作为人的存在方式的消费,作为人类须臾不可缺少的活动,其本质就是要生产出"人"的存在方式,维护人的生命尊严,提升人的境界,生产出自由而全面发展

第一章 合宜与消费合宜性

的人。所以，消费合宜性总是和人的生命尊严这一主题结合在一起的。

在直接的意义上，消费合宜性是消费上的一种道德理念与道德属性，是建立在平等的自由主体基础上的，以人的合理存在为价值依据，以适度为原则，以和谐关系的确立为目标的恰当的消费方式。其本意是要人们能够审时度势，对特定情境作出正确反应进而恰当地消费，从而使人在消费过程中能够保持理想与现实、终极意义与感性确定性之间的张力，不再猥琐于物欲的关怀之中，而是在不断的自我批判和自我超越中升华到更高的生存境界，生成"人"应当有的合理存在方式。不过，在理论层面上，什么样的消费才是合宜性的消费还要取决于消费行为的构成要素，评判一种消费行为是否具有合宜性必须从以下两个维度展开。

一 消费合宜性的评判尺度

如前所述，消费是人类生存与发展的必要条件与物质前提，它在本质上是受人的欲望与需要推动的，是需要得以满足的活动。"消费的需要决定生产"。人的需要是生产的前提，是生产的动力。反过来，"消费为生产创造……需要。没有生产就没有消费。"没有生产就没有需要。生产是需要的现实起点，需要是生产的观念上的起点。在现实中，生产决定需要，并最终超越需要，创造新需要；在观念中，需要反作用于生产，引导和推动生产。在生产与需要的相互作用中，消费处于中间环节，连接着人的需要与社会生产活动，是人的需要的满足和社会产品价值的实现过程。也就是说，消费的目的是对需要的满足，而生产是为了满足消费，需要又是生产的前提、动力，即：生产—消费—需要是一个循环往复的过程。每一消费活动，在它满足了某一范围的

消费合宜性的伦理意蕴

需要之后，又会创造出新的需要，作为动力、作为方向，进一步引导生产活动，从而推动社会的发展。

因而，对消费合宜性的考察就应当以需要的属性及其满足条件的可行性为评判尺度。

"在现实世界中，个人有许多需要。"① 从内容上看，人的需要包括三个方面：自然需要、精神需要和社会需要。从层次上看，人的需要可划分为生存需要、享受需要和发展需要。恩格斯根据这个观点，把广义的生活资料分为生存资料、享受资料、发展资料。生存需要是最基本的需要，包括衣、食、住等生理和生活需要以及繁衍后代的两性需要等；享受需要是在人的生存需要基本得到满足的前提下形成的一种旨在提高生活质量，优化生存条件的需要；发展需要是人为了自身的完美和文明程度的提高，为了增强自由个性而产生的需要。在这三种需要中，发展需要是最能揭示人类本性的需要，而生存需要、享受需要的满足不过是人类生活的手段。经典作家指出，满足人类的生存需要，是历史的第一个也是经常的前提，但是满足这些需要只是手段，而"创造历史"即发展自己才是目的。他们也不排斥享受需要，马克思曾严厉谴责资产阶级经济学家把"工人的任何奢侈"都看成"不可饶恕"的观点。在他看来，人类的历史，应当是从满足生存需要到满足享乐需要不断发展的过程，一味地满足吃、穿、住、性的行为，那不是人类的本性，而是动物的机能。但是，人类满足享受需要并不是"享乐主义"所宣称的"人生几何，对酒当歌"，而是为了更"自由而全面"地发展自己。

---

① 《马克思恩格斯全集》第 3 卷，人民出版社，1960，第 326 页。

第一章 合宜与消费合宜性

人的需要是不断超越的、无限发展的。① 人的需要主要是通过人自身的劳动、创造来满足的。人在劳动创造中不断提高认识和改造自然、社会及自身的能力，开拓着认识和实践的广度和深度，人的需要对象、满足需要的工具也随之不断扩大和更新。当第一个需要得到满足后，满足需要的活动又会引起新的需要。需要无穷无尽、无休无止。正是由于需要的无限性发展，使得需要成为历史发展的永恒动力。人的需要不仅呈递增趋势，而且有着相当丰富的内容。如若单纯把人的需要等同于物质需要，这无异于曲解人的需要，抹杀需要的现实超越性。从物质需要出发进而追求精神满足，这是作为人的本性的需要具有的内在规定性。正是不满足于现状的超越性特征，需要促使人成为有理想、能自我否定和自我超越的社会存在物。正是在这个意义上，"需要是人的本性"。"由于他们的需要即他们的本性，以及他们求得满足的方式，把他们联系起来（两性关系、交换、分工），所以他们必然要发生相互关系"②。"他们的需要即他们的本性"揭示了：(1) 人的需要是区分人和动物的一个根本标志。动物的需要是本能的，而人的需要则是主动性的。人不是消极地接受大自然的恩赐，而是积极地改造自然；为了改造自然，他不仅要结成一定的社会关系，受到这种社会关系的制约，而且还要不断地改造自身。所以，人的需要是保留了一般生命机体的需要在内的高级、

---

① 美国人本主义心理学家马斯洛也提出了人的需要的层次性。他把人的需求按金字塔式进行了排列：(1) 生理的需要，这是人的基本需要，包括食物、氧气、水、睡眠、性欲、活动等；(2) 安全的需要，包括安全感和稳定性，有稳定的生活保障；(3) 社交的需要，即人与人之间交际的情感需求；(4) 尊重的需要，包括自尊和社会他人对自我的尊重；(5) 自我实现的需要，即实现自己的潜能、发挥自己的聪明才智、在社会中实现自我价值的需要。
② 《马克思恩格斯全集》第3卷，人民出版社，1960，第514页。

消费合宜性的伦理意蕴

复杂的需要。(2) 人的需要是人的本质力量的确证。人的需要总是对对象的需要，这种需要的产生本身就已经蕴涵了人对客观世界认识、发现、利用、享有的可能性。这种对对象的认识、发现乃至享有本身就是人的本质力量的确证。"人有现实的、感性的对象作为自己的本质即自己的生命表现的对象；或者说，人只有凭借现实的、感性的对象才能表现自己的生命。"① 比如，音乐、形式美等等都是人的本质力量的对象化确证，音乐感、美感等等享受感觉都是人的本性的丰富性的客观展开。既然如此，人的全部丰富的物质、精神和实践的需要，便都是人的本质力量的确证。(3) 人的需要的实现必然推动人在改造外部自然的生产活动中发生联系，即构成社会关系。人们为了满足自己的需要，就必须从事一定的生产活动，而要使生产活动得以进行，就必须结成一定的社会关系。个人的需要和消费只有在社会的需要和消费的实现中才能得以实现的。个体既需要在社会实践活动中占有财富、摄入营养、发展自我，也需要在社会实践活动中创造财富、新陈代谢、关爱他人、诚意合作。只有这样，社会成员才能真正行使自己的生活权利，才能真正享有健全的生活。所以，个体应当在消费中发展自己的社会关系，消除个体需要与社会需要的冲突，真正体现人的社会本质的完整性，有效地促进个人的需要和消费与社会整体的需要和消费朝着日趋和谐的方向发展。

从"需要是人的本性"这一理论前提出发，满足人的需要的消费就应当体现人的需要的全面性和丰富性。"人以一种全面的方式，也就是说，作为一个完整的人，占有自己的全面的本质。人同世界的任何一种人的关系——视觉、听觉、嗅觉、味觉、触觉、思维、直观、感觉、愿望、活动、爱，——总之，他

---
① 《马克思恩格斯全集》第42卷，人民出版社，1979，第167~168页。

第一章　合宜与消费合宜性

的个体的一切官能，正像那些在形式上直接是社会的那些器官一样，通过自己的对象性关系，即通过自己同对象的关系而占有对象"①。人既有物质生活的需要，又有精神生活的需要。所以，人的需要的丰富性、全面性首先表现为物质需要和精神需要的统一。其次，应当体现人的"自由自觉活动"的自主性与创造性。在消费活动中，个体通过消费不断发展自己的自由个性与独特性，在自身能力提高的同时，按照社会发展的必然要求自觉控制和调节自身的欲望，并从中发展自身的创造意识和进取精神，这种创造意识和进取精神的激发和增长，又是推动社会的发展，确证人的本质力量的精神动力。第三，应当体现人作为"社会关系的总和"的社会本质。因为人的"活动和享受，无论就其内容或就其存在方式来说，都是社会的，是社会的活动和社会的享受"②。

人的发展的全面性是从主体维度对消费合宜性作出的价值规定。但是，尽管需要体现了主体的主观欲求，体现了人能动地改造、获取和享有外部世界，展示自己"本质力量"的主观努力，但需要并不是随心所欲的。就其本质而言，需要是一个关系范畴，它标志着主体与自身生存、发展的外部世界的矛盾关系。作为社会存在物的人对外部世界之间存在着一种特殊的摄取关系，即它一方面表明了人具有能动地改造、获取和享用外部世界的本质力量；在另一方面却是人对外部世界的一种客观的、必然的依赖（如对自然界、社会关系的依赖性）。这种依赖关系，并不是以人的主观意志为转移的。人的需要的目标模式、满足程度及满足方式都是由社会决定的。人作为社会的人，他的需要并非是生

---

① 《马克思恩格斯全集》第42卷，人民出版社，1979，第123~124页。
② 《马克思恩格斯全集》第42卷，人民出版社，1979，第121~122页。

消费合宜性的伦理意蕴

物本能规定的,而是在社会生活中形成的,他的需要的发展取决于社会实践的发展,并且随实践的发展不断创造出新的需要。人的需要的满足程度也是由社会的客观尺度决定的。一个人的需要满足得如何,看似是由其主观尺度确定的,但个人的需要能否得到满足及满足的程度却是由当时的社会环境、物质生产方式决定的。如中国古代对月球的向往只能以嫦娥奔月的神话表达,而这种需要的满足只能在科技高度发达的今天才能实现。由此,人的消费并非主观任性,并不是偶然的、随心所欲的,它必然要受社会物质生产方式决定,"生产为消费创造的不只是对象。它也给予消费以消费的规定性、消费的性质,使消费得以完成。"生产创造出可供消费的对象,即为"消费创造材料"。没有生产创造出的物质资料与精神产品及消费这些材料的自由闲暇时间,消费是根本不可能的。其次,生产为消费创造的对象"不是一般的对象,而是一定的对象,是必须用一定而又是由生产本身所媒介的方式来消费的。饥饿总是饥饿,但是用刀叉吃熟肉来解除的饥饿不同于用手、指甲和牙齿啃生肉来解除的饥饿"[1]。生产不仅生产消费的对象,而且也决定着消费方式。比如对于吃和穿,吃什么穿什么是由生产决定的,如何吃和穿也是由生产决定的。消费还要受客观的社会历史条件的制约和规定。这种社会历史条件,从静态的角度是社会资源或者社会财富的实际拥有量;从动态的角度是社会生产的持续发展状况,"需要往往直接来自生产或以生产为基础的情况"[2],没有生产就没有消费。显然,那种耗竭社会资源的实际存量或脱离社会生产发展实际状况的消费行为都是不具有合宜性的属性的。

---

[1] 《马克思恩格斯全集》第46卷(上册),人民出版社,1979,第29页。
[2] 《马克思恩格斯全集》第4卷,人民出版社,1965,第87页。

第一章 合宜与消费合宜性

从需要这一前提出发，可以得出这样的结论：消费的合宜性取决于人的需要的全面性及其满足方式、条件的正当性。

二 消费合宜性的传统内涵

由于需要的无限发展的特征，人的存在也呈现为一个无限发展的历史过程，因而不同时代的消费合宜性也表现出不同的历史特征。[1]

当人猿珍域清晰后，人类开始了自己历史的构建，带着惶然、带着疑惑步入了人类社会的门槛。然而，大自然的肆虐无常以及人类自身体力、智力等方面的缺陷，初民的消费是极其简陋而低劣的。他们的食物主要为采集品和猎物。在火发明之前，"民食果蓏蚌蛤，腥臊恶臭而伤脾胃，民多疾病。"[2] 穿着以草叶、树叶及动物的毛皮为主，住房多是天然的山洞、树洞，"构木为巢"。在这种食不裹腹、居无定所的恶劣环境中，自然界作为一种完全异己的、有着无限威力的客观力量威慑着个体，迫使单独存在的个体必须结成一定的共同体来维持生命。因此，共同体的命运决定着个体的命运，共同体的利益制约着每个个体的行为方式与准则，制约着消费合宜性的现实内容。所以，尽管初民们的消费资料极为有限，但却始终坚持共同享受、均等消费的消费伦理观。这种消费观不啻为解决初民们生存问题明智而必然的选择，其目的在于通过增强共同体的力量来抵御外部环境对弱小个体的侵害。

随着私有制的产生，自然经济方式的确立，人类进入到农业

---

[1] 虽然消费合宜性概念是伴随着现代产权观念、个体本位的市场经济建立基础上的现代性概念，但关于消费合宜性的思想却在人类进入文明社会之初就已经萌生了。
[2] 《韩非·五蠹》。

消费合宜性的伦理意蕴 ■

文明。在这一时期,生产力的发展极其缓慢,自给自足的自然经济构成了物质生产与人本身发展的一致性,即物质生产是以人的再生产为目的的(主要是生存),人仍然是臣服于自然的不自由存在物。从消费结构上看,吃饭穿衣是人面临的最主要问题。在政治生活中,个体从属于共同体,个体与整体、个性化与社会化尚未分离,人与人之间是彼此依赖的。于是,落后的生产方式及人的依赖性存在方式决定着这一时期消费合宜性的内容。总的说来,这一时期人们的生活较为简朴,比如据古希腊作家普鲁塔克记载,斯巴达人平时的生活,反对奢侈,崇尚简朴,追求生活本身的快乐,房屋和门窗,都是直接用斧头和锯子等工具做成的,不加修饰。而勤劳节俭的中国人更是提倡过俭朴的生活,崇尚节俭、力戒奢侈是主要的消费伦理观。孔子一贯主张节俭,反对奢侈。在他看来,节俭既是做人的本分,也是关乎国家稳固的根本。他非常赞赏俭朴的人生方式,"饭疏食,饮水,曲肱而枕之,乐亦在其中矣。奢则不逊,俭则固。与其不逊也,宁固"[①]。当别人向他寻问"礼"的根本,他说:"礼,与其奢也,宁俭。"[②] 从"宁俭"出发,孔子教导人们对衣食住行的日常生活应当抱有一种平常心态,不要执著于衣食之类的外在荣辱,而应当重视谋道。荀子继承了孔子节俭的思想,他反对奢侈浪费,认为齐桓公之所以不足以称道,原因之一就在于奢侈。他警示人们要"身贵而愈恭,家富而愈俭"[③]、"节用御欲"、"收敛蓄藏",斥责挥霍浪费之人为"偷生浅知之属"[④]。力求洁身自好、俭约

---

① 《论语·述而》。
② 《论语·子罕》。
③ 《荀子·效儒》。
④ 《荀子·荣辱》。

第一章 合宜与消费合宜性

自持的道家以"五色令人目盲,五音令人耳聋,五味令人口爽,驰骋畋猎令人心发狂,难得之货令人行妨"为依据,劝导人们"去甚,去奢,去泰"①。法家也提倡俭德,"侈而惰者贫,而力而俭者富"②。墨子将"禹七年水"、"汤五年旱","然而民不冻饿"的主要原因归于"其生财密,其用之节也"③,因而他把节俭作为消费的基本原则,提出"其用财节,其自养俭,国富民治"④。秦汉之后,黜奢崇俭依然是消费思想的主流。《诫子书》上云:"夫君子之行,静以修身,俭以养德,非淡泊无以明志,非宁静无以致远。"北宋司马光在《司马文正公传家集·训俭示康》中写道:"俭,德之共也。侈,恶之大也。"理学家朱熹也指出:"俭德极好,凡是俭则鲜失。"⑤《朱子家训》中也有"一粥一饭,当思来处不易;寸丝寸缕,恒念物力维艰"的道德箴言。至清代,曾国藩也有"莫怕寒村二字,莫怕悭吝二字;莫贪大方二字,莫贪豪爽二字","每用一钱均需三思","居家之道惟崇俭可以长久"⑥之类的对家人的训导之言。

无独有偶,在西方,勤劳敬业、俭朴节制的消费精神也被赋予重要的文化价值。在古希腊时期,节制统管着人们的消费态度与生活方式,要求人们在消费时应持有理性姿态。柏拉图在描述理想国的图式时,对纵情享乐、奢靡贪婪极为鄙视,希望人们养成俭朴的生活态度与禁欲的消费观念,用高贵的灵魂与智慧统帅生性低劣的欲望。亚里士多德则认为,吝啬与挥霍都是不适宜

---

① 《老子·第二十九章》。
② 《韩非子·易学》。
③ 《墨子·七患》。
④ 《墨子·辞过》。
⑤ 《朱子语类》卷一百二十五《老子书》。
⑥ 《曾国藩家书·同治二年十一月十四日致澄弟》。

消费合宜性的伦理意蕴

的,违背了给予与获取的中道原则,唯有素朴而又宽裕、慷慨而又乐施才是合适的品性。斯多噶派认为节欲是一种永远不放弃正确理性的习性,或者说是不纵情享乐的习惯,纵欲、奢侈是罪恶的表征。在古罗马帝国,对奢侈的贬斥可谓汗牛充栋,其意在主张公民们自觉抵制自私和贪婪。中世纪时期,基督教炮制出地狱、天堂等理念,宣扬贫穷造就崇高的德性,告诫教徒们要放弃现实生活,乞求天国的来世的幸福,养成禁欲主义的消费风格。

由于专制主义的政治制度对人存在的影响,这一时期的消费合宜性也带有等级制的特征。因为社会资料的所有权是掌握在统治阶级手中的,消费资料极其有限,为了缓解消费资料的有限性与消费需要无限性的矛盾,统治者就必然在消费上严格界定等级,并使之消费特权合法化,要求不同阶级在财富的占有与消费上应与其身份、地位相称,不可僭越等级制度所规定的原则和范围,即要求不同等级的人在消费方式、数量、质量、规格上应体现出尊卑之别。孔子之所以猛烈地抨击鲁国执政季氏,其原因就在于此。按"礼"的规定,八佾系天子的娱乐消费规格,季氏为大夫,只能享用四佾。季氏以大夫的身份享用八佾,违反了"礼"的等级消费规范,孔子因而气愤。显然,季氏这种"非礼"的消费行为,直接破坏了社会等级统治秩序,所以孔子说:"禄之去公室五世矣,政逮于大夫四世矣。"①

总体而言,在自然经济条件下,由于社会资源的匮乏与生产力水平低下的状况,社会再生产是简单再生产。人们的生产基本上是为了供自己消费,它主要只是满足生产者及其家属的需要。但是,随着机器大工业体系的出现和分工、协作的迅速发展,人类社会进入到了市场经济社会。市场的扩大,生产社会化的程度

---

① 《论语·季氏》。

日益提高，也使社会的生产与消费格局呈现出新的特征，即每个生产者都在独立地从事生产，但在他们之间又存在着全面的依赖关系，每个人的生产依赖于其他一切人的生产，同样，他的产品变成他自己的生活资料，也要依赖于其他一切人的消费。正是基于这样的现实，消费在市场经济中的功能日益重要起来，这种功能尤其在消费社会中表现得日益突出。传统的消费理念开始面临被颠覆的命运。

三 "新"消费观念

在短缺经济时代，人们不仅承受着物质资源匮乏所带来的人的生存与发展资料的欠缺，而且正常的、合理的消费欲望也被必然地搁置与压抑了。人们非但不能过多关注物质生存，甚至要为某种制度化、政治化的需要而抛弃自己正当合理的、合乎人性的消费需要与消费偏好。比如在专制制度下平民穿衣不得穿丝质的衣服，在"文革"期间人们不敢穿色彩艳丽的衣服，不敢穿金戴银、烫发等等。不仅如此，由于资源的匮乏、生产的有限性，人们还得忍受自由选择的缺位、自由时间的被剥夺、消费权利的被漠视以及人格尊严的被伤害。比如凭票购买，花很长时间进行排队、搜寻、等待、和粗暴的售货员打交道而取得生活的必需消费品。市场经济的建立，不仅在根本上冲击着传统的消费理念，而且在根本上改变了计划经济时代的"凭票供应"、"新三年，旧三年，缝缝补补又三年"的消费方式。由于经济的飞速发展造就的相对充裕的消费品消除了以往的消费品匮乏状态，消除了将需要局限于有限的具体物品、使用价值的占有上，人的多样性需要被释放出来，开始注重选取适合自身健康发展需要的消费品来提升自我、完善自我，追求自己的独特格调与趣味，彰显个性与内在素质的新生活。然而，物质资料的快速增长、市场经济内

消费合宜性的伦理意蕴

在的消费逻辑以及消费主义的渗透与蔓延，传统的消费理念开始在市场机制的作用发生着嬗变，原有的生活态度、消费观念正在被强势的物质话语压挤、逼迫甚至取代，一些"新"的消费价值观正在慢慢滋生、扩张，成为某些社会成员的生活信条。

（一）更多意味着更好

传统的生活态度和伦理观念以从事生产、辛勤工作和储蓄为荣，以消遣娱乐为耻，它赞成克勤克俭、精打细算，反对挥霍和铺张。但到了现代社会，价值观念则相反：消费成了道德上肯定的行为，受到了提倡和鼓励。因为随着经济的繁荣和科技的高速发展，大量的物质财富被生产出来，不消费掉，再生产就无法进行。传统的节俭、节欲、勤劳的美德不仅逐渐失去意义，而且会阻碍经济的繁荣；再加上早退休、高失业率和每周工作日的减少，人们的闲暇时间、业余生活日益增多，个人的休闲和娱乐变得越来越重要，并逐步褪去恶的色彩，不再是人们道德观念谴责的对象。所以，奢侈、高消费、多消费以及超前消费等等不断被视为正当和善行，在道德上被给予肯定性的评价。多多益善，更多意味着更好成为人们消费的准则，购买更多的物品，需求更多的东西（things）已经成为超乎一切的目的。更好的生活意味着拥有更多的小汽车、更多的空调、更多的预先包装好的冷冻食品以及更多的购物街……组成。消费能力的大小、水平的高低在某种程度上成为判断主体价值的标准，那些越是消费大量物质财富的人就越是会受到社会的尊敬和羡慕，高（多）消费不仅象征着消费者本人的体面程度，也表明他们拥有的荣耀、价值和尊严。"工业社会的价值观念是：'消费更多的物资是好事'的美学意识和'最大限度地满足人的物质欲望'的伦理观念的总和。"[①]

---

① 堺屋太一著，金泰相译《知识价值革命》，东方出版社，1986，第132页。

第一章 合宜与消费合宜性

在这里，消费成了社会生活的重心，经济发展、提高劳动生产率、提高技术水平及勤劳等等都是与消费更多的物质产品联系在一起的。这一社会性状强化了某些社会成员竭尽全力挖掘自身内在消费潜力的热情，客观上刺激了追求超前、挥霍、张扬、讲排场、比阔气等消费行为的发生。

（二）我买故我在

"人民在自己的商品中识别出自己；他们在他们的汽车、高保真度音响设备、错层式的住房和厨房设备中找到了自己的灵魂。"[①] 在现代大众消费时代，消费者这个词和人这个词已经变成了实质上的同义词，需要被别人承认和尊重往往是通过消费表现出来的。买东西既是自尊的一种证明，又是一种社会接受的方式。波德里亚说，在现代消费社会中，"消费"和"消费者"比"使用"和"顾客"具有更丰富的文化内涵，真正意义上的消费所满足的需要和渴望大大超出了基本的、生物的范围。例如，为了蔽体御寒而购买衣服并不一定要称为消费，而为了证明自己的身份或地位而穿某个品牌才是充分意义上的消费。在符号价值的王国里，个人消费的商品越珍贵，他的地位就越高。消费在这里"决不能理解为对使用价值、实物用途的消费，而应主要看作是对记号的消费"[②]。在传统社会，人们是通过自己的生产、创造去发现自己的价值，但在现代社会，消费在人生追求中的分量增加，人们是通过消费来体现自身的"身份"、"尊严"和"品位"。因为对消费的追求越来越能够反映人的自我意识和自我认

---

① 马尔库赛著，张峰等译《单向度的人——发达工业社会意识形态研究》，重庆出版社，1988，第9页。
② 迈尔·费瑟斯通著，刘精明译《消费文化与后现代主义》，译林出版社，2000，第124页。

同，消费已经成为决定个人身份特征或社会认同的重要因素。看一个人是什么样的人，只要看他如何消费就行了：真诚的和虚伪的，崇高的和世俗的，慷慨的和吝啬的，朴实的和浮夸的，善良的和凶恶的，实际的和虚荣的，有远大理想的和视野狭隘的，等等。各种品质都在他的消费活动中体现出来。可以说，一个人怎样消费，他就是怎样的人（I shop, there I am）。而且，一个人获得怎样的承认和尊重往往也是要通过消费的样式得到确证。

（三）花明天的钱，圆今天的梦

以往人们生活和消费的模式是"先攒钱再消费"。人们一般都是以"量入为出"为原则，通过"储蓄—消费—再储蓄"的模式经营生活。这实质上是一种积累性的消费，它要求人们必须先富起来，是一种先劳后享的消费观。现代经济的发展，从根本上改变了物质产品短缺的局面，大量消费不仅成了可能，而且成为必要。技术不断创造的奇迹也使人们对未来充满了憧憬和期待，从前被视为奢侈品的东西不断变成必需品。人们的消费欲望不断地被激发起来。另外，信用制度的产生从制度上消除了人们消费的心理顾虑，对提前享受的消费观念起了推波助澜的作用。在信用制度充分发展之前，人们的消费必须以取得实际收入或一定数量的储蓄作为前提条件，劳动与享受之间在时间上的秩序总是表现为先劳而后享。这时，消费一般不会超出收入的实际水平，且往往是略有储蓄的。但是，随着信用制度的不断发展，分期付款、消费信贷、直接信用等消费方式出现了，这使收入和消费在时间秩序上被颠倒过来，人们的生活方式也随之转变为先享而后偿。在这一现实制度下，人们能够超越现实收入和储蓄能力的限制，享受那些超出自己现有支付能力的消费品，提前满足自己的需要，过上自己梦寐以求的新生活。由此，人们相信：明天会更好，用不着牺牲今天的享受来确保明天的生计，可以大胆地

"花明天的钱,圆今天的梦"。

(四)用过即扔

"在第一次世界大战结束后的几十年里,以前一直占统治地位的那种占有观和占有心态几乎完全消失不见了。从前,人们总是把自己所占有的一切都保存起来,尽可能长久地使用这些东西。购买一件什物的目的是为了保留它。那时人们的座右铭是:'东西越旧越好!'今天,人们买来物品是为了扔掉它。今天的口号是:消费,别留着。……今天的座右铭是:'东西越新越好!'"① 在传统社会,人们希望年年有余,精心过着细水长流般的朴素生活。比如人们的服饰是按照最基本的需要和略有富裕来添置的,服装更换率则取决于清洁和自然损耗的程度。日用品的使用周期一般较长,如果出现损毁情况,能够修补再用的尽量修补再用,直到实在不能发挥实际功能时才退出人们的生活视线。同时,一物多用的现象也非常普遍。总之,人们普遍认同"新三年,旧三年,缝缝补补又三年"重复使用的消费观,希望消费品能够经久耐用,并在日常生活中尽量使物本身的使用价值得到最大化。而现在流行的消费观念则是用过即扔。比如一次性或类一次性消费,消费品的使用寿命日益缩短甚至有些消费品在功能完好、外形崭新的情况下就被废弃了。同时,在追求时髦的社会风气下,人们频繁更换消费品的现象时有发生,有些东西还没被完全使用或因不合意就被人"无情"地报废、更替甚至浪费掉了。

(五)自然是消费的对象

古人认为,万物皆有灵性,整个世界都是有生命、有灵魂的,宇宙万物都有精灵或神灵寄寓其中,这些精灵或神灵掌握着

---

① 弗洛姆著,关山译《占有还是生存》,三联书店,1989,第 77~78 页。

消费合宜性的伦理意蕴

神奇的力量,控制着世界的一切变化,如果人类顺应它们、取悦它们,它们就能保护人类,如果人类违背它们、冒犯它们,它们就会降下灾祸。正是基于"万物有灵"这样一个对世界的基本认识,古人衍生出了对大自然的敬畏、崇拜的感情。他们总是怀着虔诚、尊重的态度来处理他们与自然之间的关系,主张对动植物要惜生。宋代的张载在《西铭》中则提出了"民胞物与"的观念,强调人应当与天地间的万物确立一种相与互友之道、融洽无间的关系。但在现代社会中,在 GDP 增长的神话与压力下,人们更多地将自然看做是可以利用、消费的工具,并以绝对客体的眼光将其视为无生命的,其生存与人无关(除了利用价值外)的资源,而未看到它们对人的根源性存在方式,没有看到人与自然的关系,从而用"占用"的眼光去最大限度地挖掘、开发它们。在对待动物的态度上,有些人的冷漠和残酷已经达到了令人发指的地步,他们心怀兴奋而不是心怀歉意地食用珍稀动物的肉体和穿戴珍稀动物的皮毛,他们将动物的生命完全视作为人类服务的工具,为了猎奇、奢华的欲望不惜将某种野生动物赶尽杀绝。总之,现代人将自然视为自己的奴隶,毫无敬畏之心地对自然抢取豪夺,残酷地榨取自然资源,将自然的神圣性抛置脑后,不知道"在大自然中处处都能看到'上帝的痕迹',于是自然得不到保护,任凭人类权力意志的摆布"①。

市场化、现代化、工业化浪潮解除了禁欲主义的魔咒,它使人的世俗生活、消费权利得到认可,人的生命尊严得到确证与扩展的同时,又打开了潘多拉魔盒。因而,上述诸种新消费观念固然有其产生的必然性,也有其合理的一面(如肯定人的个体性、主体性,体现了人的自由精神),但就其根本而言,却是以张扬

---

① 张世英:《新哲学讲演录》,广西师范大学出版社,2004,第386页。

第一章 合宜与消费合宜性

人的物欲性存在而挤压人的精神性存在为代价的。在商业文化的逻辑下,在消费主义文化的浸润下,消费开始背离人的根本的需要,人不再是为需要而消费,而是为地位、为虚荣而消费。在对于物的狂热追求中,人们变得只会追求消费,追求物质享受,开始丧失他们的精神性存在,不愿再思考人生的意义,不再思考信仰的价值,奋斗和责任渐渐远离了人生的坐标。更可怕的是,这种"新消费"态度的潜在危险性是以过度消耗资源为前提的,它无视资源的有限性这一现实。因而在其根源性及其满足的可行性条件上都是不合宜的。

如前所述,消费合宜性在直接的意义上是消费上的一种道德理念与道德属性,是建立在平等的自由主体基础上的,以人的合理存在为价值依据,以适度为原则,以和谐关系的确立为目标的恰当的消费方式。但是,在具体的生活层面,什么样的消费才是合宜性的消费?尤其是对中国这个由传统社会向现代社会、由计划经济体制向市场经济体制转型的国家来说,这个问题显得更加迫切。[①] 或者说,现代社会消费合宜性的真实内涵是什么?这是本书关注的焦点。唯物史观认为,人们总是自觉不自觉地、归根到底"从他们进行生产和交换的经济关系中,吸取自己的道德观念"[②]。只有深入当代社会消费问题产生的基本制度性构架中去直面消费难题产生的现实根源,并在此基础上寻求难题破解之策,方可从中找寻消费合宜性的答案。

[①] 中国面临着这样的消费问题:如何既克服消费陋习,抛弃愚昧的、落后的消费方式,引导国人养成合理的消费观念、文明健康的消费方式,使国人过上有尊严的、合理的物质生活;又能摒除享乐主义、消费主义,扬弃传统的艰苦朴素的消费精神,在现代性中保持生活的本真意义,使国人实现全面性、自由性的发展。

[②] 《马克思恩格斯选集》第3卷,人民出版社,1995,第8页。

第二章　消费经济功用的凸显及其道德风险

——消费合宜性问题产生的基本制度性架构

人作为有生命的存在物，其第一要义是求生，即谋求自身的生命存续。因此，人类生存的第一个前提是从事生活资料的生产活动。当然，人的求生不同于动物的求生本能。人类的求生活动是在自觉性、创造性、社会化的前景下进行的，体现了人的目的性，体现了人的自觉自由的本质特征。人的生活资料的生产活动在现实层面上的展开就是社会经济活动。经济活动对人的存在具有基础性的作用，在根本旨趣上，经济活动的目的是要满足人的需要。法国经济学家巴斯夏在《和谐经济学》一书中指出："政治经济学的研究对象是人，是从需要的及满足的手段这个角度来考虑人"，"消费既是一切重大经济现象的目标和目的，那么满足就是进步的试金石。"① 这说明，消费问题总是与经济生活相关的，总是与物质资料的生产与再生产相关，并在相当程度上体现着经济生产的直接目的。特别是在现代社会，经济发展（尤

---

① 弗雷德里克·巴斯夏著，王明毅、冯兴元等译《和谐经济论》，中国社会科学出版社，1995，第85、97页。

第二章 消费经济功用的凸显及其道德风险

其是 GDP 增长）已成为各个国家综合国力最重要的指示器，各国政府都力图通过各种途径去创造国民经济的繁荣景观。所以，鼓励甚至刺激消费不仅体现着经济的目的，而且是经济发展的必需：即刺激消费→生产增长→经济繁荣似乎成为现代经济生活的内在逻辑。消费的经济功用得到了最大程度的凸显，负荷着经济这架庞大机器运转的艰巨使命。

第一节 消费经济功用凸显的必然性

在经济生活中，消费是与生产相对应的社会化的经济行为。为了保持经济的持续增长，经济学家们一直致力于消费对经济发展拉动作用的研究，他们力图深入发掘潜藏在消费者行为背后的诸种影响因素。从"均衡价格论"体系，到"收入决定论"，直至"预期收入决定论"，以及后来有关消费者效用的代际连接模型等，西方经济学中的消费理论可谓异彩纷呈。他们的理论表明：影响消费的因素是多样的而不是单一的；不仅如此，诸种因素之间还是在相互作用、相互影响中共同对消费者的行为发挥着重要影响。但就其理论实质而言，他们都试图解开消费之谜，希望通过创造各种有利条件去推动消费增长，推动国民经济的持续发展。

一 消费在社会再生产中的地位[①]

正如人们熟知的，消费是社会再生产过程（生产—交换—分配—消费）中一个十分重要的环节。在一个生产过程中，消

[①] 本节参考了陈宏志《社会主义消费通论》，人民出版社，1994，第 44～54 页。

消费合宜性的伦理意蕴

费是社会再生产的"终结点",是被决定的再生产环节。但消费决不是一个被动的消极环节,而是与生产、分配及交换等环节联系得十分紧密。从社会再生产过程来看,消费是前三个环节,即生产、分配、交换进行情况的显示器;生产的产品是否适销对路,分配是否合理,交换是否畅通,都要通过消费集中反映出来。

（一）消费是生产的目的与动力

生产是消费的先决条件,没有生产就没有消费。"生产媒介着消费,它创造出消费的材料,没有生产,消费就没有对象。但是消费也媒介着生产,因为正是消费替产品创造了主体,产品对这个主体才是产品。产品在消费中才得到最后完成。"[1] 生产对于消费的意义固然重要,但没有消费也就没有生产。（1）消费再生产出人及人的劳动能力。在生产中生产者物化,即他的劳动力物化为产品、价值;而在消费中,"生产者所创造的物人化",生产者正是不断消费物质产品,才既使自己作为生物学意义上的人得以生存,又按照生产实践的需要不断完善自己,使自己的体力、智力、精神水平得以提升,从而不断生产出符合社会发展需要的合格的劳动者。（2）消费使生产出的产品成为产品,使生产者成为生产者。"产品之所以是产品,不是它作为物化了的活动,而只是作为活动着的主体的对象。"[2] 产品所以被生产出来,就是为了满足某种需要。当产品因种种原因充斥于市而无人问津时,这些产品就不是产品而是废品。这样的产品越多,浪费掉的资源越多,对社会再生产的阻碍越大。（3）消费是生产发展的动力。消费创造出生产的对象——观念的对象。"消费在观念上

---

[1] 《马克思恩格斯全集》第46卷（上册）,人民出版社,1979,第28页。
[2] 《马克思恩格斯全集》第46卷（上册）,第28页。

第二章 消费经济功用的凸显及其道德风险

提出生产的对象,作为内心的图像、作为需要、作为动力和目的提出来。"① 人们在现实消费中,总会因物质对象存在着欠缺而有所不满,并总会在此基础上不断提出更高的消费需求,在心中创造、想象、构思新的消费对象即观念的对象,从而刺激、引导生产向更高的层次发展。

(二) 消费是分配的最终实现及衡量尺度

在社会再生产中,分配是建立在生产与消费中的中间环节。分配借助经济规律决定生产者在产品世界中拥有的份额。因而一定的消费总是一定社会分配关系基础上的消费,并且受社会分配关系决定。分配是消费水平、消费结构及消费方式的决定因素之一。分配关系是否合理,分配制度是否有效也直接关系到消费水平和消费质量的提高。不合理的分配,必然导致消费的扭曲,而消费结构的扭曲又必然强化社会的不平等程度,进而造成更加深刻的社会矛盾,影响经济的发展与社会的稳定。消费也制约、影响着分配。消费是分配的最终实现。国民收入分为积累基金和消费基金,国民收入的积累基金和消费基金的分配最终都要通过消费来实现,没有消费,或消费环节出现障碍,分配就无法实现。其次,分配是否合理最终要受消费的检验。积累是扩大再生产的源泉,消费是扩大再生产的基本条件。在国民收入分配中,积累基金和消费基金的比例是否合理,消费基金中用于个人消费和社会公共消费的比例是否合理,最终都要通过消费表现出来,要接受消费的检验。再次,消费水平的状况也制约着分配中的各种比例关系。

(三) 消费影响着市场交换的规模与速度

交换是联结生产与消费的桥梁和纽带。产品生产出来以后,

---

① 《马克思恩格斯全集》第46卷(上册),人民出版社,1979,第29页。

消费合宜性的伦理意蕴

分配规定着社会成员在社会消费品总量中可能占有的份额，而消费最终的实现，在商品经济条件下，则必须通过市场交换，没有交换作"媒介"，产品不通过市场，就不能进入消费。同样，没有消费也就没有交换，消费的规模和速度是决定市场交换的规模和速度的重要因素。既然交换是联结生产与消费的纽带，因此，交换的规模和速度一方面要受生产的规模和速度的制约，另一方面也要受消费规模和速度的制约。消费规模大，则市场交换规模也大；消费速度快，则市场交换速度也快。消费对生产的反作用在一定程度上也要通过市场表现出来。具体说来，首先表现在它对交换的作用上，然后通过交换反馈给生产，从而使生产根据消费的需要进行调整。其次，商品有使用价值和价值（交换价值）的两重性，只有通过流通交换，也就是只有通过销售（消费），商品的使用价值和交换价值才能实现。否则，商品不能流通，其使用价值和交换价值都只是零，它就只能是一堆废品而已。

从上述的消费与生产、分配、交换的关系来看，消费在社会再生产中居于极为重要的枢纽地位。如果把消费纳入社会再生产的总过程，即社会再生产不断运动、不断发展的国民经济的循环过程来看，消费的作用就更为明显了。在生产、分配、交换、消费四个环节周而复始地不断运动，社会再生产螺旋式向前发展的经济循环过程中，消费是这个再生产过程的终点，又是下一个再生产过程的先导，它承上启下，承先启后，处于关键性的地位。一方面，消费反映了人们所获得物质财富与服务的程度，体现着整个社会再生产运行的总成果，因而体现了整个社会再生产诸环节的运行效率以及经济结构的优劣情况；另一方面，它通过人们需要的满足程度以及对获得的相应服务水平的检验，作出一定的经济效益评估，向再生产传递各种调整和改善的信息，使新一轮的再生产更合理、更富效益地循环，从而创造出新需要和动力。

第二章 消费经济功用的凸显及其道德风险

可以说,消费既是人们经济活动是否获得效率、国民经济运转是否正常的测量器,同时又是传递改进经济循环信息、完善国民经济运转的指示器。消费对国民经济的良性循环举足轻重。

二 市场经济的内在要求

在经济学理论中,市场经济就是以需求为核心,通过市场供求变动,以价格为杠杆,使稀缺资源合理流动与配置,最大程度地满足社会需求并实现经济主体利润最大化的经济运行体制。新古典综合学派的代表人物萨缪尔逊指出,市场经济是一种有关资源配置的经济组织,其中生产什么、怎样生产和为谁生产,主要是由市场的供求关系决定,厂商以追求利润最大化为目标安排收入、生产、营销,而获得要素报酬的居民则决定市场上的商品需求。因而,市场经济活动的源头与归宿是消费者的需求,市场经济的导向必须是需求导向,或消费导向。

相对于以往的经济形态,市场经济无疑是最具活力的、自由自主的经济形态。而最能体现市场经济这一特性的,恰恰是消费。市场经济的发展,告别了以往短缺经济时代消费品匮乏的紧张状态,步入了产品过剩的时代。经济生活中的"购买难"已被"销售难"所取代。与之相应,生产固然重要,但与消费相比,它已不再是经济发展的决定性力量。因为市场经济的发展取决于市场的需要。而市场的需要首先是消费需要。消费是市场经济中生产的裁决者与引导者,它决定着生产的效果、动力与方向。那种由生产者单方面主宰市场的局面已经一去不复返了,生产者与他的产品一道都成了被市场、被消费评判的对象,生产与消费的关系颠倒了,生产的成功与否,必须由消费者裁决。市场经济中消费者的需要,不仅多样化、多层次化,而且日新月异,这就促使生产多样化、多层次化及升级换代。消费除了决定生产

消费合宜性的伦理意蕴

者最终能否实现价值增值的目的外，还决定生产的规模结构、发展速度、发展方向，促进经济增长，提高经济质量，实现资源的最佳配置。现代市场经济发展的过程表明，消费对生产的这种制约和决定作用，将随着经济的发展而日益强化。

满足人类生存和发展产生的消费需求是一切经济发展的原动力。在市场经济条件下，消费在经济运行中的作用，或者说，对经济发展的推动作用就更为强大。可以毫不夸张地说，市场经济条件下的消费行为若用"物欲横流"加以概括一点也不为过。当然，这里的"物欲横流"并非是对作为消费主体的人的道德评价，而只是一种现象的描述。"物欲"代表了人们对商品的多层次、全方位的需要；"横流"即是奔流、即是昂扬的活力状态，表示消费需求在量上、质上的不断增长。在市场经济条件下，人们需要的层次、程度是多样性的，在原有的消费需要得到满足之后，人们又会提出新的要求，希望有质量更高、花色更新、性能更好的商品。而消费不断创造出的这种新市场需求，对生产起着导向的刺激作用，作为观念上的需要对生产提出更高的要求。从经济发展的态势上看，正是这种对商品、对物质产品需要的欲求激发着市场的活力，有效地支撑起庞大的市场，推动市场经济的充分发展。这种发展并不是直线的，产品也并非是简单循环式的量的增长。因为现实的消费对生产不仅提供了动力，它还可以推动新技术、新产品的研究、开发与运用，刺激市场的繁荣，从物质上保证了人们消费水平的提高。市场越发达，消费需求越发展，消费的作用就越大。

市场经济不断被激发的活力（需要）在客观上提供了丰富的产品，从而在根本上改变了人们以往被动消费的局面，"消费者主权"的权利意识得以萌生并不断强化。在短缺经济时代往往形成的是"生产者主权"，生产者提供的商品和劳务状况决定

第二章　消费经济功用的凸显及其道德风险

了整个社会的消费状况和消费结构，人们的需要和消费的个性、丰富性和选择性是被动地服从于落后的生产力的。特别是经历了计划经济时代的国人更能深切体验到这一点，人们没有充分的消费自主权，不仅是由于物质产品短缺所造成的自由选择权利的缺失，而且由于一切都受制于国家的计划安排，定量却又紧缺的消费票（粮票、油票、肉票等票证）一次次地击毁人们美好的生活愿望，再加之政治价值观的影响，对经济发展产生重要影响的消费偏好、消费需求受到严重抑制。市场经济培育了人们的"消费者主权"意识。在市场经济中，人们消费什么、如何消费是由自己决定的，消费方式也有了更大的自由度。为了能够满足自己不断发展的需要，人们更加重视商品和服务需求的高质量化、多样化和个性化。在人们的自由选择权利不断强化的同时，那些重复生产、无特色、质次价高的产品已很难被接受。消费者的需求、偏好已成为经济生产的至关重要的大事。正因如此，市场经济是消费者主权经济，或者说是消费者至上经济。市场经济要求每个生产者都要以最小的劳动耗费取得最大的劳动成果。优胜劣汰作为一种强制手段，迫使商品生产经营者必须采用新技术，降低产品成本，提高产品质量，改善服务态度，严格按照消费者的需要组织商品生产经营活动。在这种经济环境中，消费者主权对商品生产者和经营者的利益将显示出更加明显的决定性作用。所以，市场经济是消费导向型经济，或消费需求拉动型经济，消费是拉动经济发展的强大力量，不重视对消费者需求的开发，市场经济就很难得到发展。

消费结构的变化和高级化是现代经济增长的主要动力源泉。社会经济增长的现实表明，现代经济的高速增长是在产业结构的高度转换中实现的，如果没有产业结构的高度转换和高级化，经济增长就不可能获得持久的内在推动力。而产业结构的高级化则

消费合宜性的伦理意蕴

是随着社会成员收入水平提高所引发的消费结构高级化的结果。消费结构的变化和消费质量的提升，直接引起了生产结构的改变和产业结构的升级。消费结构的不断升级引导着产业结构的高级化，从而使经济持久增长并保持较长时期的稳定。所以，消费结构决定产业结构、工业产品结构和工艺与技术的创新，产业结构的变化与调整不过是消费结构变化与升级的反映。① 此外，消费直接推动着市场的发展规模。在市场机制下，生产作为供给的一方，不断地向市场提供各种各样的商品；而消费作为需求的一方，则不断地从市场取得各种各样的商品。如果消费的规模缩小，就会有一部分产品在市场上沉积下来，市场需求减少，市场的规模相应缩小；相反，如果消费增大，市场需求增加，市场的规模也相应扩大。

总之，在市场经济中，消费是市场经济发展的主导因素，消费需要已成为各项经济活动的出发点，消费需要的总量在很大程度上决定着生产的总量，消费结构的变动已成为影响产品结构、产业结构、生产结构变动的根本因素，消费需要层次的上升已经成为国民经济不断发展的基本动因。消费增长是经济增长的主要动力，是经济发展的主要牵引力。持续而健康的消费是市场经济良性循环的关键。

三 人的生命存在的时代诉求

消费是人的生存和发展的必要前提，没有必要而足够的（物质的和精神文化的）消费，人的生命存在乃至人的尊严是无

---

① 比如由于消费结构的变化和消费质量的提升，推动了我国彩电、冰箱、洗衣机、微波炉等家用电器产业的发展，推动了服装、纺织品、食品加工、医疗保健品、体育运动用品、休闲娱乐用品等轻工业的发展。

第二章　消费经济功用的凸显及其道德风险

法得到保障的。正如马克思在批判资本主义制度对工人阶级的剥削时所指出的：一切真正的危机的最根本的原因，总不外乎群众的贫困和他们有限的消费。人的本质力量的实现离不开消费。物质生活消费实现着人自身的再生产，精神文化消费则增进人的智能与技能，提高人的科学技术水平和技能，提高人的认识水平和思想觉悟，增强人的素质。同时，消费使每个人的现实利益得到最终实现，从而不断地增强人的自觉性、积极性、创造性，推动整个文明的发展。贫困的生活和有限消费的消费不足状况将剥夺人的生存和发展的必要条件，使人应有的体力、智力发展得不到保障和提高，也无法培育出高尚的精神生活和道德境界。正是在这个意义上，凸显消费的经济功用对人的存在具有解放性的革命意义。

在市场经济制度建立以前，国人的消费在根本上说是不足的。这种不足是由多种复杂性因素造成的。既有生产资料严重不足的低生产力发展状况的原因，也有只注意生产资料生产，不注意消费资料生产的产业结构不合理的经济原因，还有贬抑消费、轻视消费的思想、文化、习惯等方面的原因，更有社会严重不公，致使大多数人被排斥在消费品市场之外的制度原因。特别是在计划经济时代，在左倾错误思想的影响下，由于没有处理好生产与消费的辩证关系，片面强调发展生产，忽视人民群众生活的改善；片面崇尚节俭、抑制消费、安于贫穷，强调高积累，把艰苦奋斗与提高消费水平对立起来，把生产与生活、创造与消费、贡献与享受严重对立起来，压抑人们正常的消费欲望，严重削弱了消费对生产的刺激作用。同时，由于经济发展战略上的左倾错误，致使经济发展策略片面强调发展重工业和国防工业，忽视了农业和轻工业的发展，直接造成了国民经济比例的长期严重失调，与人民群众生活关系密切相关的消费品长期匮乏，直接损害了人民群众的根本利益。而从20世纪90年代末期出现的消费低

消费合宜性的伦理意蕴

迷、消费不足现象在根本上说还在于人们的购买力不足、社会两极分化以及消费品未能适合人们的现实需要所造成的。消费不足是不合乎人的发展这一根本目标的。它人为地抑制了消费水平，不但对经济的发展造成抑制，而且它更是对人民群众根本利益的直接侵害，它直接影响了人的劳动能力的恢复，危害人的身体健康，妨碍人民群众劳动积极性的发挥，降低人民的生活质量，钳制了国民整体素质的提高。

市场经济是利益本位、个体本位的资源配置方式，它重视人的现实的物质利益，将追求"利益"、"实惠"等价值观念推至前台。在市场经济中，作为主体的人重视自身物质利益的正当获取，注重自我实现和全面发展。因为市场机制的实质，就在于它充分利用每个人对自己利益追求的本性来激发人的最大潜能，它是以人对自我利益的追求和满足为出发点的。因而，追求自我利益的最大化，是作为主体的人进行生产实践的基本动机。在这种"人对物的依赖关系"的人的存在方式（市场经济社会）中，人的需要、能力、关系和个性等等人的本质力量必然要通过"物"来表现、实现和确证。人们更加关心自己利益的实现，并注重以精细的理性计算来获取最大利润或物质利益。这种关注是人的发展的必要环节。所以，在市场经济条件下，就必然要否定那种蒙昧主义、禁欲主义对人的思想魔咒，肯定世俗的、现实生活的合理性；必然要提高生产，摆脱物质产品的匮乏状态，为人的发展提供坚实的物质基础；必然抛弃消费结构单一性、低水平性、无差异性的状况，实现消费结构多元化、高水平性，实现人的自由与个性；必然要通过一些新的消费方式，注重消费结构的层次化、多样样、递进性，实现人的素质的提高，丰富人的内涵。总而言之，重视消费、重视消费的多样性、层次性、递进性，使人的存在方式发生了根本性的转变，并提出了新的时代主题。这种

第二章 消费经济功用的凸显及其道德风险

转变反映了人们要通过消费为人的生命存在提供了必要的养料，以更加务实、合理化的生活态度增强人的本质力量，追求人的幸福。同时，它通过市场机制最大限度地激活了个体的潜能、满足了个体的需要，使人的主体性精神得到了张扬，而不受那种蒙昧的、非人的力量对人的需要的限制与控制，有利于提高人的自我选择、自我发展的主体能力，有助于促进人的全面发展。

当然，市场经济还只是"以物的依赖性为基础的人的独立性"，这只是人的全面性、自由性存在的理想的一个必由之路。它为形成普遍的社会物质交换、全面的关系、多方面的需要以及全面能力提供了必要的准备。但由于市场经济对人的存在方式影响的过程性、环节性特征，就决定了人的消费中还存在着某些非人性、非人化的方面，即容易被物所役，存在着物的价值遮蔽人的主体性、自由性的可能性，从而诱发享乐主义、纵欲主义、个人主义。这是需要被扬弃的。

第二节 资本主义消费精神的流变

市场经济本身并不是一种单纯的物质技术现象，还存在市场主体的主观精神气质层面；市场活动不仅受到经济规律的控制，更受到人的行为和诸多社会意识形式的控制和影响。在人的意愿和选择中，总是有一个以期望、标准、观点、道德等范畴所组成的合力在起作用。因而，在市场经济的发展中，消费并不是盲目的，而是受制于消费精神气质的约束。消费精神是从消费经济活动中衍生出来的，实现消费对社会发展作用的价值表达与观念凝结。市场经济的发展需要一定的消费精神对其进行引导。在资本主义市场经济的发展中，消费精神经历了一个由节俭向奢侈、由世俗禁欲精神向消费主义的流变过程。

消费合宜性的伦理意蕴

一 节俭还是奢侈——资本主义起源的消费精神透析

在资本主义的发展中,市场机制对创造生产力,推动社会进步可谓功不可没。斯密曾将其喻为"看不见的手",而马克思也将市场称为神奇的"法术"。可以说,资产阶级正是借助于这只"看不见的手"或这一神奇的"法术"创造了经济发展与社会变革的奇迹。在资本主义市场经济初期,居于再生产链条中重要环节的消费无疑是有其历史功用的,而作为消费环节观念凝结的消费精神不仅承担了促进经济发展的职能,而且还作为一种价值理念深刻影响了新兴资产阶级的生活态度、价值选择,为资本主义做了伦理评判与主体精神气质上的准备。究竟是何种消费精神在起作用?是韦伯的节俭说?还是桑巴特的奢侈论?

(一)禁欲主义的节俭与资本主义:韦伯的论析

在对资本主义的起源问题上,有不同的研究路向:既有从商品货币关系入手来解读资本主义社会经济制度的建立,也有从产权的明确和有效保护方面来解释资本主义的起源,还有从市民意识的形成及其作用透视资本主义的兴起,更有从新教伦理的角度来剖析资本主义的肇始。① 马克斯·韦伯是从新教伦理的角度考察资本主义产生这一特有的历史现象的。在《新教伦理与资本主义精神》中,韦伯系统地论证了新教伦理与驱使资本主义产生动因的资本主义精神的内在亲和关系。他指出,资本主义的兴起并不在物质方面,"近代资本主义扩张的动力,并不是用于资本主义活动的资本额的来源问题,更重要的是资本主义精神的发

---

① 参见厉以宁著《资本主义的起源——比较经济史研究》,商务印书馆,2004,第12~34页。

第二章　消费经济功用的凸显及其道德风险

展问题。"[1] 凡是资本主义精神出现并且能够发挥作用的地方，它就产生自己的资本和货币供给，作为达到其目的的手段。当然，韦伯极力推崇和赞扬资本主义精神的优越性、独特性，是掩盖了其本身所固有的扩张性、残酷性本质的。但就其理论而言，无疑是新颖的、独到的、发人深省的。

在韦伯那里，资本主义精神就是勤勉、精心谋划及按照节省原则去获取利润的节俭积累观念、时间观念和诚实谨慎观念。在这种精神中，世俗禁欲主义与经济获利行为获得了统一，人们的经济获利行为不仅获得了道德的认可，而且具有内在的伦理张力。新教伦理将世俗的劳作与神圣的"天职"结合起来，明确指出劳动是一种天职，是获得上帝恩宠的唯一手段，它告诫人们勤勉劳作，积极投身于世俗的经济活动之中，于是，从事获利的商业活动不再是罪恶的，而是有助于"增益上帝的荣耀"行为。但是，这种渗透着勤奋工作意识的劳动天职观是和那种严格避免享受生活结合在一起的。也就是说，对于人们的现实生活与消费行为，新教要求人们出于需要和实际的目的使用自己的财产，反对那种奢华、虚荣的浪费。"仅当财富使人无所事事，沉溺于罪恶的人生享乐时，它在道德上方是邪恶的，仅当人为了日后的穷奢极欲，高枕无忧的生活而追逐财富时，它才是不正当的。"[2] 新教徒们只有努力通过自己的劳动为社会和自身获取财富，并克制或压抑浪费这些财富的非理性消耗的冲动才是正当的。这正如韦伯所说的，新教禁欲主义不仅使获利冲动合法化，而且将之看成是上帝的直接意愿，它打破了对获利冲动的束缚，但它同时又

---

[1] 马克斯·韦伯著，于晓、陈维纲等译《新教伦理与资本主义精神》，三联书店，1987，第49页。

[2] 马克斯·韦伯：《新教伦理与资本主义精神》，第127页。

消费合宜性的伦理意蕴

是禁欲主义的。"清教禁欲主义竭尽全力所反对的只有一样东西——无节制地享受人生及它能提供的一切"①，因为任何无节制的人生享乐，无论它表现为贵族的体育活动还是平民百姓在舞场或酒店里的纵情狂欢，都会驱使人舍弃职守，背离宗教，因此理应成为理性禁欲主义的仇敌。闲谈、奢侈品、自负的炫耀也是非理性态度的表现。这样，新教的节俭、世俗禁欲精神与享受、奢侈强烈地对抗着，它将商业的成功、财富的增值与灵魂的得救看成是一回事，这种消费精神有力地推动了资本主义的资本积累。"当浪费的限制与这种获利活动的自由结合在一起的时候，这样一种不可避免的实际效果也就显而易见了：禁欲主义的节俭必然导致资本用于生产性投资成为可能，从而也就自然而然地增加了财富。"② 禁欲主义的节俭一方面培植了新教徒从事经济活动获取财富的内在冲动力，同时禁止非理性地耗散所累积的财富。于是，通过辛勤劳动和克制消费所积累的财富反过来又可以作为获取更多财富的手段，资本主义得以迅猛发展。在韦伯的分析中，我们看到新教禁欲主义既宣扬释放获取财富的本能冲动、克勤克俭的工作伦理，又提倡抑制对获取财富的非理性使用的消费伦理。这两种伦理态度的相互颉抗、相互支撑，共同构成了资本主义发展的内在动力，这种内在动力反过来促动资本主义以异乎寻常的速度发展着它的经济。不仅如此，这种伦理观念还培育了新兴资产阶级节制有度、坚韧耐劳、精明强干、严于律己的伦理品质。可见，在韦伯那里，世俗禁欲主义不仅是一种经济伦理，同样是一种个体生活态度、道德操守，这种消费精神对资本主义的发展具有突出的贡献。

---

① 马克斯·韦伯:《新教伦理与资本主义精神》，第130页。
② 马克斯·韦伯:《新教伦理与资本主义精神》，第131页。

第二章　消费经济功用的凸显及其道德风险

（二）奢侈与资本主义：桑巴特的考证

在对资本主义发展动力的研究中，与韦伯同时代的德国社会学家桑巴特采取了与韦伯不同的研究理路，即奢侈与资本主义。在《奢侈与资本主义》一书中，桑巴特用了大量的史料与理性分析探析了奢侈与资本主义之间的因果关系。

桑巴特认为，西欧资本主义起源于奢侈的消费原则。从13、14世纪开始，西欧各国先后出现了一个财富迅速增长、并且由封建地产向资本财富转化的过程，在这一过程中，西方上流社会的生活也经历了巨大的变化：中产阶级通过财富使其社会地位上升，促使贵族消费观念向奢侈转化。由于财富的迅速增长，宫廷中讲究排场，注意享受的奢侈之风开始盛行，在宫廷的榜样作用下，奢侈之风又迅速地蔓延到了西方的整个上流社会。无论是新兴的富人阶层，还是没落的旧贵族，都为追求奢侈消费投入了巨大的财富。桑巴特在此并未流于简单的历史叙事，而是透过奢侈之风的盛行揭示了社会财富流向的变化与社会结构重组、阶级分化的事实，以其特有的方式推导出资本主义兴起的经济基础与精神因素。另外，桑巴特又特别注意到性爱观世俗化，尤其是女人（主要是情人、高级妓女）的奢侈对资本主义兴起的作用，这是桑巴特对资本主义起源的论述中最有特点、也是最受争议的一点。在第三章开头，桑巴特就指出："据我所知，没有一件事比从中世纪到18世纪两性关系的改变那样，对中古和近代社会的形成具有更重要的意义。尤其需要指出，对近代资本主义起源的认识与对人类活动中这一重要领域的基本变化的正确评价紧密相连。"[①] 伴随着爱情的世俗化，"肉体的解放"刺激了人对于纯

---

① 维尔纳·桑巴特著，王燕萍等译《奢侈与资本主义》，上海人民出版社，2000，第56~57页。

消费合宜性的伦理意蕴

粹的感官享受和性快乐的追求。他说，所有的个人奢侈都是从纯粹的感官快乐中生发的，"性生活正是要求精制和增加感官刺激的手段的根源"，因而，"推动任何类型奢侈发展的根本原因，几乎都可在有意识地和无意识地起作用的性冲动中找到"①。通过对奢侈与性爱关系的分析，桑巴特事实上揭示出女人与奢侈现象风行之间的必然联系。从宫廷到整个上流社会，女性，尤其是宫廷情妇、高级妓女等在为追求居室、饮食、服饰、出行等众多方面的享受而付出的高昂费用对整个上流社会追求财富、巨大的消费、盛大的娱乐生活起到了推波助澜的作用。

奢侈，尤其是女人的奢侈又是如何推动资本主义的？桑巴特从当时社会产业结构的转型与资本主义生产关系、经营方式、经济组织形式兴起等方面剖析了工业资本主义的发展。在第五章，他采用了大量的数据与例证从贸易、农业、工业等产业类型方面论证了奢侈消费对资本主义发展的重要意义。在资本主义产生初期，海外市场非常有限，商品的销售就只能依赖于国内市场。但各国国内下层民众对普通商品的消费对国内市场需求的拉动作用是微乎其微的。相反，由于奢侈性商品有较高的价值，并以极大的数量走向市场，刺激了妇女与富人们的需求，从而为资本主义生产的发展提供了必要的市场支撑。在纺织品、装饰品等奢侈工业的巨大利润吸引下，欧洲以及殖民地的农业都为了满足奢侈工业品的需求而向大规模、精细化方向发展。所以，18世纪农业所发生的变革，直接或间接地应归因于奢侈。奢侈不仅创造了资本主义的农业组织形式，同时也促进了资本主义工业的发展。"在工业生产领域，奢侈的影响表现得最为明显，即便是最愚钝的人也能看出奢侈品需求的增长与资本主义发展之间

---

① 维尔纳·桑巴特：《奢侈与资本主义》，第81页。

第二章　消费经济功用的凸显及其道德风险

的关系。"① 因为从奢侈品工业生产的特殊工序来看，它必须要从远处获得贵重的原料，它的生产工序也较一般商品的生产工序繁琐、费用高昂，它对管理的要求更高，需要管理者具有广博的见识、卓越的才能，它要求专业分工和联合作业的相互结合，而这一切只有资本主义生产组织形式才能达到。桑巴特特别指出了丝绸工业，认为丝绸工业是首先采取资本主义组织形式的工业之一，是"工业资本主义发展史上的一个里程碑"②。从奢侈品工业的特殊销售来看，由于奢侈品工业销售的数额巨大，且富人们经常要受到"时尚"的影响，因此奢侈品的生产受市场波动的影响更大，这些情况只有资本主义的组织形式才有可能做出积极应对。从历史原因来看，欧洲各国的奢侈品工业都是由外国人创办的，他们游离于行会的束缚，他们理性经营，以赢利为目的，建立层次更高的工业体制。从市场状况来看，由于大规模的大众消费市场还未出现，只有奢侈品工业才能为欧洲各国工业的发展提供投资机会。基于以上对奢侈与资本主义关系的分析，桑巴特得出了他的结论："奢侈，它本身是非法爱情的一个嫡出的孩子，是它生出了资本主义。"③

（三）韦伯与桑巴特的消费精神说比较

在资本主义起源的消费精神问题上，韦伯的节俭论与桑巴特的奢侈说显然是大相径庭的，但作为同时代的学者，同时又都是德国社会学派的创始人，我们还是可以从其学说的对立与分歧中搜索到两人的相似之处。也许是旨趣相投的原因，韦伯与桑巴特都试图以自己的方式、理解、信念来表达对资本主义的价值认

---

① 维尔纳·桑巴特：《奢侈与资本主义》，第186页。
② 维尔纳·桑巴特：《奢侈与资本主义》，第190页。
③ 维尔纳·桑巴特：《奢侈与资本主义》，第215页。

同，执著于对资本主义的起源做出追根究底式的盘问。他们都认可资本主义起源的多因素说，都认为资本主义的起源是多因素共同作用的结果：韦伯是从理性的工业组织、现代簿记法以及资本主义精神等角度论述资本主义的起源；而桑巴特则是从奢侈、获利欲、犹太教、现代经济精神以及战争等角度剖析资本主义的起源。同样地，两人都不同意马克思主义的唯物史观，不是从物质生产方式入手探寻资本主义的产生，而是从社会文化角度、从精神因素论述资本主义。在韦伯那里，就是受新教伦理影响的资本主义精神；而桑巴特则凸显的是爱情世俗化的性文化、犹太人的理性主义、商业精神等文化因素。尽管如此，两人的观点在本质上还是存在着诸多差异的。

首先，着眼点不同。韦伯关注的是新教伦理与资本主义之间的亲和关系，因而他重视的是世俗禁欲主义的理性消费精神对资本主义原始积累的影响。而桑巴特则通过对资本主义起源的分析，对奢侈这一现象的客观叙述，事实上向我们揭示了资本主义经济发展过程中理性消费之外的另一面：即奢侈消费对扩大再生产的催化作用。这在一定程度上激荡着人们视奢侈为恶、视节俭为善的道德评价观念，要求人们审慎地思索奢侈的历史功过。

其次，风格不同。韦伯的节俭说展示给人们的是理想主义风格。在以禁欲主义作为资本主义精神动力的情况下，韦伯非常强调劳动，指出劳动不仅有利于创造财富，而且是抵制一切诱惑的强有力措施。虽然他也赞同人们有效的消费，但更认同禁欲、限制消费。他希望由禁欲主义规导资本主义的发展，但这种理想在遭遇科学技术和物质财富急速增长的势头之后却变得力不从心，无以维系。最后，韦伯也不得不承认："大获全胜的资本主义，依赖于机器的基础，已不再需要这种精神的支持了。启蒙主义——宗教禁欲主义那大笑着的继承者——脸上的玫瑰色红晕似

第二章 消费经济功用的凸显及其道德风险

乎也在无可挽回地褪去。"① 而桑巴特并不否认人们的世俗生活，并不搁置人们的享受欲望，而是大胆地赞同了奢侈。而且，他的奢侈说，尤其是非法爱情的胜利并不是要暴露资本主义的罪恶，反而是要对资本主义的兴起采取更为现实主义的态度。他并不囿于传统的消费道德观，而是采取了更加务实的态度，客观地评价了奢侈。这不仅是他思维开阔的结果，更在于他慧眼峥嵘，能够识破市场经济发展的消费逻辑。这从他对资本主义工业模式的产生就可窥见。

再次，研究方法不同。韦伯采用了比较研究方法，如他论述资本主义在西欧兴起的历史独特性，论述资本主义为什么没有在中国、印度等亚洲国家出现的原因就是这些国家缺少新教伦理的世俗禁欲主义和"天职"概念。而桑巴特则未采用比较法。在素材采用上，韦伯多用宗教教义，而桑巴特多采用账单、日记。而且，韦伯的观点具有前后一致的严格逻辑性，论证严密，堪称学术典范；而桑巴特的论述虽然持之有据，却没有严密的逻辑，但这也未能影响到他的风采。恰如有学者评论的："韦伯可以被比作剖析生命神经的解剖学家，桑巴特可以被看作一位风景画家，他根据时尚的要求而大量使用色彩和改变自己的风格。"②

最后，对资本主义的理解不同。雷蒙·阿隆曾对两人泾渭分明的消费精神说做出了这样的总结："形成他们分歧的根本原因，是他们使用了不同的资本主义定义。"③ 桑巴特把资本主义

---

① 马克斯·韦伯：《新教伦理与资本主义精神》，第 142 页。
② 哈特穆特·莱曼等著《韦伯的新教伦理》，辽宁教育出版社，2001，第 210 页。
③ 维尔纳·桑巴特：《奢侈与资本主义》，第 243 页。

消费合宜性的伦理意蕴

理解为受无限获得财富的欲望驱动的体系,并在此基础上分析问题。而韦伯断然否定了这一点,他意图说明,财富的贪欲,根本就不等同于资本主义,更不是资本主义精神。倒不如说,资本主义更多的是对这种非理性欲望的一种抑制或至少是一种理性的缓解。

在逻辑性、系统性乃至深刻性上,韦伯无疑是占上风的,这明显体现于他对理性资本主义兴起的论述上。而桑巴特则略显失色,特别是他没有在逻辑上很好地把握好奢侈与资本主义的关系,致使读者很难看清究竟是奢侈产生了资本主义,还是资本主义产生了奢侈?然而在开创性、科学实证性、现实性上,桑巴特明显是具有优势的。恰如《奢侈与资本主义》一书英译本的作者菲利普·西格曼所评论的那样:"虽然它的论证经常言过其实或不严谨,但它应被看作是探索现代资本主义未知领域的相当有限的几部开拓之作中的一部。"①

从经济发展的角度来看,韦伯与桑巴特各自抓住了再生产环节中的一端,一个关注的是生产过程,另一个关注的是消费过程。韦伯着眼于对资本主义的生产领域的分析,指出节俭对资金的维护与积累;而桑巴特则着眼于消费过程,认为没有旺盛的市场需求与消费,资本主义生产的发展就没有动力。正如我们熟知的:没有生产,就没有消费,没有消费,也就没有生产;生产不足,则无以消费,而消费不旺,则生产难以持久。因而,资本主义的起源并不独然是节俭或是奢侈的。节俭在资本主义的功用不仅为亚当·斯密所赞美,而且马克思在《资本论》第一卷中亦客观地评价了节俭在资本原始积累期的作用。但我们也应当看到,早期的资本主义市场经济也同样是消费导向型经济,且消费

---

① 维尔纳·桑巴特:《奢侈与资本主义》,第250页。

第二章 消费经济功用的凸显及其道德风险

的增长本身也是要改善生产不足、物品短缺的经济状况的。否则,资本主义经济的持续高涨则是缺乏动力的,资本主义的最终胜利也是缺乏强有力的经济基础与群众基础的。如果不执著于对奢侈的静态理解,我们应当承认,桑巴特对奢侈的考证实质上是要使人们正视消费的作用,催促人们改变奢侈的机械定义。恰如他说,奢侈是一个相对的概念。在起源问题上,资本主义本身就是各种因素综合作用的结果,"资本主义乃是不同时期生成于西方文明中的多种因素(如古希腊罗马的理性化经验科学、合理的罗马法体系、经济生活的商业化和可计算化)相结合的产物"①。消费精神只是其中的一部分。而且,消费精神是否起作用,究竟是哪种消费精神在起作用,其本身就是由资本主义生产方式所决定的。因而,片面地夸大某种消费精神的作用本身就是唯心主义的。在这个意义上,无论是韦伯的节俭说,还是桑巴特的奢侈说,都是有失偏颇的。不过,必须看到,他们的观点又都是独特的、发人深省的,或许在另一角度说,他们的观点恰好是一种互补。正如丹尼尔·贝尔说,资本主义有双重起源:——韦伯所说的禁欲苦行主义和桑巴特阐述的贪婪攫取性,从一开始,禁欲苦行和贪婪攫取这一对冲动力就被锁合在一起。前者代表了资产阶级精打细算的谨慎持家精神;后者是体现在经济和技术领域的那种浮士德式骚动激情,它声称"边疆没有边际",以彻底改造自然为己任。这两种原始冲动的交织混合形成了现代理性观念。而这两者之间的紧张关系又产生出一种道德约束,它曾导致了早期征服过程中对奢华风气严加镇压的传统。随着资本主义地位的巩固,苦行禁欲对资本主义的道德维护功能渐渐衰退,而奢侈的享乐主义文化却甚嚣尘上。

---

① 陈晓平:《探索历史的复杂性》,《读书》1987年第11期,第21页。

消费合宜性的伦理意蕴 ■

二 西方资本主义消费精神的现代走向

依靠于市场经济的"法术"和科学技术的力量,"资本主义在它的不到一百年的阶级统治中所创造的生产力,比过去一切世代创造的全部生产力还要多,还要大。"① 然而,资本主义生产方式本身就是具有扩张性的,这既表现为在经济过程上它绝非简单的商品再生产,也表现为它对海外市场的贪婪拓展。为了发展商品经济,资本就要:第一,要求扩大现有的消费量;第二,要求把现有的消费推广到更大的范围,以便造成新的需要;第三,要求生产新的需要,发现和创造出新的使用价值。"就要探索整个自然界,以便发现物的新的有用属性;普遍地交换不同气候条件下的产品和各种不同国家的产品;采用新的方式(人工的)加工自然物,以便赋予它们以新的使用价值……要从一切方面去探索地球,以便发现新的有用物体和原有物体的新的使用属性;因此,要把自然科学发展到它的顶点;同样要发现、创造和满足由社会本身产生的新的需要。"② 在马克思的论述中,我们无疑看到了资本主义市场经济要通过需要的引发及其无限增长、使用价值的开发和利用、交换价值的实现等逻辑环节实现其运转。对利润的追求是资本主义的本性,资本害怕没有利润或利润太少,就像自然界害怕真空一样。一旦有适当的利润,资本就大胆起来。资本生产的目的就是增值,但增值的实现需要资本不断地循环和周转。这也就是说,在资本主义的经济发展中,消费的增长是其发展的必然逻辑,因为使用价值与交换价值都是通过消费来验证与实现的。如果说,在资本

---

① 《马克思恩格斯选集》第1卷,人民出版社,1995,第277页。
② 《马克思恩格斯全集》第46卷(上册),人民出版社,1979,第392页。

第二章　消费经济功用的凸显及其道德风险

主义市场经济发展早期，勤俭节约的消费精神为资本主义的原始积累与合法性提供了道德正当性的证明。那么，随着资本主义的发展，尤其是资本主义经济困境的出现，原有的消费精神也变得越来越难以适应资本主义经济的发展了。因为随着社会财富的增长，大量的消费品充斥于市，就需要持续增长的消费作为后盾，如果消费不足，其结果就是生产过剩、市场失调，爆发经济危机。

1929～1933年的经济危机既是市场"法术"的失灵的结果，又是资本主义挽救其危机的开始。在危机的反思中，消费及与其相关消费精神的转换成为缓解危机的必要措施。在这一过程中，凯恩斯的消费经济理论无疑对传统的消费观是具有颠覆性的，对国家宏观经济政策的调整也是革命性的。针对当时的失业现象与经济萧条状况，凯恩斯在《就业利息和货币通论》中将矛头指向了古典经济学的"节俭论"。他说：由于亚当·斯密的"资本由节俭而增"的节俭论是引起"消费不成适当比例，以致资本停滞，随后又引起劳力之需求停滞"，"摧毁生产动机"[①] 的根本原因，故而凯恩斯对节俭是国富之源的经典哲学进行了多次抨击，指出，"在当代情形之下，财富之生长不仅不系乎富人之节约（像普通所想象的那样），反之，恐反遭此种节约之阻挠"。"故德行愈美，节俭之决心愈强，个人与国家之财政愈坚守正统办法，则当利率相对——相对于资本之边际效率——增加时，所得之减少愈大。这些结果是不可避免的，冥顽不灵者，只会得到罚，不会得到赏"[②]。所以，只要能够增进社会需求从而推动财富增长，即使浪费也无不可。奢侈不是一种恶，而是"善"。在

---

① 凯恩斯：《就业利息和货币通论》，三联书店，1957，第312页。
② 凯恩斯：《就业利息和货币通论》，1957，第322页。

消费合宜性的伦理意蕴

凯恩斯理论的鼓噪下,西方资本主义在宏观经济政策上不断对人们的消费进行相应地调整。比如:"举债支出"就是试图通过消费来达到刺激或者说再造市场机制的活力。二战后,经济学家和商业经理们注意到,当人们对食品、衣物和住所等自然需要感到满足的时候,大规模生产的产品将会卖不出去,就会带来危机,于是就开始推行大量消费作为经济继续扩张的秘诀。"消费的民主化"变成了资本主义经济政策的不言而喻的目标。比如克林顿任总统期间,曾有针对性地为中低收入阶层实行减税,从而缩小了贫富差距,刺激了低收入阶层的消费倾向;同时还提高最低小时工资,增加了低收入阶层的就业积极性和实际收入,进而刺激了各个阶层的消费。为了给经济发展提供持续不断的动力,缓解经济萎靡,资本主义甚至还将消费渲染成为一种爱国责任。比如9·11事件以后,美国政府就将消费和美国人高涨的爱国联系起来,宣传消费就是爱国的观点,这对保持消费者的信心起了不小的作用。[①]

在资本主义市场经济发展的必然要求下,以及广告等方式的引导下,西方消费精神发生了深刻的裂变。从其动力上讲,经济的增长要求有一定的市场欲求。在资本主义社会,享乐主义所激励的贪欲是促进消费的精神动力,形形色色的广告无时不在刺激着人们的消费欲。所以当代西方社会的商业劝告人们不要希望自己买的物品经久耐用,许多东西扔了旧的买新的比修理旧的合算,这便导致了极大浪费地球资源的"扔掉社会"(throwaway)。广告的作用在于刺激人们的消费欲和购买欲,并使人们的心中充满了幻想,幻想能与那些美丽的人和物在一起,从而激

[①] 参见陈晓彬《看美国如何刺激消费》,《广西质量监督导报》2003年第5期,第42页。

第二章 消费经济功用的凸显及其道德风险

发了人们的现实购买行为。贝尔在考察资本主义文化时曾谈到，广告颇不寻常的地方是它的普遍渗透性。五光十色的广告是城市繁华的标志，它是货物的标记，也是新的生活方式和价值观念的预告。"正如流行的做法那样，广告术突出了商品的迷人魅力。小汽车被说成是'美满生活'的象征，它的诱惑力无所不在。"① 杰姆逊也谈到广告作用于人的深层欲望，甚至是无意识的需要，这样一种欲望是一种想改变世界和占有世界的"乌托邦"。其终极目的在于要把"那些最深层的欲望通过形象引入到消费中"②。

与资本主义的生产方式相适应，现代科技革命也以更精、更快的技术频繁地制造出更多、更新的消费品，充斥于市场的过剩消费品不断诱惑着人们加入到消费大军的行列之中。总之，在诸如国家消费政策导向、广告术、新科技、信用赊买等等手段的合流与联姻中，韦伯所说的世俗禁欲主义精神遭受着前所未有的裂变。尽管韦伯也曾对新教伦理寄予了殷切的希望，认为早期资本主义经济活动正是在于有了世俗禁欲主义的宗教限制，才发展出了近代资本主义精神，进而推动了资本主义发展。然而，他也看到，随着资本主义的发展，宗教伦理限制渐渐丧失了，到他所处的时代已经消失得无影无踪，宗教的根慢慢枯死了，让位于世俗的功利主义。资本主义把获利当成了自身的目的，剩下的只有赚钱了。"自从禁欲主义试图重造尘世并在俗世中实现它的种种理想以来，物质财富获得了一种历史上任何阶段都未曾有过的、愈

---

① 丹尼尔·贝尔著，赵一凡等译《资本主义文化矛盾》，三联书店，1992，第116页。
② 杰姆逊讲演，唐小兵译《后现代主义与文化理论》，陕西师范大学出版社，1986，第203~204页。

消费合宜性的伦理意蕴

来愈大且最终变得不可抗拒的统治人类生活的力量。今天，宗教禁欲主义的精神已经逃出了这个牢笼（天知道是不是复返），但是胜利的资本主义已经不再需要它的支持，因为这个资本主义的基石是机械"。最后，韦伯不无悲怆地说："就这种文化的最后发展阶段而言，确实可以这样说：'专门家没有灵魂，纵欲者没有肝肠，这种一切皆无情趣的现象，意味着文明已经达到了一种前所未有的水平。'"① 其实，马克斯·韦伯所概括的苦行禁欲精神只是早期资本主义精神的一个侧面。资本主义的扩张性本质决定了资本主义必然要刺激人们的贪欲，要求人们去消费，去突破心理与生理的极限，去享受。从资本主义的发展史来看，资本主义解放了被宗教、传统伦理锁合千年之久的欲望，而这种欲望经过享受主义文化的辩护以及市场机制、科技革命的辅助在客观上创造了资本主义经济发展的奇迹。如今，资本主义的生产已经超过了人的"需求"范围（"需求"，贝尔的解释是"来自生命本能——足够的食物，合适的住所和有效的卫生"，"它自有固定的限度"），进入"欲求"的程度，而"欲求超过了生理本能，进入心理层次，它因而是无限的要求"。因为在"现代社会里，欲求的推动力是增长的生活标准和导致生活丰富多彩的广泛产品种类"②。而新技术革命通过流水线降低产品成本，通过发展市场，通过信用制度和交通、通信和广告的作用，又进一步刺激着人们的消费欲求，推动人们"炫耀习惯"、"不顾后果的浪费"和基于嫉妒的人们的心理竞争。而且，大规模的消费和高水平的生活一旦被视为经济体制的合法目的，所有这一切就出于社会对变革的需要及其对文化变革的接受而产生了。贝尔指出，资本主

---

① 《新教伦理与资本主义精神》，第 175~176 页。
② 丹尼尔·贝尔：《资本主义文化矛盾》，第 68 页。

第二章 消费经济功用的凸显及其道德风险

义经过几百年的发展到今天,资本主义的两大动力——"宗教冲动力"与"经济冲动力"之间的平衡被打破了,经济冲动力逐渐摆脱宗教冲动力的制衡,直至今天完全摆脱。西方资本主义失去了宗教苦行禁欲主义的束缚,经济冲动力成了社会前进的唯一主宰,世俗禁欲精神已经裂变为享乐主义、消费主义了。资本主义已经失去了它传统的合法性,这一合法性原来是建立在视工作为神圣的事业的新教观念上,并依赖从中滋生出来的一种道德化报偿体系。现在,这一切已为鼓励人们不断讲求物质享受与奢侈的享乐主义所取代。在经济浪潮的冲击下,清教徒的那种勤奋、节俭、积蓄、修身,那种先劳后享、自律克己、持重公正等等生活观念愈来愈变得不合时宜,并受到享乐主义的彻底清算,资本主义社会已日渐露出最浓烈的精神断裂。从禁欲到享乐、从朴素到奢侈、从坚毅骁勇到腐化堕落,这所有文明兴衰的悲剧正在当代资本主义身上悄悄预演,资本主义的合法性地位受到越来越严重的挑战。人们的欲望获得了前所未有的膨胀,追求尽可能多的物质财富成为现代资本主义社会的普遍规范和中心,一切都围绕着这个中心运转。但是,这种消费精神却不断使人的主体地位丧失,人的精神世界日趋萎缩。面对不断涌流的财富,人们的心灵不再宁静,无尽的欲望带给人们的是深深的困惑与变本加厉的贪婪。然而,短暂的愉悦、浮华背后却是深刻的危机:人与自然的对立、人与人的冷漠与以人与上帝的疏离所表现出来的现代资本主义的精神衰竭正在撼动着资本主义的合法性地位。

本书一方面回顾资本主义市场经济消费精神的流变目的,在于全面地衡量和裁决消费在经济发展中的作用,汲取资本主义发展过程中消费精神的合理成分和精神性资源,另一方面要警惕这种夸大消费的神话所导致的社会后果。

消费合宜性的伦理意蕴

第三节 消费功用的道德风险

一般而言，节俭往往是一个国家社会经济发展初期、经济发展面临着资金不足、社会生产力水平不高、社会财富短缺情况下的精神凝结。不过，短缺经济所造成的财富匮乏，在节俭的推行上会产生这样一种现象：不能正确认识消费对人的健康发展的意义，而是将消费等同于"奢侈"，视作"恶"，以至于背离生活的目的，为节俭而节俭，从而难以为生产发展提供动力。同时，由于阶级压迫的政治现实，节俭也很难得以普遍推行，一是表现为统治阶级在消费领域中的骄奢淫逸，二是被统治阶级连基本的生活都难以维系。正是在这个意义上，重视消费，甚至提倡一定意义上的"奢侈"是有其平等化、民主化的革命性意义的。

一 现代市场经济的消费逻辑

在一个没有足够消费需求的社会里，自由市场原则是难以运行的，经济也是乏力的。市场经济恰恰是以自由市场原则为运行规则的。因而，市场经济下的消费较之以往的经济形态具有更鲜明的商业化、市场化、个性化特色。市场经济中的消费品完全脱离了自给自足的小农经济的特点，用于满足人们需要的消费品已不再是自我生产、自我消费的有限的物品，而是通过各个相对独立的市场主体在市场中不断进行交换的商品。由此，市场经济要求人们的消费满足必须通过商品的市场化、货币化来实现。而在计划经济时代，人们的某些消费不是直接通过市场交换来实现的，而是由行政计划配置的，比如城镇居民的医疗、教育、民用煤、供暖、干部用车等采取的政府"暗补"政策，以及福利分房和实物发放等等。人们的某些消费行为虽有了许多便利与保

第二章 消费经济功用的凸显及其道德风险

障,但也失去了许多自由,而且在其根本上不利于发挥消费的信息反馈功能与市场导向作用。市场经济中的人们能够自由选择适合自己现实需要的消费品,选择自己喜欢的生活方式、消费方式,从而使市场经济呈现出千姿百态、蓬勃发展的繁荣面貌。

由于市场经济是需求导向型经济,市场经济在本质上也就是扩张性经济。为了实现经济的繁荣,市场就需要不断激发人们的消费需要与消费热情,不断创造出新的经济增长点。为此目的,市场便开动了庞大的消费机器,通过各种手段去挖掘人们潜在的消费欲望,于是,现代高科技与生产相结合,不断开发出新的消费产品;大型商业购物中心、超级市场、酒吧、精品屋等等休闲消费中心便星罗棋布地遍及城市的主要干道,营造城市的中心环境与商业文化氛围;为了排除消费者意图即期享受但又有后顾之忧的心理,市场创造性地发明了信用卡、住房、汽车及大宗商品的信贷消费及租赁消费等消费新形式;商家、大众媒体开始联姻,各式各样广告、电视商场铺天盖地般地向人们袭来,明星们、专家权威的"循循善诱"般的话语诱导着人们的消费;商业营销手段不断更新,会员制、免费尝试、打折回扣、创意包装激发起消费者的好奇心……毋庸置疑,市场经济给人们带来的消费上的富足、便利是以往经济难以企及的。市场经济也的确在这些创举中得到了发展,获得了自身的合法性地位。正因为此,"鼓励消费"、"刺激消费"是现代市场经济的必然逻辑。恰如著名历史学家汤因比指出:"在产业革命以后,勤俭朴素使得生产者缺乏推销市场。因此,消费者的节俭,从生产者的角色看,就不再是美德;而成了恶德。"[①] 销售分析家维克

---

① 汤因比、池田大作著,荀春生等译《展望二十一世纪——汤因比与池田大作对话录》,国际文化出版公司,1987,第 54 页。

消费合宜性的伦理意蕴

特·勒博也曾宣称:"我们庞大而多产的经济……要求我们使消费成为我们的生活方式,要求我们把购买和使用货物变成宗教仪式,要求我们从中寻找我们的精神满足和自我满足。我们需要消费东西,用前所未有的速度去烧掉、穿坏、更新或扔掉。"①

刺激消费、鼓励消费的方式产生于美国。第二次世界大战以后,随着工业化水平的提高,产品的丰富,物质的富裕,为了维持和发展美国经济,就必须通过运用各种政策、渠道和机构来促进、鼓励市民的消费热情。在经济学家看来,传统经济理论所提倡的以储蓄、节俭、谨慎、远虑为美德的消费观不利于刺激市场经济的生产发展。为了创造永恒的经济增长和繁荣的奇迹,资产阶级经济学家开创了举世文明的"消费至上主义"运动,敦促消费者"即时购买"、"让钱活起来",以便承担增加社会就业机会、驱动经济不断实现新繁荣的责任。如果说宏观经济调控是缓解当时消费不足的制度原因的话,那么信贷消费则是刺激消费做法的社会学创新。恰如贝尔在《资本主义文化矛盾》一书中所指出的:"汽车、电影和无线电本是技术上的发明。而广告术、一次性丢弃商品和信用赊买才是社会学上的创新。"② 信贷消费绕开了"债方",直接强调购买者的"信用",消除了消费者害怕负债的心理。这一消费方式的出台得到了消费者与企业家的双重支持:对消费者来说,借钱来提前进行未来消费比通货膨胀对储蓄的冲击更合算;企业家则利用消费者的这一消费心理提出"先享用、后付款"的宣传口号,并逐渐创立了分期付款、抵押

---

① 转引自艾伦·杜宁著,毕聿译《多少算够——消费社会与地球的未来》,吉林人民出版社,1997,第5页。
② 丹尼尔·贝尔:《资本主义文化矛盾》,第115页。

第二章　消费经济功用的凸显及其道德风险

贷款与信用卡制度。于是，举债消费、信贷消费变成了现代资本主义市场经济消费浪潮中的主流。当然，这种消费方式的出台，在深层次上改变了原有的消费价值观。恰如贝尔指出的："造成新教伦理最严厉伤害的武器是分期付款制度，或直接信用。从前，人必须靠着存钱才可购买。可信用卡让人当场立即兑现自己的欲求，机器生产和大众消费造就了这种制度。新欲望的不断产生，以及用以满足它们的新方法也促成了这一改变。"① 信贷消费击跨了人们延迟享受的心理，改变了那种积蓄——购物——积蓄的消费方式，建立了积极尝试贷款——购物——积累还贷的新消费方式，在一定程度上缓解了消费者有限的购买力与日益丰富的商品和服务之间的矛盾，使社会上大多数居民的支付能力迅速提高，得益面不仅仅是高收入的阶层或有较多抵押财产的居民，同时也包括人均收入较低或抵押财产不多的居民，这样就可以从消费上减轻贫富差别、城乡差别所带来较强的社会冲击。它在消费者生活质量、福利水平得到改善的同时，也提高了自己创造社会财富的能力，形成良性循环，促使社会经济健康有序的发展。总之，信贷消费作为市场经济的一种新型消费形式，不仅对启动消费品市场，提高资源的利用率，促进产业结构的调整有着积极意义，而且也有助于改善人民的生活水平，将人们的生活变得更自由、更舒适。当然，信贷消费虽是一种建立在消费者自身偿还能力和一定的物质保障基础上的经济行为，在本质上虽不能等同于"寅吃卯粮"，但却是一种提前享受。

从推动经济增长，为经济增长注入持久的动力和维护经济发展的可持续性上，鼓励消费、刺激消费是必然的，它在根本上就是要抛弃束缚消费的种种（制度上、观念上的）限制。或者在

---

① 丹尼尔·贝尔：《资本主义文化矛盾》，第67页。

消费合宜性的伦理意蕴

一定意义上说,它的功用等同于奢侈在工商业发展中的价值。20世纪20年代,路德维希·冯·米瑟斯在《自由与繁荣的国度》中,明确指出:"奢侈鼓励了消费水平的提高,刺激了工业的发展,促进工业新产品的发明创造并投入大批量生产,它是我们经济生产的动力源之一,工业的革新与进步,所有居民生活水平的逐步提高,都应当归功于奢侈。"[①] 现代战略家拉茨勒也发表了风靡欧洲的奢侈宣言,直言:"奢侈带来富足"。在他看来,奢侈品的生产对社会的迅速发展有着积极的作用,它集中最先进的技术、最和谐的产品美学、个性化和人性化的品质风格,它能刺激革新,创造工作机会,塑造品位和风格。"奢侈品对于社会的迅速发展有着积极的作用,它们明显刺激社会取向效益和成果。奢侈品能提高主观能动性,刺激产生新想法。"他还相信:"奢侈对于各种形式的国民经济还会起到作用。奢侈刺激革新,创造工作机会,塑造品位和风格。人们不打造奢侈而追求并找到各种方案,而后所有的人都从中受益。"[②] 同样,刺激消费在一定程度上能够鼓励人们消费水平的提高、刺激工业的发展、保证充分就业,是社会经济发展的动力源泉之一。工业技术的革新与进步、居民生活水平的逐步提高在一定程度上都应归功于消费的意念,一旦它变为现实的消费行为,一个更高起点的经济过程便开始了。人的消费是逐级递升的,对美好生活的向往、对高质量生活的追求是符合人的心理的,没有这种追求也就不会有人类社会的进步。因此,在市场经济条件下,刺激消费在宏观上不断推动

---

① 〔奥〕路德维希·冯·米瑟斯著,韩光明等译《自由与繁荣的国度》,中国社会科学出版社,1994,第72~73页。

② 〔德〕沃夫冈·拉茨勒著,刘风译《奢侈带来富足》,中信出版社,2003,第48~49页。

第二章 消费经济功用的凸显及其道德风险

社会的物质、文化需求,是现代经济生活赖以运转的重要动力;在微观上,文化、娱乐需求的满足,住房条件的改善,精神文明的提升能焕发人们的工作积极性,进而促进生产发展。正是在这个意义上,刺激消费使人更加关注现实生活,关注人的生活质量的改善,关注人的发展。然而,从西方资本主义消费精神的流变中也可看到,过分刺激消费,张扬消费的经济功用却是存在着潜在的道德风险的。

二 消费作为经济增长点的道德风险

在现代市场经济的发展中,消费为生产提供了经济增长点的可能性。为了实现经济的持续发展,现代市场经济的目标便是想方设法不断膨胀人的物质欲求和刺激大规模的物质消费。因为倘若没有更大的物质欲求和消费动机予以支持和驱动,社会的物质生产和财富创造将失去不可或缺的刺激,当然更谈不上扩大再生产,以及在更大规模和更高层次上创造更多数量和更高质量的物质产品,由此所产生的后果将必然是有效需求的不足以及与此内在相关的经济萧条和衰退乃至经济危机。正是在这个意义上,现代市场经济尤其是西方资本主义市场经济就盛行着"不消费就衰退"的箴言。于是,在现代资本主义体系中,一方面是越来越大规模的物质生产,另一方面是越来越大规模的商品消费,这二者共同构成了整个现代资本主义社会发展方式相辅相成的两个方面,整个资本主义社会生存和发展的深层根据就植根于这种大规模的生产→大规模的消费→更大规模的生产→更大规模的消费……的不断更新和扩大的循环过程。自由市场经济,这一现代社会最为基本的支柱性制度也完全依系于这种生产和消费的循环运动,离开这一点,整个自由市场体系乃至于整个现代社会体系就将陷于崩溃。

消费合宜性的伦理意蕴

早在20世纪30年代经济大萧条之前，美国的经济学家就注意到，若想经济继续增长，就必须刺激大量的消费。于是，"消费的民主化"（即鼓励大众消费）就成了资本主义世界经济政策不言而喻的目标。第二次世界大战以后，随着工业化水平的提高，产品的丰富，物质的充裕，为了维持和发展资本主义经济，西方资本主义国家通过运用各种政策、渠道和机构来促进、鼓励市民的消费热情。1953年，艾森豪威尔总统的经济顾问委员会主席曾宣布过新经济的福音。他宣告，美国经济的"首要目标是生产更多的消费品"。美国当代最著名的马克思主义经济学家保罗·斯威齐也分析道：现代西方文明为了克服生产过剩与消费不足的矛盾，走上了无限扩张消费的道路。总之，在资本主义经济发展的逻辑中，为了要缓解生产过剩的危机，就必然要无止境地诱发大众去消费，只有这样，才能开辟市场，使资本快速流动，就必然要大量生产奢侈品，而且通过意识形态和制度，通过生活时尚，不断地将种种奢侈品纳入生活必需品的行列。为了实现经济的持久增长，资本主义在消费价值观上进行了价值颠覆，即推行消费主义。消费主义张扬的是一种以无尽享乐、挥霍纵欲、奢侈浪费的生活方式与消费理念。在这种生活方式中，购物和消费是生活的主要内容，追求时尚、追求品味的体面消费，渴望无节制的物质享乐和消遣是生活的主要准则。在它的逻辑中，经济的发展无疑是最优先考虑的，消费的目的是为了推动经济的发展；因而要通过科技不断激发人的欲望，不断地为现代市场经济寻找持续不断的经济热点。总之，在资本主义社会，消费主义已成为拯救现代资本主义免于崩溃的一根救命草。它通过政治家和经济学家的理论鼓噪与现实操作，已经演变为资本主义的主流意识形态。"消费主义和享乐主义作为企业和商业借助广告等促销手段而操纵和宣传的意识形态，成为西方发达国家消费生活中

第二章 消费经济功用的凸显及其道德风险

的主流价值和规范。"① 在这种意识形态中，持续不断的消费甚至被渲染为一种爱国责任，从而成为被官方倡导的，并为大众认可并践履的价值观和生活方式。消费主义一经产生便大有蔓延之势，不仅发达国家，发展中国家也被卷入消费主义的大潮之中。但这里关键的问题在于，消费究竟能够在多大程度上负载起经济发展的重任？消费的拉动力究竟有多大？是否是无条件的？过分夸大消费的功用是否存在着道德风险？

正如贝尔所指出，以享乐主义、奢侈为特征的消费道德观对西方社会造成了灾难性的后果：（1）出现了对经济增长和生活水平提高的"习惯性期待"，社会面临着不断高涨的"应享革命"；（2）形形色色的欲求之间存在矛盾，社会无法调和各种不同的价值观念；（3）经济增长的"溢出"，造成生态的严重破坏；（4）引发了全球性的通货膨胀；（5）经济和社会决策逐渐集中于政治中心，而不是通过多种聚合性市场进行调节。② 可见，消费作为经济增长点的张力是有限的，过分凸显甚至夸大消费的功用存在着严重的危机。在其根本指向上，就是过分关注经济发展，将经济增长视作社会发展根本内容的经济主义在消费领域中的表达。

经济主义源于 17~18 世纪西方古典政治经济学家亚当·斯密和大卫·李嘉图等人的"经济人"思想。经济主义的基本观点是：社会发展是物质财富积累或经济增长的过程，人类的一切行为实质上都是经济行为，经济是决定人和社会发展的唯一因素，是社会发展的唯一指标，一切价值（包括精神价值）皆可还原为经济价值。经济主义突出经济活动，重视物质财富的增长

---

① 转引自王宁《消费社会学》，社会科学文献出版社，2001，第 43 页。
② 参见丹尼尔·贝尔：《资本主义文化矛盾》，第 333 页。

消费合宜性的伦理意蕴

与积累,肯定物质财富对人的存在意义,它曾推动了人和社会的发展。但经济主义将经济视作决定人和社会发展的唯一因素,将经济增长作为社会发展的唯一指标,并将道德等精神活动排除在人们的视域之外。因而,经济主义的过分膨胀,必然激发了人们对物质利益的疯狂追逐,而忽视甚至鄙视精神、信念的价值,导致伦理道德的退化甚至错位。在经济主义的促动下,人的消费仅仅是资本增值的机器的一个齿轮而已,而人本身也成为"欲望无止境的,能够驱动经济不断实现新繁荣的消费动物"。经济主义主张通过大力刺激人们多赚钱、多消费,来促进资本的快速周转,加速从生产到消费的周期循环,拉动扩大再生产,从而形成一种通过大量生产——大量消费——大量废弃的模式来促进经济增长的机制。在这里,经济成了绝对的目的、唯一的目的,而消费则成为这个目标实现的加速器和强心剂,而人不再是主体,人成为经济体系的一个环节、一种手段。

"在社会体系的设计中,我们必须把人仅仅作为目的而决不作为手段。"① 事实上,经济是专属于人的活动。经济活动的直接目的是为了增加社会财富,如果没有经济活动,人类无以发展,社会就不能进步。人类为了自身的生存和发展,就必然要发展经济。人是经济活动和经济关系的承担者,人本身的素质状况必然影响经济活动和经济关系,人本身的状况是什么样的,经济活动和经济关系也就是什么样的。也就是说,经济发展必须着眼于人,经济本身不是目的,经济只是实现目的的手段,是人的全面发展的手段。那种将经济发展等同于经济增长,把单纯的经济增长视作社会发展的中心目标,把国民生产总值或国民收入的增

---

① 罗尔斯著,何怀宏等译《正义论》,中国社会科学出版社,1997,第175页。

第二章 消费经济功用的凸显及其道德风险

长率视为社会发展水平的唯一尺度,是违背社会发展的最终目标的,它忽视人的价值、尊严和社会的全面发展,必将导致社会和人的畸形发展。同样,以推动经济增长作为使命的消费必然会面临着背离人的全面发展这一目的的危险性,人的需要乃至人的异化成为满足经济扩张的条件,消费与人的真实需要分开了。"一旦经济主义主宰了技术,利润取得了核心的地位,商品的生产就不再受到消费者的当前需要的支配。相反,需要是为了商业性原因而通过广告创造出来的,技术的产品甚至不经人们的追求而强加于人们。"① 于是,消费及消费的数量不仅成为衡量经济是否成功的标准,而且成为发展的最终目标和人生的最高价值。更为可怕的是,当消费沦为经济增长的手段的同时,却带来了极为突出的社会矛盾,比如人与人、国家与国家为争夺有限的资源和生存空间的争斗;当这种目标和价值观达到自然的边界时,就使人与自然处于对立状态,导致了人对自然的无度的掠夺,对生态环境造成严重损毁。"人类的贪欲受到宣传的刺激,由此产生了全面的污染对现代人的健康乃至于生命都构成了威胁。现代人的贪欲将会把污染的资源消耗殆尽,从而剥夺了后代的生存权。"② 同样,人的内心也经历着强烈的冲突。人只有在消费中才能找到自己作为人的价值,才感觉到存在的充实,似乎没有消费自己就什么都不是,消费成了生活中唯一的内容和目的,成了人回报自己付出的努力和艰辛、平衡内心尴尬与焦虑的唯一力量。于是,有人以不断满足口欲、吃遍世间所有珍禽异兽为消费追求;有人以不断满足虚荣、穿戴摩登时髦为消费乐趣;有人以不断满足物欲、占有最多的钱财为消费目标……侈糜的消费往往在显示消费

---

① E. 舒尔曼:《技术文明与人类未来》,东方出版社,1995,第359页。
② 《展望二十一世纪——汤因比与池田大作对话录》,第54页。

者的成功和独特的身份,慰藉他们所付出的努力和辛苦,满足其需要甚至虚荣心理的同时,也使他们丧失了对丰富社会生活的兴趣,甚至损害了自身的健康和幸福。这些风险说明,消费作为经济的增长点的功用不是无限的,而是有限的。不能过分夸大消费的功用,不能将消费的功用神圣化。否则既会造成经济的盲目发展,也会造成严重的社会危机。

三 "刺激消费"政策的伦理反思

在社会主义市场经济条件下,消费需求依然是经济增长的动力。由于受产业结构与需求结构的不协调、国际金融危机等国内外经济因素的影响,国内需求不足、市场疲软,因而,如何启动市场,扩大市场的投资需求和消费需求,拉动经济增长便成为一个十分紧迫的经济问题。为了改变经济发展乏力的状况,我国相继出台了一系列刺激消费、扩大内需的政策:降低银行存款利率、开征利息税,以分流储蓄、拉动投资和消费需求;通过财政扩张,加强促进与消费需求相关的基础设施的投资力度等等。应当说,"刺激消费"政策对人民生活水平的提高、国民经济的发展是具有重要意义的。首先,它有利于人民的福利水平迅速提高。消费水平是人民福利水平的主要体现。通过信贷消费等消费刺激手段能够使居民的消费上升,圆了明日生活之梦,可以在整体上提高城乡居民的福利水准。其次,有利于扩大生产。人民通过信贷手段而超前消费既可使企业出清库存积压,回笼资金,又使企业可明确新的生产投资方向,增加有效供给,刺激人民不断更新耐用品,从而带来企业景气。再次,有利于政府调整经济周期。当经济萎靡时,凭借人民贷款等等超前消费行为,就可以迅速启动市场,更有力地扩大内需,解决经济萧条和失业问题,这是推动国民经济稳定快速增长之关键。第四,有利于实现人民消

第二章 消费经济功用的凸显及其道德风险

费结构的升级换代。社会主义国家应该以不断提高人民的生活质量、满足人民的物质文化需要为目的而发展经济。我国是社会主义国家,经济发展和社会进步的最重要体现,就是要使广大人民群众通过共同参与社会经济活动,共同享有经济发展成果,实现共同富裕。所以,在根本上,"扩大内需,刺激消费"的目的是要提高人民群众的生活水平。

固然,刺激消费、扩大消费需求能有效地激活市场,解决消费需求不足与生产能力过剩的矛盾,也能拉动投资需求的增长,调整产业结构,促进经济增长,实现充分就业的目标。但另一方面,刺激消费也存在着潜在的危险性,如果不能克服其危险性或刺激向度不当,则可能对社会经济的发展产生一定的危害,最终影响到人民生活质量的提高。(1)它有可能割裂经济短期增长与长期发展目标之间的联系。刺激消费是基于企业原有的生产能力和产品结构,通过反经济规律的刺激手段来人为地将预期需求提前实现,以谋求眼前利益的消费政策,其实质是"预支"以后时期的收益,提前消耗有限的资源。也就是说,刺激消费有可能并没有真正扩大需求或创造新的需求,而仅仅是将"潜在需求"在现在与未来之间进行重新分配。(2)有可能诱导企业忽视市场经济规律,盲目生产,重复建设,失去结构调整的动力。刺激消费推动消费扩张而形成的市场繁荣,掩盖了经济发展和企业经营中存在的矛盾,容易造成供给上的重复投资,盲目扩大生产规模,从而带来大量的资源浪费和环境的进一步破坏,从根本上动摇可持续发展战略的基础。同时,因缺乏创新动力和压力,企业在产品升级换代和调整产品结构上就不会下真功夫,最终将损害企业市场竞争力和经济长远发展。(3)有可能影响人的生活质量的全面提高。刺激消费内在地强调金钱的价值,认为金钱可以买到一切,谁有钱谁消费。而从当前刺激消费政策的现

消费合宜性的伦理意蕴

实运作来看,刺激消费在一定程度上强调的是消费量的简单重复,忽视了消费质量的同步提高。如过度地提倡人们对物质消费品的消费,而对精神文化消费却存在着潜在的贬抑,这不利于人的素质的整体提高。即使在文化消费市场中,由于消遣读物的猖獗,高雅文艺面临着覆没、堕落为低级感官刺激品的危险。读者们感受到的只是内幕秘闻或佚事隐私等花边新闻,并没有从中享受到美感,没有从中得出深沉的历史感、使命感,没有心灵的震撼。从刺激消费所运用的手段来看,固然能够改善人们的现实生活状况,但就其实质而言,却有可能导致今后生活质量的下降及提升的不确定性。比如按揭这一消费方式。按揭的最大风险是刺激了人们对财富膨胀的虚幻性,它鼓动很多人做本来没有能力做的事情。所以,按揭只是一种技术手段,它本身不能增加财富而只能平衡财富;或者说按揭贷款只能帮助那些具有购房能力的人提前完成心愿,而不能帮助那些无购房能力的人具有购房能力。"按揭"中包含着一定的风险,在开发商与媒体攻势的影响下,让人很容易误入"冲动"消费的陷阱,过高地估计自己的经济承受能力,这将成为人们以后生活质量提升的一大隐患。(4)有可能破坏生态平衡。从刺激消费所带来的后果来看,它在某种程度上鼓励无节制地向大自然索取,盲目"超前消费"、"高消费"以及不健康消费。消费的本来意义就是消耗,不难发现,随着人类对物质消费量的日益增多,消费品淘汰速度越来越快,所产生的废弃物也就越来越多,在不可再生资源迅速枯竭的同时,环境退化却明显加速;而环境恶化以及不同消费群体因不公平消费而激化的社会矛盾又反过来极大地制约人类生活质量的改善。(5)有可能破坏社会公平,即"代内公平"和"代际公平"。正是基于这样的缺陷,刺激消费政策就应当包含为何刺激、刺激什么和如何刺激三个价值维度。

第二章 消费经济功用的凸显及其道德风险

刺激消费的目的是人的全面发展。刺激消费应当首先注意改善人民群众消费的质量和结构，使人民吃饭讲营养、穿衣讲漂亮、住房讲宽敞、出行讲快畅的基本生活需要得以满足，使人民的生活水平逐步提高，消费结构得以升级，生活更加富足；在此基础上增进健康、提高素质、开发智力、提高文明程度。所以，刺激消费的目的并不在于要刺激不切实际的高消费，它并不鼓励挥霍浪费、盲目攀比、愚昧花钱、畸形消费、暴殄天物等不良做法，而是要使人们养成理性、健康、文明的消费行为，实现人的全面发展，而不是单纯为了经济增长而刺激消费。否则，这是有悖于社会主义经济发展目的的。比如在当代中国的刺激消费政策中，由于片面强调经济的作用而忽视了人的素质提高，也出现了"刺激消费"政策走向了其反面的现象。最突出的便是将教育作为消费增长点的重点。这种做法的结果是将教育产业化，导致了教育中的消费主义倾向：即视教育为一种消费行为，它把教育管理看做是一种商业运作，从而导致教育的异化，使教育有逐渐丧失本性的可能，学校失去教育的真正意义的危险性。随着高校扩招、民办教育的迅速发展、留学机构的不断壮大，教育中的消费主义倾向日趋严重。特别是在当前生产力不甚发达，高等教育还处于由"精英教育"向"大众化教育"过渡，以及就业形势依然十分严峻的时期，教育中的消费主义观念表面上看有利于拉动内需，刺激消费，使教育成为新的经济增长点，但实际上，这种教育消费主义观念的存在，已从实质上改变了教育的"本性"，将严重影响受教育者整体素质的提高，并最终成为阻碍社会经济发展的重要因素。我们鼓励人们的教育消费，并且鼓励有条件的选择高层次和高质量的教育消费，因为教育的确对一个国家的经济发展乃至国民素质的提高具有根本性的意义。如果教育消费在现实中走向极端化，便会对以育人为根本目的的教育造成了一定

消费合宜性的伦理意蕴

的消极影响,使教育面临逐渐丧失本性的危险。

"刺激消费"政策刺激的应当是科学的、文明的、健康的消费品的生产与消费,而不是愚昧的、落后的消费品的生产与消费。如有专家针对中西部差距较大的事实,希望国家能在中国西部的宁夏银川市设立博弈馆(即赌城),借此推动西部的发展[①]。这种方案所刺激的就是人们的赌博性的消费,其发展西部的激情可佳,但却忽视了赌博这种行为对个体、家庭、社会所带来的危险性,以及与社会主义精神文明背道而驰的本质。同时,它刺激的不是人们对劣质的、伤害人的身体的、具有欺骗性消费品的消费。如现在有些广告夸大其词,通过专家、明星效应去激发消费者购买丝毫无实际功效却伤害消费者的消费品。刺激消费的政策还应当以对资源的有效利用和环境的保护为重点。资源是宝贵的,也是有限的,应该根据人们需求结构的现状和未来变动趋势合理调整资源的分配结构,使人们的各种需求得到满足。如果刺激消费不考虑环境成本而任意对其进行索取和耗费,那么刺激消费就难以持久。如日趋复杂和奢侈的商品包装,粗制滥造的用过即扔的假冒伪劣品,无疑增加了更多的废物垃圾、消耗掉了更多的资源。我们应当清醒地认识到我国人均资源占有量原本就很低,而在现有的技术、经济、社会、自然等种种因素的制约下,现实可供利用的资源就显得更有限。所以,必须摈除那些对资源造成危害的高耗能的高消费,减少对资源的低效使用和对环境的污染。

刺激消费政策的推行,应是多方面措施的有效配合。笔者认

---

① www.sohu.com 2005.4.2 新闻报道:我国著名西夏学专家、宁夏社会科学院名誉院长李范文教授在接受香港《文汇报》记者采访时表示,他将和港澳及内地有关专家、教授联名向国家主席胡锦涛、总理温家宝报告,希望国家能在中国西部的宁夏银川市设立博弈馆(即赌城),借此推动西部的发展,缩小东西差距。

第二章 消费经济功用的凸显及其道德风险

为,首先,要与提高消费品的质量结合起来。当代中国出现的积压产品大多是质量低劣的商品,市场上出现的商品过剩也只是结构性过剩,因而要将刺激消费与提高消费品的质量结合起来。同时,要加大对假冒伪劣品的打击。假冒伪劣产品不仅无助于人们生活质量的提高,也无助于经济的良性发展。其次,树立有效的制度保障。住房改革、医疗制度改革、退休金制度改革、教育体制改革中存在的加重个人负担的问题,以及用人制度改革所造成的收入的不确定性,这是刺激消费政策遇到阻碍的重要原因。因而,调整消费品市场使之健康有序,建立有效的信用制度、社会保障制度是刺激消费政策推行的制度保障。再次,公平的分配政策的有效确立。分配结构不合理,差距不断扩大,贫富分化加剧,无疑将使社会总消费水平降低,即使经过努力,消费领域大大拓宽,各种高消费的商品和劳务不断增加的情况下,消费市场仍然很难启动。此外,还应重视公共基础设施建设和改变不合理的消费限制。

在根本上,经济增长与消费不过是人类发展的一个手段而已,经济发展与消费发展以及它所采取的主张和措施都应当以人的发展为价值目的,否则,则有可能使经济与消费僭越人的主体地位,使人异化,沦为物的存在,并由此带来人的存在方式的深刻危机。这就是说,消费作为刺激经济增长点的作用并不是无限的、盲目的,不能神话消费的经济功能,不能以为永无休止的消费必然拉动经济的增长。从消费合宜性的评判尺度来看,消费合宜性取决于人的需要的全面性及其满足方式、条件的正当性,因此,消费扩张必然要受人的存在方式的限制,并在与人的存在方式的矛盾中去保持和遵守其伦理限度。在现代社会,人的存在方式(人与自然、人与人、人与自身矛盾)的困境决定了消费扩张不是随意的、无限的,而是要面对扩张的难题,决定了消费合宜性必然要在诸种难题以及难题的破解中寻找答案。

第三章 消费中的主体权能与生态限度

——生态难题及其破解：可持续消费

人是一种有意识、有思想的生命存在物，唯其作为有意识、有思想的存在，他才会有展示自己本质力量的冲动，才会在叩问、追寻和创造生活的意义的过程中不断提升人作为人的尊严。这种尊严首先表现为人相对于自然的尊严，它表现为人可以部分地利用、控制自然为自己服务，去发明工具，创造科技，拓展文明，摆脱受自然力支配的被动地位，生长并升腾出人在自然面前更大的自由、自主的能力，显示出人高于其他物种的优越地位。所以，当人不从自然界分化出来，成为可以自觉利用自然、改造自然的能动主体，而只能与自然混沌不分，与动物为伍，就根本谈不到人的存在，谈不到人的生命尊严。然而，当人类通过实践（尤其是在推动经济繁荣的神圣口号下）去获得自己的所谓人类的尊严的时候，在从自然中采撷资源、消费资源，以维持生命、拓展能力的时候，人的尊严却面临着巨大的挑战。资源的有限性与人的需要的无限性之间的矛盾，时刻作为一种严峻的现实逼仄着人类去审察自己的消费行为。当人类的消费对有限的能源、资源构成巨大压力，尤其是低效、高耗的生产和不合理的生活消费极大地破坏了生态环境之后，人、人的生命尊严是否还能维护与实现？

第一节 生态向度下的人的消费

自然是人类的母亲，是人类的立足之处，是人类的持久根基。但作为自然之子的人类，总是面对着这样一个难题：既要依恋母亲，从母亲那里汲取养料和抚慰；又要挣脱母亲的怀抱，去畅快淋漓地开辟自己的新天地，实现自己的生命价值。所以，在人与自然之间，人既是受制于自然的，又是主动性的、创造性的。当人的主体能力、创造能力不断发展之后，人类就不再甘心匍匐于自然的威力之下无所作为，而是期望在对自然的控制、改造、利用中获取满足自身需要的物质条件，争取生命的自由与意义。

一 自然与自由意志

据柯林武德的考证，现代欧语中的自然（nature）实际上包含了两种含义：一种是"自然物的集合"，另一种是"自然的本性"。"在现代欧洲语言中，'自然'一词总的说来是更经常地在集合的意义上用于自然事物的总和或聚集。当然，这还不是这个词常用于现代语言中的惟一意义，还有另一个意义，我们认为是它的原义，严格地说是它的准确意义，即本源。"[①] 在近代以前，自然一词主要是指"本性"，而到了近代，"自然"的词义发生了根本的转向。自然更多地是指自然物。而我们这里所指的自然是相对人类社会而言的一个物质概念体系，是指以生物圈为外延、人类劳动与生存空间各生态要素在特定时间相互制约、相互影

---

① 柯林武德著，吴国盛等译《自然的观念》，华夏出版社，1990，第47页。

响的综合体。这一实体性存在，其意义也经历了一个发展的过程。

　　自然是先在于人的，人本身就是自然界长期发展进化而来的。然而，自从自然界演化出人类之后，自然就开始改变原有的"自在状态"，越来越带有人的自由意志的烙印，而这种自由意志便是人的自主的创造性实践活动。正是由于人的实践活动，"自然"被赋予了人类学的意义，不断由"自在自然"演变为"人化自然"。"自在自然"与"人化自然"的根本区别在于是否染有人的自由意志的痕迹，那些尚未染上人的自由意志的痕迹，质朴无雕琢的自然是"自在自然"；而带有人的自由意志痕迹，体现人的实践力量的自然则为"人化自然"。人化自然的产生，大大丰富和拓展了自然的概念。尤其是工业化以来，随着人类认识——实践活动能力的加强，自然在愈来愈广泛的意义上成为"人化自然"。"工业是自然界同人之间，因而也是自然科学同人之间的现实的历史关系。因此，如果把工业看成人的本质力量的公开的展示，那么，自然界的人的本质，或者人的自然的本质，也就可以理解了……在人类历史中即在人类社会的产生过程中形成的自然界是人的现实的自然界；因此，通过工业——尽管以异化的形式——形成的自然界，是真正的、人类学的自然界"[①]。在生态学的意义上，自然亦更多地指向与人类的实践相关的、并被打上人的自由意志的印记的自然界，这种自然界更具有历史和现实的意义。

　　人作为主体存在具有自由意志，自由意志是主体的显著标志之一，是一切有理性的存在物所固有的性质。"自由可以看作理性存在的一个性质。"[②] 在康德看来，自由意志不是任性冲动，

[①] 《马克思恩格斯全集》第42卷，人民出版社，1979，第128页。
[②] 康德著，关文运译《实践理性批判》，商务印书馆，2001，第33~34页。

第三章 消费中的主体权能与生态限度

不是感官欲望的显露,而是理性必然的力量。自由意志与理性、规律的统一,是人对生命存在崇高价值的自觉追求以及对生命意义的自觉责任。所以,自由意志在给人类指明了人的生命意义的同时,又指出自由并不是任性与冲动,而是在理性必然性指导下的自由,这种理性必然性要求人以自然规律为前提而进行自己的客观实践,实现对自然的改造。

"人化自然"根源于人的实践,实践是人与自然界相联系的纽带。在人的实践活动中,人不再像动物那样完全地依赖于自然,而是由单纯的自然存在物变成主体,不是消极地服从自然环境而是能动地改造自然环境,创造自己属人的物质生活条件。另一方面,实践亦使自然消失其单纯的自然存在特性,使自然变成人的自然,使自然成为人的生活的一个有机部分,成为人类学的自然。在实践中,人类将自己的需要与意志导向投射于自然,使自然的属性(自在之物)发生着根本性的变化(成为为我之物),此即自然的人化过程。自然的人化过程是自然界在人的实践中不断获得"人"的属性,不断地被改造成为人的生存和发展条件的过程。所以在其根本上,自然的人化是人的力量的确证和展现。在这一过程中,人类靠自然来满足自己的需要,通过使用工具来琢磨自然,但同时,自然的事物也是强有力的,它们有各种抵抗方法。所以,在自然的人化过程中,主观的欲求祈望与自然的桎梏限制时刻冲突着,但这种冲突并没有泯灭人的自由意志,而是激励着人类百折不挠、奋勇向前,使人类不仅在主观上无限扩展自己的能力,而且在客观上创造出日益丰富多彩的手段,人的认识自然、改造自然的能力得以大大增强。而现代高科技、大工业的发展无疑使人类的这种能力得到空前的进步。于是,自然在人的自由意志下不断被塑造,日益满足人的各种需要,包括生存、享受、发展需要和物质、精神、文化需要,使自

消费合宜性的伦理意蕴

然的效用及其对人的行为意义得到实现。由此,不仅外部自然发生着人化,人类自身亦发生着人化。所以,在自然的人化过程中,人与自然相互融合,自然就不再是纯粹自然性的,而是呈现出社会的特性,自然渗透着人的意志与目的,演化为一种属人的存在。同时,人对自然改造的过程亦是人确证和体现人的主体性的过程。"人不仅象在意识中那样理智地复现自己,而且能动地、现实地复现自己,从而在他所创造的世界中直观自身。"① 人并非天生就是真正的人,人的物质活动的能力与生活,一开始都是自然的。但人作为自然存在物,而且作为有生命的自然存在物,"具有自然力、生命力,是能动的自然存在物;这些力量作为天赋和才能、作为欲望存在于人身上。"② 人的生存与发展有赖于自然资源的给养,但自然界不会自动满足人的需要,人只能在改造客观世界的行动中使自己的需要获得满足。人的生命力、才能、欲望等主体要素在深刻地影响自然界的同时,人类自身亦在改造着自身。人在发挥本质力量改造自然的过程,也是人的本质力量的发展和人的自我创造潜能的不断完善过程。在改造自然的活动中,自然物、自然规律、自然本质被人类利用、认识和掌握,这导致了人的人化:不仅自然资源及人对自然的改造物、加工物完善着人的形体的结构与功能;而且人的内在精神即思想情操、灵魂品行,亦在发生着净化,它迫使人们不断地去追求真善美的境界。总之,在自然的人化中,自然、宇宙、人生、制度、精神,融为有机整体,构成生生不息的生命运动过程,自然由此呈现出动态的、开放的发展体系。正如现代著名科学家赫伯特·A. 西蒙所说:"我们今天生活着的世界,与其说是自然的世界,

---

① 《马克思恩格斯全集》第42卷,人民出版社,1979,第97页。
② 《马克思恩格斯全集》第42卷,人民出版社,1979,第167页。

第三章 消费中的主体权能与生态限度

还不如说是人造的或人为的世界。在我们周围，几乎每样东西都刻有人的技能的痕迹。"① 正因为如此，人类的发展史在某种意义上就是人类改造自然，做自然主人的历史。

自然的人化实际上凸现的是人的自由意志及由其推动的创造性的实践活动，其目的是要使自然按照人的自由意志发生变化，实现人的自由自觉的主体地位。因而在实践的意义上，自然是人的，自然是人的本质力量的对象化存在与证实；人不再是自然界的，人不再臣服于自然，而是要自主地安排自然，并从这种自主实践中获得自由。当然，人对自然的主体地位并不是先天的，而是人的创造性活动的结果。近代以前，由于自然力量的庞大与人的力量弱小的鲜明对比，人类一直以卑微、臣服、敬畏的心态对待自然，视自然为母亲。人在某种程度上是奴仆的存在，没有对自然生态的结构造成影响或影响极小。近代工业文明以来，借助于现代高科技的发展，社会生产力的急剧提高及对自然规律的深层认识，人类大大改变了自然界的容颜，人类不再似以往那样卑微与弱小，主体地位日臻强化。

然而，尽管人类一直在不懈地做出摆脱自然束缚的努力，以展现人类自身的创造力、主体性，且在这种努力中，人类亦创造出了自己的辉煌文明。但自然却并未因此而丧失其存在，在人的自由意志的实践活动中，自然依然在人的身上延续自己的存在。因而自然本身并不是无足轻重的，可以任由人随意摆布的消极客体。人类固然可以去改变自然，但却无法改变或漠视自然规律。尤其是人类在高科技基础上的实践能力极大提高、世界交往普遍实现之时，自然对人类的影响将更为巨大而广泛。但人类在从自

---

① 赫伯特·西蒙著，杨砾译《关于人为事物的科学》，解放军出版社，1985，第3页。

消费合宜性的伦理意蕴

然中获得巨大的自由的同时,自然似乎也从人类那里吸取了力量,以同样增长的能量面对人类。人的自由意志影响自然的能力愈强,人对自然的依赖亦愈强;人的活动越是能动,人对于自然的依赖就越深刻。这说明,人本身是自然的一部分,人的一切创造性活动都必须纳入到自然的进程中加以理解。而在对自然改造的实践活动中升腾出的人的主体地位、自由意识也并非就是随心所欲、为所欲为的,它只有在深刻尊重自然、认识自然的基础上才是具体的、实在的。

二 消费权利及其内在规定性

其实,人对自然的认识、改造的实践活动的最终目的是要满足人的需要,满足人的消费需求。人类在实践中不断升腾的人的主体性在根本上也是要实现人的美好生活的权利。

在传统社会,"消费"不仅因其"毁坏、用光、浪费、耗尽"的消极内涵得不到道德正当性的证明,而且因其潜伏着"玩物丧志"、"享乐"、"纵欲"之类的危险性而一直备受思想家们的抵制与批判。在古希腊时期,柏拉图在其理想国图式中,提出了用理性驾驭欲望、用灵魂克制肉体的禁欲思想。这种禁欲思想经过斯多噶学派的发展,到中世纪神学被发挥到了极致,以至于不仅是消费本身,而且世俗生活也被蒙上了"罪恶"的幕帐。在中国,无论是儒家称颂的"孔颜乐处",还是道家的"寡欲",墨家的"节用"乃至宋明理学的"存天理、灭人欲"也同样隐含着对消费的贬抑。然而,消费毕竟是人的生活必需,否定了消费就等于否定了生活本身。历史证明,尽管对消费进行道德贬抑的做法对国民重道义、重德性的文化氛围产生了积极影响,但是,这种道德文化由于其内在的专制主义及空洞性说教,并没有真正阻遏少数剥削阶级挥金如土的生活方式,反而造成了社会

第三章　消费中的主体权能与生态限度

发展长期停滞不前的恶果。伴随着市场经济的发展，伴随着人性的解放与政治民主化的进程，"消费"也经历着一场语意的深刻变革与解放过程[①]，消费原初的消极内涵逐渐退隐，而其作为提升生活质量、推动幸福的意义逐渐彰显，消费权利也已成为人的一项重要的生活权利。

消费是直接关系着人的现实生存与发展的活动，甚至在一定意义上说人类的发展史正是一部创造财富、消费财富的历史。因而，在人类社会的发展进程中，消费权是人的一项重要的生活权利，人们对它的争取与享有程度反映了人的主体地位、人的自由的提升程度，而对它的维护与保障则反映了社会的进步状态。在前工业社会，一方面，由于物质资料的匮乏，人的消费权更多地体现为生存权，简单和短缺的生活资料激发的仅仅是生存意识，生产力的低水平运作造就的只是贫困的生活及对消费的压抑，唯恐稍稍"奢侈"的生活会影响到日后的生活。另一方面，统治阶级为了维护自己的统治地位，妄图在各方面钳制劳动人民的思想与行为，为了标明自己统治地位的神圣不可侵犯性，他们不仅残酷压榨百姓，使百姓隶属于其专制的统治之下，还在消费方式设置了严格的界限，要求百姓在吃穿用住的日常生活消费方面必须安分守己，不得僭越，否则就会受到惩罚。劳动人民只能维持低等的消费水平，良好的生活愿望只能化作幻想。不仅如此，统治者并未因社会整体消费资料匮乏而放弃自己的

---

① 到 18 世纪中叶，在资产阶级政治经济学中，"消费者"作为与"生产者"相对的中性概念开始出现。但至少直到 19 世纪后期，"消费"的消极内涵一直存在，只是到了 20 世纪中叶，才从政治经济学术语转化为一般的大众用法。而很早就用来描述购买者的"顾客"一词，也逐渐让位于"消费者"；前者往往意味着与供应者具有固定、连续的关系，而后者则指抽象市场中一种角色。

消费合宜性的伦理意蕴

奢侈放荡、挥金如土的生活，反而变本加厉地上演着一幕又一幕的斗富攀比的消费闹剧，其纵欲无度生活的最终结果只能是更加残酷地剥夺百姓的消费权利，迫使"无立锥之地的"贫苦百姓走上"犯上作乱"的反抗之路。在这里，统治者与百姓的主体性都是存在缺失的。

市场经济的发展，资本主义文明的传播，禁欲主义、专制主义遭到了最强有力的批判，人们的主体意识、权利意识、平等意识得以萌生。在狂飚突进的经济发展中，由于物质产品的丰裕，人们的消费权利意识不断觉醒，迫切需要可以自由地享有更多的消费资料，选择自己喜欢的生活方式以及为满足这种需要的相应的工作条件及休闲时间。五一劳动节等休闲时间的产生正是人们对自己消费权利强烈要求与斗争的产物。其实，在声势浩荡的人权斗争中，消费权无疑是最重要的一项权利，其他权利最终无不要落实到公民消费权利的真实享有上。比如《人权宣言》第2条中提到："人人有享受休息和闲暇的权利，包括工作时间有合理限制和定期给薪休假的权利。""人人有权享受为维持他本人和家属的健康和福利所需的生活水准，包括食物、衣着、住房、医疗。"[①] 罗斯福当年为改革美国民主制度弊病的改革措施中，人权法案是其中最重要的组成，而在人权法案所明确的众多人权中，消费权利是重要的权利[②]。

---

① 引自〔英〕A.J.M.米尔恩著，王先恒等译《人权哲学》，东方出版社，1991，第3~4页。
② 比如从事有用的和有报酬的工作的权利，获取足够的报酬以供衣食和娱乐之用的权利，每一个家庭享有一个体面的家园的权利，享有合格的医药照顾的权利，在免于陷入老年、疾病、残废和失业的经济危机方面享有足够保障的权利，受良好教育的权利。（转引自〔美〕爱·麦·伯恩斯著，曾炳钧译《当代世界政治理论》，商务印书馆，1983，第67页。）

第三章　消费中的主体权能与生态限度

时至今日，消费权利已有了相应的经济上与制度上的保障。由于高新技术革命突飞猛进，现代经济已经创造出了无比丰富的财富；而人权运动及民主政治运动的深入发展也为消费权利的斗争增添了民主化、平等化的气息。与之相适应，人们的消费权利已由单纯的求得基本的生存权利转向了发展权利，人们已不满足于基本的吃饱穿暖，不满足于生活必需品的数量方面，而将视角转换于生活质量的提高方面。比如在穿衣方面，除了注意有多少套衣服之外，人们更注意服装的款式、质地和品牌；在饮食方面，除了注意吃饱外，人们更注意营养、卫生和口味。人们在关注衣食住行等基本物质生活质量的同时，还越来越关注健康生活质量、精神生活质量等，希望全面提高生活质量。经济学家罗斯托把经济增长划分为时间上继起的五个阶段：传统社会、为起飞创造条件的阶段、起飞阶段、向成熟推进阶段、高额群众消费阶段。在高额群众消费阶段，人们更多地关注与追求消费的质量。他认为，在人类进入追求质量的阶段后，人类就不再以有形产品数量的多少来衡量社会的成就，而要以服务形式反映的生活质量的程度来作为衡量成就的新标志。消费质量或生活质量不仅意味着社会向人们提供的舒适、安逸的物质享受，而且意味着社会为消费者创造了一种稳定、和谐的消费环境，意味着消费者在精神上建立了新的价值准则，建立了新的为之奋斗的理想和目标。可以说，随着社会的进步，消费权利不单纯是消费的量的规定性，而更突出地表现为消费的质的规定性。恩格斯在谈到社会发展到较高阶段时也指出："不仅生产生活必需品，而且生产奢侈品……这样，生存斗争就变成为享受而斗争，不再是单纯为生存资料斗争，而且也是为发展资料，为社会的生产发展资料而斗争。"更高层次消费资料的获得不仅完善着人们的消费权利，而且会使社会成员的"体力和智力获得充分的自由的

消费合宜性的伦理意蕴

发展和运用"①。

不幸的是，当人们在论及消费权利时，往往注重的是消费权利的量的规定性而非质的规定性，并以此作为衡量经济的发展指标、人的生活状况。如过分注重人均 GDP 的增长。自 20 世纪 70 年代以来，人口爆炸问题、自然资源枯竭问题和环境污染问题等等问题的出现激发了生态学家去思考消费权利的生态要素。1972 年罗马俱乐部的报告《增长的极限》呼吁人们要关注环境污染及其危害，提出了要以包括生活水平、人口密集程度、环境污染程度等客观因素在内的质量指数作为衡量各国不同时期的经济发展和社会福利水平标准的主张。由于环境问题与人们的利益休戚相关，在生态问题越来越严重的背景下，有人提出应以绿色 GDP 替代传统意义的 GDP。可见，在消费权利、生活质量的指标体系中，生态环境的好坏是关乎消费权利实现的重要内容。因为资源与环境问题不仅直接影响人们的生活，而且直接影响作为社会后续发展的物质基础。良好的自然资源条件与自然环境既是消费权利本身的内容，又为消费权利的完善提供了有效保证，同时也为提高后代人的消费权利创造了条件。生态环境的破坏会对目前和今后人类的消费权利和生活质量造成不可估量的损失，如人类的健康会受到损害，完美的环境所形成的乐趣和欢愉可能会丧失②。在消费品数量快速增长、消费品品种日益繁多的同时，我们却并不因此便欣慰许多，而是承受着更多的担忧与困惑：我

---

① 《马克思恩格斯全集》第 34 卷，人民出版社，1972，第 163 页。
② 据测算，20 世纪 90 年代的化肥施用量比 50 年代增长 332 倍。化肥施多了，土壤中硝态氮增加，蔬菜中硝酸盐含量增加，硝酸盐经降解生物转化为亚硝氨进入人体是一种致癌物质。在城市中，噪声和废气污染威胁着人们的健康与生活质量。以汽油为动力的汽车排放的碳氢化合物和氮氧化合物在阳光作用下生成的腐蚀性的氧化物烟雾，严重地伤害着人的健康。

第三章 消费中的主体权能与生态限度

们应该消费什么？怎样消费？何种消费品才不会伤害我们的健康？种种现象说明：环境状况与人们的日常生活消费密切相关，环境的恶化必然导致人们生活质量的恶化，就是对人的消费权利的侵犯。

三 现代消费对自然生态的影响

《世界自然宪章》开宗明义地指出："人类属于自然的一部分。"中国古代思想家老子也说："人法地，地法天，天法道，道法自然。"① 自然是人类的母亲。人与自然之间存在着息息相关的联系。人本身就是自然的产物。恩格斯曾在《自然辩证法》中揭示了自然界总的发展过程和基本规律，阐明了人类是自然界发展到一定历史阶段的结果，是自然界的一部分，人与自然之间存在着天然的血缘关系，人永远不能割断与自然的联系。同样，人的存在也依赖于自然。"人靠自然界生活"②。人类从自然中输入物质、能量和信息，经过加工、处理和转化来满足自身的需要；同时人类也向自然界输出物质、能量和信息，改变和影响着自然界。所以人类只能在与自然的相互关系中依靠自己的智慧和劳动，从自然界那里获得物质、能量和信息，获得消费资料以维持自身的生存和发展。所以，人类的消费对自然界有着严格的依赖性。人类消费活动必然需要消费品，而消费品则主要来源于自然环境。自然环境是人类消费的根源。比如，人类每时每刻都在和自然环境进行能量、物质的交换，每人每天要呼吸一定数量的氧气，消耗一定数量的水和食物。空气、水等自然环境是人类不可缺少的基本生活资料，人类一时一刻都不能离开自然。但另一

---

① 《老子·二十五章》。
② 《马克思恩格斯全集》第42卷，人民出版社，1979，第95页。

消费合宜性的伦理意蕴

方面，人的消费又对自然环境有着极大的危害性。正如《牛津英语辞典》中对消费的解释："通过燃烧、蒸发、分解或疾病等花掉或毁掉；消耗、死亡；用完，特别是吃完、喝完、占去；花费（时间）；变得憔悴、烧尽。"所以，在生态学的角度，消费本身就意味着耗费自然资源，意味着人类的活动对生物圈的影响：一方面，人要消耗自然资源；另一方面，消费之后的废弃物又排放到自然界。这样，人类通过消费对自然界产生了重大影响，使自然界处处打上了人类的印记。

自人类进入文明社会尤其是工业文明以来，人类为了获取更多的消费品，争取自己更多的消费权利，不断进行着物质生产实践，并通过这种方式确证人的本质力量。在生产实践中，人与自然之间进行着持续不断的物质能量交换，人类借助自己的创造力对自然进行着合乎自己意图的改造，这种改造固然体现出了人的主体力量的增长，但同时，人在张扬自己的主体性、主体权利的过程中，却抛弃了这种权利背后的责任与义务内涵，使权利成为任性和妄为，这在很大程度上又带来了较为严重的生态问题。尽管人类对生态环境的破坏古已有之，但这种破坏在根本上并没有影响到生态平衡。而且，前工业文明时期的生态问题主要是由于人口激增所导致的结果。然而，工业文明以来，尤其是在现代社会，这既是人类物质文明达到登峰造极的时期，又是生态环境、自然资源破坏最为严重的时期。

"消费问题是环境问题的核心，人类对生物圈的影响正在产生着对于环境的压力，并威胁着地球支持生命的能力。"[1] 人口的过快增长必然要求相应的消费，而生产快速增长也是为了满足

---

[1] 施里达斯·拉夫尔：《我们的家园——地球》，中国环境科学出版社，1993，第152页。

第三章 消费中的主体权能与生态限度

人的消费,因而现代生态危机与人类的消费方式有着必然的联系。随着科技的进步和人口的大量增加,人类对自然资源的需求量以惊人的速度增长着,自然资源相对于人类的庞大需求变得越来越稀缺,人类的生产、生活消费对地球资源、地球生态环境造成了越来越大的破坏,表现为全球气候恶化、臭氧层破坏、酸雨污染、土地荒漠化、水资源危机、森林植被破坏、生物多样性锐减、海洋资源破坏和污染、持久性有机污染物的污染,等等。现在,人类赖以生存的各类自然资源正面临迅速枯竭的局面。全球最权威的独立环保机构——世界自然保护基金会(WWF)2002年9月发表了名为《活着的地球》的报告。该报告预测,由于目前人类对自然资源的利用超出其更新能力的20%,如果各国政府再不进行干预,2030年后人类的整体生活水平将会下降。报告指出,由于人类的过度消耗,在过去的30年间人类的经济活动使得地球上的生物种类减少了35%,其中淡水生物减少了54%,海洋生物种类减少35%,森林物种减少15%。这意味着,到2050年,人类所要消耗的资源将是地球生物潜力的18~22倍,换言之,到那时需要两个地球才能满足人类对于自然资源的需求。此外,现代"文明"的消费方式也在严重地危害着生态。清洁是现代人文明程度的标志,可是当现代人每天用洗衣粉把衣物洗得干干净净,用洗涤剂涤清自己的锅碗瓢盆,用各种沐浴产品把自己打理得漂亮干净,把家收拾得清洁明亮的时候,却不知这些含磷的洗涤剂及其带来的生活污水已成为河流与湖泊富养化的一大来源,促使某些藻类过量繁殖,破坏了水中的生态平衡,使水质变差,以致不能使用。而且生活污水由化粪池等直接渗入地下,继而污染地下水,使得原本贫乏的淡水资源更加捉襟见肘。文明的现代人非常讲究包装,比如铁皮、纸张、塑料纸等等夸张的包装品对食品、礼品、饮料、家用电器等等包装所引起的不同程度的污染以及造成废物处理的困难。汽车文化是工业文明的重要标志。汽车既给人类的生活带来了方便与快捷，但同时，汽车工业的发展又是以对全球能源的巨大消耗和对环境的严重污染为代价的。汽车排放出的尾气也在空气污染中占有重要比重（在城市，汽车尾气对空气的污染约占整个空气污染的60%～90%）。还有现代人的必不可少的家用电器，如空调、冰箱、微波炉、手机等等无时不在对环境造成极强的破坏力。甚至可以毫不夸张地说，人类的每一项日常生活消费都在深层次上破坏着生态环境。

严重的生态危机是现代人不可否认的客观事实，呈现在现代人面前的是一幅幅令人不堪的触目惊心的图景。地球究竟是怎么了？人类的前景应当如何？从《寂静的春天》的警告到绿色和平运动的风起云涌，从罗马俱乐部的环境报告到生态政治的实践，从对消费社会的批判到自然权利论的逐步成熟，人类开始深刻反省现代生态危机的根源及其相关的拯救之策。

第二节 人的主体权利的越位与归位

在科学技术强大力量的刺激下，人们相信：凭借科学技术，人们可以生活得更快乐、更轻松、更幸福，而不必去担心日益紧迫的资源问题、环境问题。技术会解决一切问题，包括环境问题和资源匮乏问题，人类的前途是光明的，所以活着就是要享受生活，就是要不停地消费，就是要占有更多的物品。在这种价值观的影响下，人类把自然理解为需要面对、需要征服的消极的客体，仅仅看到了自然的有用的方面，带着任性、盲目、莽撞去摆布自然、消费自然。这实际上是人的主体权利的越位。

第三章 消费中的主体权能与生态限度

一 现代生态危机的消费根源

圣雄甘地曾告诫人们:"地球能满足人类的需要,但满足不了人类的贪婪。"需要是人的本性,但20世纪以来,在商业利润的炒作和大众传媒的鼓噪下,人的需要开始挣脱人的正常生理极限,演变为一种超常需要或者说演变为欲望。在这种转换中,市场机制起了重要的作用。因为市场经济在本质上是需求导向型经济,其根本目的就在于追求利润的最大化。为了利润的尽早实现就必然经常不断地制造出新的经济增长点,就必然要求商品高频率的更新换代并将消费纳入其运行轨道。这样,消费领域中的享乐主义与经常性的消费需求就不断创造出新的经济增长点的可能性。有鉴于此,现代经济学把物质消费分为满足需要的消费与满足欲望的消费两类,并力图要求人们的消费不断突破需要而走向欲望。但"需要的消费"与"欲望的消费"是根本不同的,它们产生的后果尤其是对生态环境的影响亦是呈现着根本差异的。"需要的消费"是为了正常生活而必需的消费,是有限的、相对稳定的;而"欲望的消费"则在"需要的消费"之外,追求心理上的各种满足(如追求地位上的优越感、满足感、嫉妒、攀比和炫耀等),是无限的。满足需要的消费是一切社会共同具有的,而满足欲望的消费虽不能说是工业社会独有的,却是工业社会的突出表现和明显特征。正如丹尼尔·贝尔所说:资产阶级社会与众不同的特征是,它所满足的不是需要,而是欲求。欲求超过了生活本能,进入心理层次,它因而是无限的要求。需要的消费是对使用价值的消费,目的是满足需要,是正当的消费;而"欲望的消费",却使消费与"需要"、"使用价值"相背离,刺激人们过度地去追求不必要的欲望的满足,并因此而造成了巨大的浪费,是不合理的

消费合宜性的伦理意蕴

消费。

　　随着机器和工厂的出现，人类进入了生产力高速发展的工业化时代，迎来了一个高消费的社会。工业化大规模的流水作业与批量生产要求有大规模的和不断增长的消费，并且总是通过各种强大的诱导和刺激来造成这样一种消费。在仿佛成为自然主宰的背景下，人们也不再节俭，而是乐于放纵自己的欲望和胃口，拼命追求消费资料的数量、新奇，人为地缩短商品的使用期限。高消费使物质需要得到了较充分的满足，这是一种进步，但也有着深刻的内在矛盾与冲突。它必然引导和促成生产不断扩大、膨胀。为了越来越多的汽车，铺修越来越宽的道路，开采和使用越来越多的石油资源；为了建越来越多、越来越大的房子，占用越来越多的土地，砍伐越来越多的树木；为了得到越来越多的食物，毁掉越来越多的草场，围垦越来越多的湖泊，建立越来越多的化肥农药生产企业；为了餐桌上源源不断的美味珍馐，越来越多地捕杀野生动物，以至于竭泽而渔。而当自然因不堪破坏与重负反过来制约生产，影响消费的时候，为了高消费，人类又总是义无反顾地选择继续扩大生产，加强对自然征服的力度。如此恶性循环，致使全球性生态系统处在危险境地。总之，在现代社会，满足需要的消费所占的比重越来越小，满足欲望的消费所占的比重则越来越大。

　　叔本华曾将欲望比喻为一个永远饥馋、永不饱和的"胃"，它没有满足的时候，一旦一种具体的欲望得到满足之后，它会立刻让位于一种新的更大的欲望。欲望是无极限的，具有扩张性的。"正因为人的欲望和能力在无限中发展，所以他们没有可以指明的极限，尽管他们实际是有绝对极限的。超乎人类之上的高度多得不可胜数，人类永远不可能达到这些高度，但是并不因此而可以说，人类达到某一高度后，便不再向那些不可能达到的高

第三章 消费中的主体权能与生态限度

度继续前进了。"① 欲望往往是无止境的、不计后果的，它不考虑行为主体的真实需要而使其趋于片面性、非人性的发展。马克思指出："仅仅供享乐的、不活动的和挥霍的财富的规定在于：享受这种财富的人，一方面，仅仅作为短暂的、恣意放纵的个人而行动，并且把别人的奴隶劳动、人的血汗看作自己的贪欲的虏获物，因而把人本身——因而也把他本身，看作毫无价值的牺牲品……他把人的本质力量的实现，仅仅看作放纵自己的欲望、古怪的癖好和离奇的念头的实现。"② 由此，满足人的欲望的消费是非人性的，它使人丧失同情心，以至于变得越来越不宽容。这种不宽容不仅仅是对同类命运的漠不关心，亦是对大自然的恣意掠夺与贪婪攫取。为了自己欲望的满足，人类正在鲸吞着自然资源，如为了口腹之欲可以残忍地捕杀野生动物。为了独特品味与超乎寻常的富贵，可以心安理得地穿着被残酷剥掉的珍稀动物的皮毛制成的高档服饰。为了满足炫耀性的奢华的首饰消费，大量的氰化物流入河流，危及海洋生物的生存，释放的二氧化碳会污染空气，造成酸雨，导致树木、花草的死亡。更为严重的是，欲望的消费往往与"气派与华丽"、"成功与高贵"、"文明与幸福"之类的价值评判相联系，它使人背离了"生存的必要需要"这一现实。于是，人们不再追求实实在在的必要消费，而是崇尚"更多意味着更好"的价值观念，认为消费的物质财富越多，生活水平就越高，人们就越幸福，人的价值就越大。这种价值观念又进一步对人的高消费、过度消费推波助澜。

欲望的消费是非人道的，它不顾这种欲望是否能实现及其实

---

① 弗雷德里克·巴斯夏：《和谐经济论》，中国社会科学出版社，1995，第87页。

② 《马克思恩格斯全集》第42卷，人民出版社，1979，第141~142页。

消费合宜性的伦理意蕴

现的客观历史条件，甚至会在欲望的推动下任由主观意欲的冲动而做出某些非正当的行为。在现代社会，一方面是过度的人口膨胀而导致的对自然资源大量消费而造成的资源的严重匮乏；另一方面却是人类为了满足欲望的消费而动用高科技力量从自然界中索取有限的自然资源。像一次性筷子、一次性塑料包装袋、过度加工和包装等等资源性消费在消费过程中随处可见。"市场上能够持续一个星期的西红柿和绿胡椒被装进能持续一个世纪的泡沫和塑料托盘中出售。"一次性塑料袋对环境的危害尚且如此，更不必说为了消费而采掘不可再生资源（如煤、石油）、砍伐森林、破坏植被（如挖发菜、甘草）、污染水体（如淘金、造纸）、猎杀动物等等行为带来的环境问题的程度了。然而，遗憾的是，欲望的消费并没有给人带来预想中的幸福与快乐，这不仅在于这种消费是对人身体健康的侵蚀，更在于它对物质财富的过度耗费使生物圈受到了巨大的冲击。正是在这个意义上，现代社会生态问题的深层根源源于人类庞大的消费尤其是欲望的消费超出了自然资源的有限性，或者说超出了生态承载力所导致的必然结果。

承载力最早在生态学中是用以衡量某一特定地域维持某一物种最大数目的潜力，现在则广泛用于说明生态系统承受发展和特定活动能力的最大限度。人类的一切活动尤其是消费活动只有在生态承载力的范围内，才能获得其善的价值属性，超出了生态承载力的需要不仅不能体现人性的尊严与自由，而且还会因丧失其存在的客观基础而成为空中楼阁。生态系统本质上是一个由平衡到不平衡再到平衡的不断演替的系统。在人类诞生之前，生物圈内的地球生物与周围世界进行着物质能量循环与信息交换，生物与环境保持着生态平衡。人类诞生之后，生态系统的平衡开始面临危机，但在人类没有掌握现代科技工具之前，人类对生态平衡的影响远在生态环境的消纳阈限之内，不至于造成生态系统的整

第三章　消费中的主体权能与生态限度

个失衡。由于生产力水平低下，人类对自然的态度表现为虔诚的膜拜与遵从，因此当时的消费层次大多数停留在"生态消费"上，对生态环境的影响完全可以靠生态系统自身的自净能力得以恢复，生态环境处于良性发展的状态。工业革命以来，科技进步极大地提高了人类社会改造自然的能力，为人的发展提供了更为坚实的物质基础，但同时也造成了向生态环境排放废弃污染物的数量剧增，导致局部区域的生态自净能力丧失。三废污染、温室效应、臭氧层空洞、生物多样性减少、气候异常等全球性生态问题均是人类活动已大大超出生态承载力的表现。环境问题的出现，使人类陷入了前所未有的危机。而这一切又都是人类无节制的"欲望的消费"所刺激的社会经济活动和行为的结果。人们放纵着膨胀的物欲，崇尚着奢侈的最高价值。但最终，这种毫无节制的消费观和挥霍浪费的生活方式，又会加速资源的枯竭和环境的退化，使人类的家园遭到破坏，同时又会剥夺其他地球生物正常生存、享受自然的权利。

《只有一个地球》一书的作者巴巴拉·沃德和雷纳·杜博斯在书中指出："对消费品的喜新厌旧成风，无限制的使用能量，我们的前途只能是生态系统的灾难。"[①] 一味地追求消费，毫无节制甚至是过度的欲望的消费，就是一种浪费与奢侈，它破坏了地球的生态系统，危及到了人的生存。因此，这种破坏生态承载力的欲望的消费在本质上是一种不可持续的消费观。这突出表现为"一次性消费"[②] 和为了高生活质量而消费"深加工产品"。

---

① 〔美〕巴巴拉·沃德、雷纳·杜博斯著，吕瑞兰、李长生译《只有一个地球》，吉林人民出版社，1997，第165页。
② "一次性消费"，就是指对消费品只使用一次，既不用清洗也不用整理，用掉就扔的生产或生活方式．诸如"一次性筷子"、"一次性尿布"、"一次性桌布"、"一次性茶杯"以及易拉罐、塑料袋等包装……

消费合宜性的伦理意蕴

前者实际上是对物质产品进行了毫无必要的更新换代，它大量地占有和消耗各种资源和能源，随意抛弃仍然具有使用价值的产品。后者是一种能量的浪费。生态学"百分之十递减律"告诉我们，生态系统中不同营养级之间能量转移的效率一般不超过10%，这其中90%的能量都在转化过程中流失了。

地球的资源是有限的，地球的自净能力也是有限的。现代消费方式将人的消费游离于生态系统之外，将环境资源排斥于消费活动之外，违背了大自然的发展规律，必然导致人的生存危机。追求高质量的、幸福的生活是人类生活的权利，不能满足人的正常生活需要的消费是非人性的，因为当人类不能使自己的基本生存需要得到充分满足时，人不可能有体面的生活，更不可能得到全面的发展。人类应该追求更富足、更合乎人性的生活，生活在更美好的未来，但关键在于这种需要是否正当，如若人的消费超出了正常的生活需要，超出了生态所能承受的限度，那么这种消费就是不正当、不合理的。自然生态系统所受的冲击越大，引发自然生态系统失衡、紊乱、崩溃的可能性就越大，其结果最终是人类自身的毁灭。正是在这样的背景下，生态学家提出了自然权利说，试图通过突出自然权利以解除当前的生态危机。

二 自然权利说辩驳

自然是否真的拥有权利呢？环境伦理学家的答案是肯定的。从施韦兹、利奥波德开始，到罗尔斯顿、纳什、辛格，环境伦理学家们指出传统的权利概念过于狭隘，仅将它局限于人类社会，他们主张应当对权利概念加以扩展，将其扩大到生命和自然界的其他实体和过程中去。日本学者岩佐茂在《环境的思想》一书中也曾概括说，环境伦理学"试图通过承认人之外的

第三章 消费中的主体权能与生态限度

生命体与自然物也具有与人同等的权利和价值,来防止人对自然的破坏"①,主张将权利扩展到人以外的存在物。

自然拥有什么样的权利?在环境伦理学那里,自然权利是指自然存在物所固有的,按生态规律生存和发展并受人尊重的权利。在他们看来,所有的生物都是平等的,无贵贱之分、高低之别、优劣之异。任何生物都不可能获得超越生态学规律之上、之外的特权。人之所以拥有权利,是由于每个人都拥有一种"内在价值",人有生命和意识,有期望和愿望,拥有感觉、记忆和未来意识,拥有着一种伴随着愉快和痛苦感觉的情感生活。而这一切也为动物所具有,动物也具有内在价值。所有的生命形式都拥有绝对平等的内在价值,这是它们获得道德权利的根源。价值和权利是紧密相连的,对自然内在价值的确认,也必然会得出自然拥有权利的结论。纳什指出,动物与人一样,也拥有自己的生命和价值,因而,它们也同样具有"平等的天赋权利"②。每一种生物都有自己适应环境的特殊方式。每一种生物在自然中都占据着属于它们自己的应有位置——"生态位"。地球上的生命形式是多种多样的,各种生命之间固然存在着生理、心理结构等多方面的差异,但这不是形成它们不平等的根源。人类对地球上生物物种高低贵贱的划分,只是人类自己的主观臆断。自然界与人的权利是平等的,由于各种生物都在地球生态系统中的物质、能量、信息流动循环中起着特定的作用,因而,其生存和发展理应受到尊重。

"生存权,从生物学上讲,是指为了生存适应性配合的权利。适应性配合,需要上千年的维持生存过程这种思想至少使人

---

① 岩佐茂著,韩立新等译《环境的思想》,中央编译出版社,1997,第1页。
② 纳什著,杨通进译《大自然的权利》,青岛出版社,1999,第173页。

消费合宜性的伦理意蕴

们想到,在某一生态位的物种,它们有完善的权利"[1]。不仅人是生态主体,人以外的生物个体、种群和群落也是生态主体;不仅人具有生存权利,一切生命和整个世界都有生存权利。生物为了维持自身的存在,必须拥有特定的存在条件,诸如阳光、空气、水源、地域,等等,因此,生物的存在权利就是生物对维持其存在条件的拥有权利。破坏了它们的存在条件,也就剥夺了它们的存在权利。当然,自然权利说主要强调生物物种的权利,而并非指简单生物个体。只有当对生物个体存在的剥夺危及到整个物种存在时,才构成对生物权利的侵犯。另外,每一种生物都对生态系统的平衡与稳定发挥着自己特定的作用,都在生态系统的物质循环、能量流动和信息交换中发挥着自己的特殊功能。在生态系统的有机联系性上,任何生物物种的存在都有其意义,那些看来似乎对人类无益甚至有害的东西,例如老鼠、蝗虫、病毒之类,在宏观上却有利于地球生态系统的平衡与稳定。所以,人类可以限制它们的发展,避免其危害,但绝不应奉行"斩尽杀绝"的政策,而应在抵御它们消极影响的同时,采取适当的技术措施,使它们以无害于人类的方式存在。

自然权利说从新的高度揭示和发展了人与自然的关系,它是人们价值观念上的一场深刻的变革。它认为,人类作为整个生态系统的一个组成部分,不能脱离自然而生存。人类的不负责任的活动会对其他生命形式的存在和整个生态系统带来危机;同样,生态系统中某个子系统微小的变异都可能对人类进一步的生存带来不良影响甚至灾难性的影响。因此,人类应给予其他生命成员和自然存在物以健康存在的资格。同时,自然权利论赋予了传统

---

[1] 罗尔斯顿:《自然界的价值和对自然界的义务》,《国外自然哲学问题》,中国社会科学出版社,1994,第188页。

第三章 消费中的主体权能与生态限度

道德权利以新的含义,要求人类活动必须纳入到人与自然和谐发展的轨道上来。它的提出,目的在于对人类行为进行约束与引导,使人类明白自己在自然中应当做什么,不应当做什么。它警告人类并非自然的主人,不要企图去占有、主宰自然,而要摆正自己的位置,要保护自然、维护自然,实现社会与自然的和谐发展。所以,自然权利说提出后,日益受到了有识之士的支持,并成为维护生态环境的重要哲学基础。1982年在联合国通过的重要国际法律文件《世界自然宪章》就指出:"生命的每一种形式是独特的,不管它对人类的价值如何,都应当受到尊重;为使其他生物受到这种尊重,人类的行为必须受到道德准则的支配。"1992年联合国通过的《生物多样性公约》则更为明确地指出了自然权利的重要性。该公约在序言中规定:"意识到生物多样性的内在价值及其组成部分的生态、遗传、社会、经济、科学、文化、娱乐和美学价值,还意识到生物多样性对进化和保持生物圈的生命维持系统的重要性,确认多样性的保护,是全人类共同关切的事项。"它让人类明白:人类作为生态自然的一部分,是与其他生命物种种群共同拥有地球的,人类在求得自身生存和发展的同时,应当尊重其他生命物种的生存,与生态自然和谐相处,人类没有消灭其他生物物种的权利。

由于自然权利说在本质上是非人类中心主义的,它一开始就遭到帕斯莫尔、墨笛等为代表的现代人类中心主义伦理学的强烈批判和反对。现代人类中心主义在人与自然关系上强调人类的中心地位,认为人类利益是人类行为的最终价值尺度。人类的生存和发展的最终出发点是人类利益。由于人类自身与自然环境之间是水乳交融、休戚与共的关系,对自然的肆意破坏终将返还于人类自身,所以为了保护人类的利益,就必须采取有效的措施保护自然。所以,自然的"内在价值"、"自然权利"只不过是人类

消费合宜性的伦理意蕴

为保护自然所做的道德规定和法律规定,其最终目标仍是为了保护人类自身,自然本身是无所谓权利的。"权利是通过由作为人,并像人那样生存的人们的运动被提出,通过其正当性得到社会承认,而被逐渐获得、扩大、形成的",而"那种试图把由人的权利发展而来的权利概念扩展到人以外的东西上去的做法,不管其意图如何,都会带来权利概念的暧昧化、相对化,从维护和发展人权的角度来看,权利概念的泛滥化和相对化,无论如何是有害无益的"[①]。现代人类中心主义还认为,如果抛弃人类利益这一中心,保护环境将失去意义,甚至使人类本身陷入一种两难的窘境。在自然权利说的实践上,现代人类中心主义亦指出,自然权利论是存在着缺陷的。例如在处理人与其他物种、各物种之间的冲突时,就表现出了两难的境地:既然每个物种都具有天赋的自然权利,它们之间是平等的,那么人类又如何解答日常我们食用的各种肉类,甚至于各种蔬菜的依据呢?物种之间的食物链又如何解释呢?对此,动物权利论者提出种间正义,用双因素平等主义来处理物种之间的冲突;在处理人与其他物种的关系问题时,泰勒等人提出了五条用于解决问题的原则,即自卫原则、对称原则、最小错误原则、分配正义原则和补偿正义原则。[②] 但无论如何,人们还是可以看出这些解答也都很牵强,理论之间并不完全一致,而且也无法摆脱如何处理"人"这一中心问题。从这个意义上说,自然权利论者并没有把"自然的权利"观点贯彻到底。

尽管自然权利说有着缺陷,但自然权利说是对传统人类中心

[①] 岩佐茂:《环境的思想》,第99页。
[②] 参见贾向桐、李建珊《自然权利论——环境伦理学的理论基础》,《自然辩证法通讯》2001年第6期。

第三章 消费中的主体权能与生态限度

主义观念的破除,它主张以自然权利作为出发点来保护自然生态,强调人类应当对人以外的其他生命形式和自然利益加以维护,告诫人类应当对人类之外的其他生命形式采取关心的、爱护的而不是冷漠无情的态度,因而它是一种解决生态危机的崭新观念。

三 人的主体地位及其权利限度

"权利永远不能超越出社会的经济结构以及由经济结构所制约的社会的文化发展。"① 自然权利论是工业革命以来人与自然关系严重对立,生态危机日益严重背景下的产物。自然权利论表达了人类与生物之间的利益关系,即生物作为一个物种的存在,有资格、有权利得到人类的尊重,也就是说,人类有责任、有义务尊重生物各个物种存在的资格和权利。这种人类与生物之间的权利与义务的关系的产生,就是由人类与生物之间的利益关系决定的。从本质上说,人与生物之间的总体关系是一种互利共生的利益关系,一荣俱荣,一损俱损。但这里的问题在于,自然是否是权利的主体?

黑格尔在《法哲学原理》中强调,理性是所有或权利产生的根据。他说,人之所以成为所有者或权利主体,是因为人是理性的存在物。人以外的一切存在物由于没有"理性",它们不仅对主体——人来说是外在的,就是对于它们自身来说也是外在的。作为"个体"存在的人则不同,它具有"人格",即它的自由意志存在于人身体之中,使人自身成为主体的存在而拥有其自由领域。虽然人格或人的自由领域是由外在于人的物给予的,但是外物由于它自身没有自由,所以它也就不能成为主体。而作为

---

① 《马克思恩格斯选集》第3卷,人民出版社,1995,第12页。

消费合宜性的伦理意蕴

主体存在的人格则能够把自己的意志置于所有的外物之中，由于置入了"我"的意志，这个外物就成为"我"的所有物。因此，我对它也就拥有权利。这个所谓的"权利"是作为我的实体而存在的。"人有权把他的意志体现在任何物中，因而使该物成为我的东西；人具有这种权利作为他的实体性的目的，因为物在其自身中不具有这种目的，而是从自我意志中获得它的规定和灵魂的。这就是人对一切物据为己有的绝对权利。"① 黑格尔认为，作为理性的人格最初是在"所有"中存在的，不具有人格的一切外物都只能成为具有自由意志的人格所有的对象。每个人都有权把物扬弃而改变为自己的东西，并且在这个过程中，作为主体的我与作为客体的对象获得了现实的真正统一。由于物没有自由意志，动物虽然也能直观，但它的灵魂不是以它本身为对象，而仅仅是以外在的东西为对象，因而动物虽然也占有它们的身体本身，但是它们的这种占有因为不是意志的占有，所以它们对于它们的生命没有任何权利，它们不能成为权利的主体，而只能成为人的权利的对象，因此权利仅仅被规定为"人的权利"。"任何一种权利都只能属于人的。"② 人是具有理性、自由意志和人格的存在物，所以把权利归结为人的权利或只有人作为权利的主体，权利概念不能被扩展到人以外的任何存在物。因而，所谓自然的权利，并不是它们自己生而具有的，而是人赋予它们的，是由人所决定的，没有人的赋予，也就没有什么自然的权利。

权利实际上是社会以肯定的方式对主体自由的限制。权利存在的前提是人本身具有自由的选择能力。在人的社会实践中，每

---

① 黑格尔著，范扬、张企泰译《法哲学原理》，商务印书馆，1995，第52页。
② 黑格尔著，范扬、张企泰译《法哲学原理》，第49页。

第三章　消费中的主体权能与生态限度

个人的自由选择都必然会导致各种社会冲突，于是社会就必须以规范的方式对人的自由选择能力的实现方式作出限制。之所以如此，是因为，第一，权利规定了主体可以自由选择的范围，同时也就限定了在这个范围之外是没有权利，没有选择自由的。第二，社会在赋予每个主体权利的同时，也必然要规定该主体必须承担与这种权利相应的义务。任何权利都不是孤立的、无待的，权利的获得同时意味着义务和责任的承诺。第三，权利的功能在于限制他人的行为。我的权利本身限制了别人的行为，权利限制行为的目的在于保护权利拥有者的根本利益。所以权利在允许权利主体自由选择的同时，也就规定了其他人尊重该权利的义务。它强调尊重每一个人的人格独立，而不是某一个人的自我人格特权，因而也要求每一个人在维护自我人格的独立尊严的同时，也应当充分地、平等地对待所有他人的独立人格和尊严。

人类在调整和控制人与自然的物质变换过程中不断地探索着自然的奥秘，探索着物质世界的规律，同时也不断发展和升华着人的认识能力、人的意识能力，拓展着人的主体地位，张扬着人的权利，实现着人的自由。人是自由的主体的存在，但是这种权利、自由仅仅是对自然的控制的有限的权利、自由，这种权利、自由既是人类认识外部自然并支配外部自然的结果，又是人类进一步认识自然、改造自然的依托，因而人的自由、权利总是有其范围、限度的。这种范围、限度就是不要违背自然的规律性，不要漠视、无视自然的承载力这一事实。否则，这种权利的自我扩大就会走向它的反面，即在根本上损害人的权利，最终使人丧失自由，丧失主体地位。

权利主要指人的生存和发展的权利，人既是权利的主体又是义务的主体。从权利的主体角度看，人是目的；而从义务的主体

消费合宜性的伦理意蕴

角度看人又是手段。人在其生存和发展的过程中,"每个人是手段同时又是目的,而且只有成为手段才能达到自己的目的,只有把自己当作自我目的才能成为手段。"[①] 人就是在权利与义务或目的与手段的关系中实现其对自然的利用和改造而获得生存和发展的。所以,不论在何种意义上理解人的生存和发展权利,都不能没有自然的存在和发展,从这个意义上讲,人作为权利的主体,为了自身的生存和发展,从自然中获取其物质资料而对自然所造成的破坏性行为应该说是妨碍了他人行使其生存和发展的权利。所以,"人类所以赋予某些植物和动物以权利,并不是为了植物和动物本身,而是为了整个地球的生态平衡,为了使地球能够更加长远的可持续发展,也就是为了人类及其子孙后代的繁荣昌盛。"[②] 讲究自然的权利实际上是透过自然来维护子孙后代的权利,实质上是为了维护人类自己的长久繁衍。因此,人保护自然的义务是以自然为中介而指向人权本身的。

人类通过对自然改造实现了主体地位。但是,人作为自然的主人,人能够掌握自己的命运,这并不意味着人可以抗衡自然意志和摆脱自然法则;而在于以自觉的、主动的、积极的顺应的方式来做自然的主人。但长久以来,人们仅将自然界看成是一种满足人类需要的工具。在这种价值观的支配下,人们对自然界采取了无节制地征服、支配、掠夺、占有和挥霍的野蛮态度,自然界仅仅被作为人类的消费对象来对待的。然而,人要享有自然,就必须取决于一个前提:自然界具有可享用性,这又是以自然界中生物多样性为具体内容和保证的。这样看来,人类享用自然的权

[①] 《马克思恩格斯全集》第 46 卷(上册),人民出版社,1979,第 196 页。
[②] 傅华:《生态伦理学探究》,华夏出版社,2002,第 3 页。

第三章　消费中的主体权能与生态限度

利是有条件的,那就是承认并尊重生物按生态学规律存在的权利,维护自然界中生物的多样性。破坏了自然的可享用性,也就破坏了人类享用自然的权利,破坏了人类在自然中的权利。人类作为道德主体,他的权利和义务是统一的,享用自然是他的权利,同时维护自然的可享用性,维护生物的多样性则是他的义务。人类权利与义务的统一,体现了人类对一切生物形态前途命运的关注和责任,这同人类对自己的前途和命运的关注与责任是一致的。因而,一方面,当人类的发展与享乐损害了生物的多样性,并危害人类生存时,人类就必须节制自己的享乐和发展,承认生物物种的生存权利,爱护和尊重自然和生命,转换自己的生产方式和消费方式,应当保护、促进生命和自然界的发展。另一方面,生态危机所折射的不只是人与自然的关系对立,同样是人与人之间的关系对立。所以,人的消费权利的实现除了要保护生物的多样性,保护自然环境作为价值维度的同时,还应当重视对本代人、后代人权利的维护。当代人的消费不能影响后代人对自然资源的公平拥有权利。人类共同生活在一个地球上,无论是今天的人还是未来的人都对大自然赐予我们生存的各种物质资源拥有平等的权利。地球上的资源有的是可再生的,有的是不可再生的,那些不可再生的资源如石油、煤将越来越少,倘若我们今天不加以顾惜挥霍无度,后人在还未找到替代能源之前它们就已经耗竭,则人类的前景将是不可想象的。当代人应当为后代人提供至少和自己从前人那里继承来的一样多甚至更多的可供消费的资源。否则,我们实际上就剥夺了后代享有资源的权利。所以,人的主体地位,既标明着人的尊严,但同样地包含着人的责任,人有责任去维护自然。

在根本上,明确人的主体权利及其权利的限度,其实质上是要寻求人和自然和谐的生活方式,坚持消费的可持续性。

消费合宜性的伦理意蕴

第三节　走向绿色文明的消费

早在 18 世纪，一些研究自然科学的博物学家就意识到了近代西方工业化所带来的对自然的威胁，倡导人类应当过一种简单和谐的生活，目的是恢复到一种与其他生物在自然中和平共存的状态。而 20 世纪的环境伦理学从批判传统伦理观、价值观出发，试图建立一种全新的伦理、价值体系，以彻底解决人类目前所面临的生态困境。他们倡导自然权利说，在根本目的上无非是希望人们能够尊重、认可与维护自然的尊严，实现社会经济的可持续发展。

一　尊重自然

汤因比在《人类与大地母亲》一书中通过考察人类与大地遭遇的历史，指出：人类的工业革命打破了自然与人类之间的力量平衡，工业文明是使自然遭受灭顶之灾的罪魁祸首。他在《展望二十一世纪》一书中提出：只有人们恢复到多神教（以亚洲东部的古代宗教为典型），也即万物有灵论，才能将自然从人类的技术活动中拯救出来。因为多神教"认为整个宇宙包括其中的一切——人以外的自然以及人本身——都具有神性"，"神性存在于宇宙之中，并充满宇宙"①。

"万物有灵"的观念产生于科学技术不发达的蒙昧时代，这种观念认为万物都是各种灵异力量的化身，整个世界都是有生命、有灵魂的，即使是天地日月、风火雷电、山川土石等自然之物也跟人一样，具有意识、意志和愿望，宇宙万物都有精灵或神

---

① 《展望二十一世纪——汤因比与池田大作对话录》，第 365 页。

第三章 消费中的主体权能与生态限度

灵寄寓其中。这些精灵或神灵掌握着神奇的力量，控制着世界的一切变化，如果人类顺应它们、取悦它们，它们就能保护人类，如果人类违背它们、冒犯它们，它们就会降下灾祸。"万物有灵"观念表达的是人对自然的敬畏之情，以及人类希望神灵佑护的心愿。尽管万物有灵的观念是当时人们对自然界的万事万物感到不解、敬畏或恐惧的心理的折射，然而它衍生出的是人类对自然界的敬畏、保护之情。也正是这一观念，人们在对自然的开发与利用上采取的是一种生生不息的、互友共存、万物一体的态度与方式。商汤曾"网开三面"，主张即使在捕猎时，也给被猎者留下更多的活路。《尚书·尧典》说："人音克谐，无相夺伦，神人以和。"《诗经·伐木》通过鸟的"嘤其鸣矣，求其友声"来启发人应相互友爱，并说"神之听之，终和且平"。古代儒家强调"时禁"，主张对动植物要惜生，不应随意杀生。张载在《西铭》中指出"乾称父，坤称母；予兹藐焉，乃混然中处。故天地之塞，吾其体；天地之帅，吾其性。民吾同胞，物吾与也"。此铭以天地为父母，视天地间万事万物皆与己同为一体，同为一性，不仅所有人都是自己的同胞，所有事物也都是自己的朋友。人是由天地所生，是天地中的一员，人也要把天地放在自己的心中，与大地上的万物确立起一种相与互友之道。

总之，传统社会的人们深刻地体会到自然对人类生存的决定性作用，是自然创造了人并养育了人，人的生存离不开诸如植物、动物等丰富的自然资源。但这种万物一体、互友共存的对自然的敬畏态度却反映的是人的依赖性这一不自由的存在方式，人不是自然的主人，而是自然的奴仆。所以，进入工业文明以后，人类力图摆脱这一状态。随着人类文明的发展，人类对自然的开发采取了主客二分的方法，将人类与自然的关系完全颠倒过来，将自然视为自己的奴隶，毫无敬畏之心地对自然掠取豪夺，残酷

消费合宜性的伦理意蕴

地榨取自然,以至于带来了严重的生态危机。早在19世纪,恩格斯就警告以自然的征服者自居的人们不要过分陶醉于对自然界的胜利,"对于每一次这样的胜利,自然界都报复了我们。每一次胜利,在第一步都确实取得了我们预期的结果,但是在第二步和第三步却有了完全不同的、出乎预料的影响,常常把第一个结果又取消了。……因此我们必须时刻记住:我们统治自然界,决不像征服者统治异族那样,决不像站在自然界以外的人一样,相反地,我们连同肉、血和头脑都是属于自然界,存在于自然界;我们对自然界的整个统治,是在于我们比其他一切生物强,能够认识和正确运用自然规律。"① 自然不能被简单地理解为人类文化创造活动的容器、空间,也不能被理解为单纯的人类文化创造活动的物质载负,它是人类文化创造的根基所在与营养供给者。

人类的生存发展、人类的文化建设,离不开作为基础、前提的自然条件,即使在现代大工业发达的今天,这种影响依然存在。人是自然发展的产物,人离不开自然环境的哺育。自然界生生不息、日新月异的运行过程,造就了生命的盎然不竭,使人类得以生存繁衍,代代延续。自然界是人的生活和人的活动的一部分,人只有依赖于这些自然物才能存活。人的需要也离不开自然界。那种把自己的需要凌驾于其他生物物种之上或无视其他生物物种的生存权利,无视自然界的生态系统的运行规律的不可持续消费实际上就是在摧残人类自己生存和发展的根基。固然,在自然面前,人类并非是一种奴仆式的存在者,而是要通过正确驾驭自然而获得自由,获得自身主体性的存在。但人类却不能因此而为所欲为,贪婪地攫取甚至肆意地破坏自然资源。自然资源总是有限的,地球的承载力是有限的,人的任何衣食住行等等消费行

---

① 《马克思恩格斯选集》第3卷,人民出版社,1995,第517~518页。

第三章　消费中的主体权能与生态限度

为都有可能对自然生态环境造成影响，因为消费行为本身是从两个方面对自然生态造成影响的：既向自然索取，又向自然排放。但这并不是说人不要去消费，或者回归到原初状态而继续沦为自然的奴仆。我们反对的是那种不顾资源的有限性而在高涨的欲望驱使下滥用资源或奢侈的浪费行为，它不仅不能实现合乎人性的发展需要，而且恶化的生态环境会最终危及到人的健康生存与合理发展。

自然是伟大的。人与有着母体之德的自然是一个休戚相关的有机整体。人作为自然生态中的一个物种，并不能超乎于自然法则之上，人与自然共同处于地球生态系统之中；人不是绝对独立于人之外的抽象的"自在之物"，而是人与自然相互交融的产物。人可以把天地间的天然物当作供人类使用的对象，但从更深的层次来看，人与天地万物，人与自然绝不是彼此外在的、绝对对立的，而是一气相通、融为一体的。所以，人不能唯我独尊，尤其不能任意凌驾万物，而是应当以仁民爱物、以"民胞物与"的精神和态度相待自然、尊重自然。这不是施舍，而是一种责任感，即要关心自然，保护自然，自觉主动地维护自然，因为人类的自由程度是与对自然的尊重程度相一致的。所以，人类应当全面审视人与自然的关系，以一种道德的态度去认识自然，利用自然。恰如哈贝马斯说："我们不把自然当作可以用技术来支配的对象，而是把它作为能够［同我们］相互作用的一方。我们不把自然当作开采对象，而试图把它看作［生存］伙伴。"[1] 人类不能再片面地以人为唯一尺度，为唯一出发点和归宿，而应尊重非人类的自然物，建立起人与自然之间的和谐关系，走一条人与

---

[1] 哈贝马斯著，李黎、郭官义译《作为"意识形态"的技术与科学》，学林出版社，2002，第45页。

自然协同进化的道路，而不是破坏和毁灭自然物。人应当"诗意地栖息于地球"（海德格尔语），尊重自然、保护自然既是人的一项责任、使命，也是人的道德境界得以提扬的重要体现。"夫大人者，与天地合其德，与日月合其明，与四时合其序，与鬼神合其吉凶。先天而无弗违，后天而奉天时。"① 有了崇高人格的人，能够自觉顺应自然的变化，实现人与自然的协调发展，他的品德是与天地相合的。尊重自然、保护自然落实在消费生活中，就是要以一种"取之有度，用之以时"的道德意识利用自然资源，走可持续消费之路。

二 坚持消费的可持续性

1992年6月在巴西里约热内卢召开的联合国环境与发展大会上制订的《21世纪议程》（Agenda 21）第四章《改变消费方式》中明确指出："全球环境退化的主要原因是不可持续的生产和消费方式，特别是工业化国家不可持续的生产和消费方式，它使贫穷加剧，所有国家均应全力促进可持续的消费方式，促进减少环境压力和符合人类基本需要的生产和消费方式，加强了解消费的作用和如何形成可持续的消费方式。"它呼吁"更加重视消费问题"，改变不可持续的消费模式，建立新的可持续的消费模式。1994年联合国环境规划署在《可持续消费的政策因素》报告中解释说：可持续消费是一个提供服务及相关产品以满足人类的基本需求，提高生活质量，同时，使自然资源和有毒材料的使用量减少，使服务或产品的生命周期所产生的废物和污染物减少，从而不危及后代的需求的消费模式。

从上述定义可以看出，可持续的消费强调需要满足的同时又

---

① 《易传·乾卦·文言》。

第三章 消费中的主体权能与生态限度

强调需要的限制，要求人的消费向生态化方向转化。之所以要限制需要，其根本原因在于资源的有限性及生态承载力的有限性。资源按其性质可分为非耗竭性资源（如风能）和可耗竭性资源两大类，其中可耗竭性资源又分为可更新资源（如森林资源）和不可更新资源（如矿产资源）。从可持续发展理论的角度来看，我们把不可更新资源称为不可持续资源，可更新资源称为脆弱资源，非耗竭性资源称为安全资源。对于不可持续资源来说，只要存在消费，该资源数量就要减少，持续地利用将最终导致该资源的枯竭；对于脆弱资源来说，如果合理利用，资源就能够自然更新或获得再生。如果是不合理的利用，将会导致资源的不可利用，并造成环境污染和生态破坏；对于安全资源来说，基本上可以充分地开发利用，其数量和质量基本不受消费行为和方式的影响。因此，限制需要的目的是要防止人们对资源的过度利用和不合理消费，以防止人类走向"竭泽而渔"的自我毁灭之路。"社会化的人，联合起来的生产者，将合理地调节他们和自然之间的物质变换，把它置于他们的共同控制之下，而不让它作为盲目的力量来统治自己；靠消耗最小的力量，在最无愧于和最适合于他们的人类本性的条件下来进行这种物质变换"[①]。限制需要，就是要将人的消费自觉地纳入整个生物圈中的相互依存的网络中，积极而主动地促成生态系统的良性循环和物质、能量、信息的交换，以达到最佳效果，并使其结构和功能保持良好的状态。限制需要，就是要限制由庞大的人口膨胀所引起的更为庞大的消费需求，要求人类改变奢侈和浪费的消费习惯，拒绝消费"珍、稀、奇"类物种，保持对消费资源的永续利用，保护生态系统的完整性，保护生物多样化。限制需要，就是要实现有限资源的

---

① 《马克思恩格斯全集》第 25 卷，人民出版社，1974，第 927 页。

消费合宜性的伦理意蕴

合理配置，保证资源使用效率的最大化。对不可更新资源就应尽量节约使用，实现资源利用净效益的价值最大化。在消费可更新资源时，要确定消费该资源的最佳使用期和最大可持续使用量，即实现资源的最优耗竭和永续利用。限制需要，就是要实现废弃物的最小排放和对环境的最小污染，不仅要对有大量废弃物和污染严重的消费品和服务予以摈弃，还要有意识地选择那些对环境污染影响很小乃至无害化的产品、服务和消费方式。

限制并非取消，限制人的需要并非不要人们去消费，并非取消人们对消费需要的满足，而是主张在对基本消费需要满足的基础上限制不正当的消费需要，限制一味地追求所谓的品味的生活、猎奇的需要而大肆挥霍浪费、严重破坏生态资源的消费，它要求人们应从长远、整体角度上实现人类消费需要的持续满足和整个社会的进步，是对发展和消费需要满足活动在更高层次的一种整合。也就是说，可持续消费并不否认人的需要的正当性，并非不要人类满足自己的现实需要，它也强调人的需要应当得到满足。里约热内卢《环境与发展宣言》指出："人类处在关注持续发展的中心。他们有权同大自然协调一致从事健康的、创造财富的生活。""为了实现持续发展和提高所有人的生活质量，各国应减少和消除不能持续的生产和消费模式和倡导适当的人口政策。"这说明，可持续消费的最终目标是提高人类的生活质量，是要让人类生活得更好。在当今世界，发展中国家的大多数人没有充足的食品、衣服、住房和用品，得不到基本的教育、保健和卫生设备，生活远远低于生理需要的最低标准。为解决生存和发展，发展中国家却采取了非科学、非理智的方式开采资源，致使其有限的资源受到了较大的破坏。而发达国家虽然在物质上比较富裕，但对资源的掠夺性消耗和废弃物的大量排放导致环境条件

第三章　消费中的主体权能与生态限度

的恶化，造成了人们健康状况的下降、疾病的蔓延和自然灾害的频繁发生，不仅使自己也使全球人类生活质量的提高蒙受了巨大损失。所以，不论是富国还是穷国，在提高生活质量方面都面临着艰巨的任务，即促进身心的全面发展。基于此，可持续消费满足的需要不仅是物质需要，还有精神需要，不仅是低层次的需要，还有高层次的需要，从而优化消费结构，提高人的素质。在当今以技术进步、人力资本和知识积累为特征的知识经济时代，人的素质越来越成为制约一国综合国力的重要因素，因而通过知识型消费、精神文化消费来提高民族素质是非常重要的。在对资源的态度和利用前景上，可持续消费并不因为资源的有限性而单纯地、保守地取消对消费需要的满足活动，而是要在坚持发展，坚持保证对基本消费需要满足的基础上，通过高新技术寻找新能源与资源，延长产品的使用寿命，增加资源的利用效率；通过应用高新技术控制和消除污染物的排放；通过技术转化为有效生产力，实现多产出、少耗费、少污染，缓解人类发展与自然生态环境之间的尖锐矛盾，从而能够使自然资源、自然环境永久性地支撑人类的发展与进步。在对代际关系的处理上，可持续消费是从可持续发展的高度和满足人类长远的消费需求的角度出发，要求当代人考虑资源的代际配置问题，既满足当代人的需要，又不对后代人的需要构成危害，以保证后代人和当代人拥有同样选择机会的、同样的消费权利。

总之，可持续消费的实质就是要建立以提高生活质量为中心的适度消费的生活体系，摈弃以高消费为生活追求的消费模式。可持续消费要求我们具有社会发展的全局意识、未来意识，缓解生态压力，走限制需要与创新发展相结合的道路：在对基本消费需要满足的基础上限制不正当的消费需要，限制大肆挥霍浪费、严重破坏生态的消费。它要求人们应从长远的、整体的角度实现

消费合宜性的伦理意蕴

人类消费需要的持续满足和整个社会的进步,这是对发展和消费需要满足活动的更高层次的一种整合,目的是要使人的消费向生态化方向转化,正确处理好人与自然、人与人(当代人与当代人、当代人与后代人)之间的关系,实现人类社会的持续发展。可持续消费方式的有效推行,关键在于人们能够树立绿色消费理念和环境保护意识,在消费中追求高品质、健康、无污染、废物产生少的消费品,拒绝假冒伪劣和有毒、有害、被污染产品的使用,自觉改变不可持续消费的社会、文化、习惯等因素及价值判断准则,将经济发展与人口、资源、环境联系起来,改善生态环境和美化生活环境,努力开创生产发展、生活富裕和生态良好的绿色发展道路。

三 绿色消费理念

所谓"绿色消费",是以人与自然之间关系的和谐统一为基础,以人的全面、持续发展为目的的一种全新的消费方式。这种消费方式以满足生态需要为基本准则,以保护人的健康权益为宗旨,以有利于人的健康和环境保护为标准,是人们消费观念、消费方式乃至生存方式的新革命。绿色消费不仅能够满足当代人的生态需要、消费安全和健康,而且能够满足子孙后代的生态需要、消费安全和健康。绿色消费的兴起,反映了人类保护生态环境意识的自觉,是一种进步。

(一)绿色消费理念遵循可持续消费的原则

传统消费观念始终把人作为利益主体——当做整个世界的中心和主宰,只承认人的利益和价值,只以为人的活动具有目的。在这种消费观念的支配下,人们同大自然是根本对立的,他"对自然的实践态度一般是由利己的欲望决定的;需要所企求的,是为我们的利益而利用自然,砍伐它,消磨它,一句话,毁

第三章 消费中的主体权能与生态限度

灭它"①。这种对待自然的态度是片面的。在这里，自然总是被当做单纯满足人的需要和目的的手段、工具，而人类为了满足自己的需要和达到自己的目的，也就总是把自然作为征服和宰制的对象。而绿色消费理念自觉地突出了人与自然"一体化"的意识，它要求人们在承认并尊重生物和自然界的价值的基础上，承认并尊重生物和自然界的生存权利，把人以外的其他生物当做人类的朋友和伙伴，与它们共享地球与生态资源；要求人们在开发、利用自然资源时，以维持人与其他生物的共同生存、促进整个地球的生态系统的平衡为道德准则，约束和限制自己的行为，不对其他生物的生存和发展构成威胁。绿色消费理念承认后代人与当代人享有平等的生存和发展的权利，要求人们在进行生活消费时，以维持整个人类的长远生存利益和根本利益为道德准则，保障后代人能够享用使其维持生存下去的自然环境和资源。这是当代人自觉意识不断提高、忧患意识不断增加，立足当代、放眼未来的明智之举。

（二）绿色消费理念主张适度消费，反对浪费

所谓"适度"消费即以获得基本需要的满足为标准，反对高消费，反对为消费而消费，反对为地位、为虚荣而消费，反对享乐主义的消费模式，它主张量力消费，以生态环境的承载力来限制。因而它主张节制人的不合理的欲望，要求人们以理性的态度节制消费，把消费行为限制在生态循环可承受的范围之内。《增长的极限》告诫人们：不惜一切代价，用倍增的速度盲目追求经济增长，将是得不偿失的，其结果必然使人类社会遭到致命的打击。在现代消费中，像金属、玻璃、塑料和纸张等材料，经常被用过一次就扔掉了、浪费了。这种一次性的消费应引起人们

---

① 黑格尔著，梁志学等译《自然哲学》，商务印书馆，1980，第6页。

的重视和唾弃。人们应该学会节约，不要以奢侈浪费为自豪。如果说在高消费条件下，人们看重的是消费资料的数量，注重的是消费的排场、阔绰的话，那么，绿色消费理念则要求人们在消费什么、消费多少的选择时，必须出于实际需要，而且这一消费行为对于身心健康来说必须合理适度，恰到好处。在绿色消费中，人们将拒绝购买、使用那些进行了毫无必要、过度奢华包装的消费品，反对对美味佳肴暴饮暴食的挥霍浪费行为。如果说在高消费条件下，由于人们消费只凭喜好痛快，只图省事方便，导致了各种一次性生活用品盛行的话，那么，绿色消费则要求消费者不能如此奢侈铺张，在不影响生活质量的情况下，应该尽量重复使用消费资源。绿色消费理念提倡循环和重复使用消费品，提倡尽量不用一次性用品，多使用再生制品。这其中还包括垃圾分类处理，把可溶解的排放于自然中，不可溶解的如玻璃和塑料循环再生利用，减少资源的浪费和环境的污染。

（三）绿色消费理念崇尚自然、俭朴的生活方式

现代消费方式严重破坏了自然，也造成了人与自然的隔离、疏远和由此带来的种种不满足。由于忙于购物以及建房装修和翻新，人们难有时间亲近自然。绿色消费理念主张人们尽可能地向自然开放，改善和扩大亲近、接触自然的范围与机会。比如散步、跑步、爬山、游泳、野餐、旅游，在与大自然的交流中感受自然的神韵，增强对大自然的敬畏与热爱，实现人与自然的协调。同时，它也强调消费品的自然本色，并通过更为自然的消费方法来享受大自然的这种赐予。比如在吃的方面，绿色消费重视保持和享受绿色食品的天然风味与营养，既反对毫无讲究的粗制滥造，又反对过分深加工。在穿着方面，绿色消费对手感柔软、透气性好的棉、麻、丝、毛等天然衣料以及天然装饰物抱有浓厚的兴趣，讲究的是轻便宽松，能够使肌体、心理时时有一种惬

第三章 消费中的主体权能与生态限度

意、轻松与自在的体验(比如生态服装,已成为当前服饰消费的新趋势)。在出行方面,尽量乘坐公共汽车或合伙乘车,短途骑自行车,减少废气排放对大气的污染,等等。总之,绿色消费理念要求人们在生活方式方面能够做到简朴、随意与自然。

(四) 绿色消费理念提倡环保型消费

绿色消费是一种环保型消费。它要求消费者购买和消耗符合环境保护标准的商品,即绿色产品。绿色产品可以分为三大类型:一是指这些产品的生产工艺、生产过程不会破坏、污染环境;二是指这些产品在使用中或使用后不会破坏、污染环境(或对环境的破坏、污染较轻);三是指这些产品是没有被污染(或污染较轻)的产品。与之相应,绿色消费要求人们选择与购买消费资料时必须从保护生命与环境的大处着眼,拒绝购买对自己有利却破坏生态、污染环境的东西,如无氟电冰箱、无磷洗涤剂、纸制食品盒、清洁能源,等等。它要求人们在消费过程中要注重绿色选购、重复使用、多次利用,自觉抵制污染程度高、包装复杂的消费品以及用过即扔的一次性消费;要求人们把环境保护当做与消费不可分割的环节来看待,并能承担起处置在消费中所产生的各种废弃物的必要责任,能够做到不仅不随时随地乱丢乱扔生活垃圾物,影响周边环境的卫生与美观,还注意对生活垃圾物进行分类投放,以便于回收。这既有利于实现资源再利用,也有利于减少对环境的污染和破坏。因而,绿色消费理念被一些环保人士概括为"5R",即 Reduce(节约资源、减少污染);Reevaluate(绿色生活、环保选购);Reuse(重复使用、多次利用);Recycle(分类回收、循环再生);Rescue(保护自然、万物共存),目的是要使人们真正实现"绿色生活、环保选购"。

(五) 绿色消费理念追求健康、文明的消费方式

绿色消费理念不仅在于保护自然环境,而且要求人们关爱自

消费合宜性的伦理意蕴

己的身体与自己的生活质量。绿色消费理念,一方面,要求人们摈除对自己和环境有害的消费品,如有毒的大米、含瘦肉精的猪肉、用甲醛浸泡过的鱼、用激素催肥的鳝鱼、农药含量超标的蔬菜、劣质的涂料、人造板材和放射性超标的石材,不使用会严重污染水质的含磷洗涤用品,等等。另一方面,改变不良的消费习惯,拒绝使用野生动物制品。不吃不穿不用珍稀野生动物制品,从根本上爱护野生动物,杜绝猎杀野生动物。当前,珍稀动物不断濒临灭绝,带来了生态系统和自然界的失衡,也必将危及人类自身生存,绿色消费理念要求人们拒绝野生动物制品,维护生态多样性,保护生态平衡,以维护人类自身的生存。

绿色消费理念是人类为了拯救地球、保护自身生存环境而倡导的一种人与自然和谐发展的新型消费价值观念。它提倡遵循生态规律,鼓励人们崇尚自然,注重节约资源、保护环境、治理污染,并以科学、文明、健康、舒适为内容的可持续消费。它考虑到自然生态的稀缺程度和承载力,试图调节消费对自然的破坏力与自然生态本身的恢复能力两者之间的矛盾,提倡公众在消费时,越来越多地增加环境因素的考虑,从而既对自身健康有益,又利于生态环境保护,是一种从生态伦理角度对消费进行审视的理性消费意识,有利于环境保护、资源利用和人类整体素质的提高,反映了时代的要求。

自然是人的"无机的身体"。自然是"生命的直接手段"、"人的生命活动"[①] 的材料、对象和工具。自然是有尊严的。人只有让自然有尊严地存在,并从自然的有尊严的存在中才能获得自己的存在尊严。"如果人侵犯了它的尊严性,就等于侵犯了我

---

① 《马克思恩格斯全集》第42卷,人民出版社,1979,第95页。

第三章 消费中的主体权能与生态限度

们本身的尊严性。"① 另外,"自然界对人说来才是人与人联系的纽带,才是他为别人的存在和别人为他的存在,才是人的现实的生活要素;只有在社会中,自然界才是人自己的人的存在的基础。"② 所以人类还应审视着蕴涵在自然中的人的关系,这种关系既是同代人之间的,也是本代人与后代人之间的,或者说,人与自然的矛盾反映的不过是人与人之间的矛盾。人作为有尊严的人的存在,他们的利益、权利必须得到认同和尊重。发展中国家的贫困人口、子孙后代人的消费权利、生命尊严必须要得到尊重与维护。

从破解消费扩张的生态难题中,我们看到消费扩张与生态限度之间存在着内在的紧张关系。所以,人的消费并不是任性的、无度的,它必须考虑到人与自然之间息息相关的关系状况,在与自然相互协调、互为一体中寻找人的快乐、幸福。只有讲究人与自然的和谐,以可持续性的消费为内容的消费才是合宜性的消费。

---

① 《展望二十一世纪——汤因比与池田大作对话录》,第414页。
② 《马克思恩格斯全集》第42卷,人民出版社,1979,第122页。

第四章　消费中的个性自由与社会公平

——自由难题及其破解：公平消费

人通过自觉自由的实践，不断改造外在自然，使外部自然以合乎人的目的发生改变，实现着人的生存与种的繁衍，拓展着人的能力，并从中获得自由，获得生命的尊严。但人对自然的改造从一开始就不是单个个体的行为，不是个体单独地与自然进行物质、能量、信息交换的过程，而是以集体的、社会合作的方式进行的有目的的、有计划的创造性活动。所以，人的生命的生产及其生命的实现，一开始就是社会性的，并在与许多人的合作中完成的。人本身就是体现各种社会关系的存在物，并且只有在社会关系当中才能得到生存和发展。而个体需要、消费的满足，也总是在社会中得到满足。这不仅表现为个体生活所必需的消费品要通过交换，通过他人的生产才能实现。而且，人的需要满足的方式也是由社会所规定的。所以，作为有生命的、有意识的自觉存在物，一方面要实现个体的独立人格、自由的创造能力，另一方面，个体的自由发展却离不开社会，只有在社会中，人才有自由。反映在消费生活中，这种矛盾关系就是个体张扬个性自由与社会公平的内在紧张关系。这是消费扩张的自由难题。

第四章 消费中的个性自由与社会公平

第一节 消费行为的个性特征

"消费只是一个表面上混乱的领域……在其他任何地方都受到社会规矩约束的个体终于能够在那个属于自己的'私人'范围内享有一点点的自由和个人自主。它是一种主动的集体行动,是一种约束、一种道德、一种制度。它完全是一种价值体系,具备这个概念所必需的集团一体化及社会控制功能"①。波德里亚的观点说明,消费是人的主体性特征的重要表现,它一方面是消费主体自由、权利的一种自我定位、自我表达的个体性行为方式;另一方面,它也是受道德、制度、价值体系制约的社会性活动。

一 消费是个性自由的表征

个性,简言之就是个体的独特性,是个体的自我意识以及由此形成的个体特有素质、品格、气质、性格、情感、能力等等的总和。个性虽是"特殊的个人生活"或"他的特殊性",但个性并非孤立个体的生物特性,也不是生而就有的,它的形成和发展是个体实践和人类实践的产物,是社会交往普遍化的结果。个性的本质是独立、自主、自由,只有独立,才能自主;只有自主,才能自由;只有自由,才有个性。正是在这个意义上,个性自由既是个体发展的最高价值目标,也是社会进步与发展的重要内容。②

---

① 波德里亚:《消费社会》,第 73 页。
② 马克思将"建立在个人全面发展和他们共同的社会生产能力成为他们的社会财富这一基础上的自由个性"作为人类社会发展最高阶段的重要标志。参见《马克思恩格斯全集》第 46 卷(上册),第 104 页。

消费合宜性的伦理意蕴

（一）个性自由是时代发展的诉求

在马克思看来，人的个性自由是个体发展的核心内容与理想目标。在《共产党宣言》中，马克思指出，在共产主义社会，每个人的自由发展是一切人的自由发展的条件。共产主义的实现，是具有意志自由的自由个性最终实现的"条件"。这种"条件"不仅需要社会生产力的"高度"发展，而且需要整个社会中的个人生产力的"普遍"发展。所以，"自由个性"成为历史事实是"建立在个人全面发展和他们的共同的社会生产能力成为他们的社会财富这一基础上的"。只有发展先进的个人生产力和社会生产力，才能够创造出"自由个性"。可见，个性自由总是与个体的实践活动相联系的，并总是与束缚、奴役、虐待相对立的，其最基本的特质便表现为个体活动的自主性、能动性和创造性。在这种活动中，个体不仅自由地满足自己各方面的需要，而且自由地拓展自己各方面的能力，使自己不断从自然的、社会的等等外在束缚中解放出来，使个性得到全面而自由的发展。具体说来，拥有个性自由的人是能够自我约束的"自律性"的个人；能够支配自己生活的"自主性"的个人；能够充分发展自我的"能动创造性"的个人以及对自身和外部活动条件有自觉性意识的个人。它展示出的是自主性、自律性、创造性和自觉性相统一的个体的自由存在状态。

个性自由一直是人类孜孜以求的人生理想，但受生产力发展水平的限制及专制制度的禁锢，个性自由只是一种人们精神世界的乌托邦。工业革命的号角给梦想着个性自由的人们带来了新的希望，市场经济则为人们个性自由梦想的实现提供了现实的物质基础、制度保障及价值观念。市场经济在本质上是一种个体本位和个人自主的经济。它迫切要求市场主体确立自主意识、独立意识、个体意识、主体意识，从人身依附、等级观念中解脱出来，

第四章　消费中的个性自由与社会公平

自主地决定自己的行动，在市场运营中不断成长为具有鲜明个性的、独立的、自由的个人主体。在个体主体意识生成的同时，平等、自由的观念也随着市场的发展不断深入人心。因为商品是天然的平等派，在价值规律面前，没有高低贵贱之分，一切人都是自由的、平等的；没有行政命令，没有长官意志，只有自主选择和公平竞争，所有的人必须为自己的行为及其后果承担全部责任。在市场经济中，每个市场主体不仅获得了法律上的独立性和平等的地位与权利，而且有着自由贸易、自由择业、自由选择自己生活方式等等权利。在价值规律的支配下，在优胜劣汰机制的自由和平等的竞争环境中，每个市场主体为了使自己的个别劳动时间低于社会必要劳动时间，为了在竞争中取胜，就必须充分发展和发挥自己的本质力量，全方位地施展自己的才能。在市场经济中，人的自由支配的时间逐步增加，人们从繁重的劳动下不断被解放出来，可以在充足的自由时间里发展多方面的能力，并根据自身的需要、能力和爱好进行自由选择，在自己活动的领域中充分发挥能力，这就为个性自由的充分发展提供了客观条件。此外，与自然经济的封闭性相反，市场经济是开放性的，它使个人越来越多地参与各个领域和各个层次的社会交往，并使这种普遍化的社会交往显示出鲜明的个性特征。这也是个性自由发展的重要条件。所以说，是市场经济真正开辟了个性自由的道路。

（二）消费是个性自由的展现

在中国古代礼制制度下，人们的消费被严格限定在等级身份之内，普通百姓不仅没有经济实力自由选择自己的消费行为，且即使有经济实力，其超越等级身份之外的消费也被严厉批判为僭越"礼制"的非礼行为，是"奢侈"。计划经济时代虽然实现了人们政治地位上的平等，但由于受极"左"思潮的影响，人们

消费合宜性的伦理意蕴

亦没有自由选择消费的权利。哪怕是穿好一点、装饰打扮一下就会被指责为"修正主义"、"资产阶级自由化"。相反,青一色的蓝色、绿色等既无个性特征亦无性别特征的服装色调,简朴而单一的消费方式才是革命性的象征。市场经济体制确立以来,人们倾向于追求舒适的彰显个性的消费,从服饰到住房到日常生活用具中都展示出个体作为消费者的独特个性。奇装异服、个性化的装饰、另类的生活情趣不再被视为怪异,而是被逐步接受。总之,中国在经历了短缺经济与一元化价值观念影响的计划经济时代后,带有感性色彩的个性消费理念掀起了新经济时代最强劲的消费潮。人们不再把消费视为一种对商品或劳务的纯耗费活动,也不仅仅满足于消费的量的增长,更不再安于被动地接受商家单方面的诱导与供应,而是要求作为主动的参与者,与商家一起按照自己新的生活理念和消费需求,开发出能与他们生活产生共鸣的个性化消费品。从定制冰箱[①]、移动电话乃至汽车中,我们能强烈地感受到一个彰显个性自由的消费时代已经到来。

个性消费是一种能够充分体现自我、寻找自我价值认同的典型消费模式。具体地说,就是人们要求自己所使用的产品能打上自己的烙印,让产品体现自己独特的个性、情趣和心情;或者虽然不能完全自主自由地设计产品,但至少产品的某一部分可以按自己的意愿自由去设计、去变化。个性消费是在社会分工更加精细、生产技能更灵活、产品模式充分异质性和多样化、生产技术日益机械化、数字化和智能化的产物,在这个意义上,个性消费是社会进步的缩影,它是建立在社会生产力飞速发展、市场充分

---

① 海尔集团在全国范围内率先推出"我的冰箱我设计"的做法,短短不到一个月时间,已收到100多万台的定制冰箱订单,创造了行业奇迹。从定制冰箱的热潮中,我们能感受到强烈的个性消费气息。

第四章 消费中的个性自由与社会公平

繁荣基础之上的消费方式。① 个性消费还与民主制度的健全及社会精神文明的程度有着密切关联。如果一个社会不能允许个体自主地、自由地选择自己在衣食住行方面的消费行为方式,那么很难说这个社会是真正民主的、平等的、尊重人权的。因此,个性消费是个体自由意志、独特个性在消费生活领域的展示,它的产生,标志着社会消费观念、生活方式的变化。

一方面,市场经济是开放的、自主的、自由的,每个个体都可以根据自己的偏好自主地选择自己的生活方式,自由地选择自己的消费内容,充分展示出自己的个性特征和个体价值取向。如果说在传统社会中消费还只是一种生存本能,那么在市场经济中,消费的主题已不再是获取物品,而是通过消费来达到自我个性的实现。另一方面,市场经济是竞争经济,市场通过优胜劣汰的法则选择强者,褒扬成功者。由于市场的金钱原则,强者、成功者常常是通过其经济实力、财富来表征的。但在这个人际接触面最广、人口流动性最大的市场经济中,这个功能往往又是通过消费来证明的。这样,消费的数量、质量在相当程度上指示着个体的成就、能力与趣味,消费便是个体价值的最好说明。另外,从心理学的角度看,正是由于市场经济是竞争经济,激烈的竞争会引起人们心理上的混乱、无措与不确定性增强,特别是对一个经历过短缺经济,又刚刚实现市场经济体制转型的国家的国民来说,这种混乱、无措及不确定性更为强烈,迫切需要寻求心理上的释放点与补偿点,而这个释放点、补偿点更鲜明地表现在

---

① 个性消费一般出现在经济高速发展中后期,美国和日本分别在 20 世纪 60 年代和 70 年代中后期出现了个性消费浪潮。中国自市场经济体制建立以来,社会生产力不断提高,国内消费品市场不断丰富,消费结构逐步升级,个性消费才得以崭露头角。

消费合宜性的伦理意蕴

人们的消费行为上。① 因而,个体在消费中尽可能地展示自己与他人的独特性、差异性,希望通过消费来向他人表明自己的经济实力、生活理念和性格特征。比如消费品的颜色、款式、类型、装饰、搭配等等无不是在透射出个体生活的信息:诸如他的个性、他的喜好、他的优势。作为消费主体的个人不再拘泥于生活中的陈旧的习俗,亦不简单地盲从于稍纵即逝的流行时尚,他不在意自己的消费是否合乎社会的评判标准,只是期望自己的消费能够得到自己的自我认同,只要自己舒适、喜欢就行。在现实生活中随处可见的色泽艳丽的头发、神情冷酷的彩妆、标新立异的服饰恰恰是个体消费者自行选择的结果,其目的并不仅仅是为了好奇,而是要表现自己的独特个性,标明自己与他者的不同。

心理学的研究亦表明,消费者在个性消费中实现自我认同能够使他获得较好的心理定位。社会成员必须在社会中通过认同给自己一个定位,对自己有个较为清楚的认知,即心理学所说的"自我意识",这样才能在自我和他人的比较中确立自我。没有自我认同的人格必然是不健全的,必然会与整个社会格格不入。通常所说的"找不到自我"、"迷失自我"就是没有自我认同的一种表现,这样的人对自己没有一个明确的定位,心理是惶恐不安且是缺乏自信的。个性消费则为消费者提供了一个自我认同的领域,它促使消费者真正按照自己的兴趣和意愿进行消费,从而使其更加重视自己的意义和价值。在个体消费中,个体不再消极地接受商家的摆布,而是将自己的喜好、自己的追求、自己的智

---

① 米勒在剧本《代价》第一幕中说"许多年前,一个人如果难受,不知如何是好,他也许上教堂,也许闹革命,诸如此类。今天,你如果难受,不知所措,怎么解脱呢? 去消费!"可见,消费成了逃避不幸,寻找自我感和认同感的一种手段。

第四章 消费中的个性自由与社会公平

慧融入商品的生产与消费中。这种主体性的张扬、创造力的发挥的结果是不仅强化了个体对自我价值认同的深度；对社会发展来说，充分重视个体的价值也是非常重要的，只有个体与社会整体实现整合才能达到社会的良性运转，埋没个性的做法只能造成社会发展的动力不足。因而，社会对个性消费的认同与维护是保障公民基本权利，推动社会进步的重要环节。

个性消费是个体自我价值认同得到最充分体现的一种消费模式，是个体消费行为的出发点及归宿。个性消费力图向他人说明自己是什么个性的人，自己独特的私人生活趣味。但是，个体自我价值认同的目的并不仅在于此，因为自我意识的目的是为了更好地融入社会，获得他人良好的社会认知；同样，个体自我价值认同的目的是为了得到社会、得到他人的认同。美国著名制度经济学家凡勃伦在其《有闲阶级论》中曾深刻地揭示了消费方式与人们所属的特定阶层或社会地位的密切相关性，他指出，人们往往根据商品的消费界定消费者的社会经济地位，而有闲阶级则是通过超于生活必需品之上的消费，以较高的物质需要和精美的物质要求及代理消费的"炫耀性消费"来证明自己所属的阶级的。保罗·福塞尔则在其《格调》一书中向我们揭示了美国这个民主社会的九个等级，但他对这九个等级的划分则是通过人们各自在日常生活消费中展现出来的。他认为，一个人的穿着、家里的摆设、房子的样式和格局、车的型号及其内部装饰、平时的休闲与运动方式等等方面的消费状况实际上是消费者所属阶层的指示器。其实，消费方式的确在很大程度上表征着个体所属的阶级或阶层，在传统等级社会中，对一个人的等级地位的认知更多的是通过其在服饰、车舆等方面的消费特征来获得的，而在现代市场经济中，对一个人的社会地位的区别也往往是以其消费状况来体认的。因为市场经济带来了普遍的社会交往、较高的社会流

消费合宜性的伦理意蕴

动性,人们不再生活在以往的那种熟人社会里,往往面对的是陌生的交际对象。这样,消费的样式便成为一个人所属地位的标识。而个体在消费过程中,所以选择某种产品或消费方式,最主要的是为了显示自己属于某个群体或社会阶层、寻找一种群体的归属感。以往那种通过一定的思想觉悟、较高的社会威望、丰富的社会经验来显示自己的社会地位的价值认同已让位给通过高档别墅、名牌轿车、名牌服装等消费活动来寻找社会归属感和显示自我价值。消费的身份建构意义日益凸现出来。

二 消费与个体社会身份建构

身份是指人的出身、地位或资格。在英语中"身份"一词是 identity,这个词同时兼有"同一"、"绝对相同"、"本身"、"本体"的意思。汉语"身份"一词中的"身"字除了身体之外,也有"自己、本身"之意。毫无疑问,身份是某人标示自己为其自身的"标志"。在传统社会中,一个人一出身就被打上了身份的烙印,或是贵族、或是平民、或是奴隶,他的身份是不可改变的,所谓"天不变,道亦不变"。为了强化身份意识,防止以下犯上等等僭越行为的发生,等级制度在制度层面、伦理观念、文化建制等方面进行了严格规定及理论构建,要求人们按照不同的身份角色确定生活内容、承担责任、义务,以维持上下有序、公私有分、官民有别、贵贱有差的人伦秩序。而最能窥视中国身份等级制度的概貌,体认古代身份标识的正是消费。

如前所述,在中国古代社会,人们在旌表、仪节、婚丧、车舆、服饰等方面的消费往往是区别身份或等级的标志。儒家极力推崇尊卑有序的等级观念,明确主张不同等级的人在消费时应依"礼"行事,在消费方式、数量、质量、规格上都应体现出尊卑之别。汉代之后也有类似规定,如《后汉书·舆服志》有"公、

第四章　消费中的个性自由与社会公平

列侯安车,朱斑轮,倚鹿较,伏熊轼,皂缯盖,黑幡,右騑"之说,即车马要与官员的身份相一致,不可逾制。对于冠服亦是如此,"夫礼服之兴也,以报功彰德,尊仁尚贤,非其人不得服其服,所以顺礼也"。车舆、冠服等等消费样式不仅象征了官员的等级秩序,也标志着官民之间的严格差殊。不过,正因为消费往往是等级身份最鲜明的标识,所以每当社会发生变革时,首当其冲的便表现为消费方面的变化。正是在这个意义上说,消费是社会变革的晴雨表,消费具有革命性的意义。每当社会濒临"礼乐崩坏"、"纲常道绝"时,往往也是从车舆、服饰等等消费方面的乱制开始的,"倡优下贱得以后饰"、"商贾末流僭以车舆"[①]。这种僭越等级的消费实际上是对传统制度的一种挑战,其中亦暗含着人们对传统秩序的反叛。这样,我们就不难理解季氏在孔子那个时代为何要做出僭礼之举,也不难理解五四时期新青年为何穿中山装、剪短发等解放之举,更不难理解为何改革开放后青年人穿喇叭裤、烫卷发的"怪异之举"。

现代社会是一个从身份到契约转型的社会,它摈除了封建宗法关系以身份和特权掠夺社会财富、获得统治权力的合法性,而在民主政治和市场经济的基础上重新建构起新的身份认同方式。自由、平等、人权的民主理念已牢固地树立在现代公民的心中,消费不再是受社会制度特别是等级制度横加干涉的行为,也不是社会习俗力量可以随意左右的行为,个体具有了充分自由的选择权,爱穿什么、爱吃什么、爱玩什么等消费偏好是完全由个体自行决定的。或者说,消费更加鲜明地体现了民主、自由精神。另一方面,在现代社会,消费在社会生活中占据着越来越突出的地位,它已经发展成为主要的社会活动与生活的重要内容。与之相

[①] 《后汉书·舆服志》。

消费合宜性的伦理意蕴

伴，消费不再仅仅是一种生理机能运转的过程，而是有了更多的社会文化内涵与心理意义。消费作为满足物质生活需要的意义逐渐被弱化，其所具有的象征意义越来越彰显。

在市场经济社会，消费依然承担着个体的社会身份的标识功能。但这种身份不是特权，不是等级，而是每个个体在公平的市场竞争中拼搏的结果。由于货币作为一般等价物，个体竞争的结果就表现为财富与经济实力，这是个体获取社会地位的通行证。凭此，个体便可对其所属的社会阶级或阶层对号入座。因此，消费在很大程度上向他人透露了消费个体的社会身份地位。"我买故我在"（"I shop, therefore I am"），消费承担起一定的身份建构意义。波德里亚指出：我们购买服装、食品、化妆品或娱乐，不是为了表达一种预先确定的我们是什么人的感觉，而是借助于我们所购买的东西来确定我们是怎样的人。福塞尔在《格调》一书中连篇历数的那些细枝末节的消费类型所反映出的也是消费者凭借消费建构其社会身份的意图，诸如他说："上层和下层男士着装效果的差异，主要体现在上层男士更习惯于穿西式套装或至少是西上装。"[①] 至于领带，"上层人物的领带回避任何稍稍明显的文字形式，哪怕是极为简单的象征性表达"[②]。中国《小资情调》也在演绎着在当代中国社会消费生活中的阶层分化的事实。

在需求导向型的市场经济的牵引下，现代社会的重心已从生产走向消费。消费已成为彰显个体财富、权力、地位的重要指标。按照社会学家的观点，消费具有明显的社会分层意义，消费是评定社会等级的标准。你属于哪个阶层不在于你拥有多少财富，而在于你消费了哪个阶层的东西，人们通过消费行为把自己

---

① 保罗·福塞尔著，梁丽真等译《格调》，广西人民出版社，2002，第95页。
② 保罗·福塞尔著，梁丽真等译《格调》，第108页。

第四章　消费中的个性自由与社会公平

的社会身份（等级）扮演出来。① 之所以如此，其主要原因在于消费品或曰商品本身具有符号价值，即商品作为符号能够提供声望和表现消费者的个性、特征、社会地位及权力。在现代西方社会中，随着社会的民主化，特别是消费的民主化进程，社会对人的识别是依据于他（她）所使用的或消费的物的等级而非其出生、血统、种族等级来完成的，原因就在于物所拥有的符号价值。与之对应，现代消费的特点就表现为"符号消费"，人们重视的是对物的消费所表现出的象征意义。② 商品的符号价值首先在于商品自身的价值（凝结着商品中必要劳动）及商品的设计、造型、品牌、色彩、图案、包装等等外在特征显示出的独特性，它为消费者传送商品本身所固有的格调、档次和美感等信息。

一般而言，商品中包含的必要劳动时间越多，或其外部特征越为复杂，其交换价值也相应越高，相应地，其对消费者的社会身份的确证意义就越明显。这正如弗洛姆说，我们的消费行为根本不考虑我们自己口味的生理需要。比如我们在"喝"一种饮料时，我们实际上喝的是"商标"，"一瓶可口可乐在手，我们喝的是广告上那幅少男少女畅饮的景象，我们喝的是'喝一口使你精神百倍'的标语，我们喝的是美国人了不起的习惯，我们很少去品尝味道"③。在这里，我喝的是可口可乐的品牌或影像，而不是可口可乐这种饮料。这样，形式决定着内容，商品的

---

① 参见胡大平《崇高的暧昧——作为现代生活方式的休闲》，江苏人民出版社，2002，233~234页。
② 消费的象征性是指人们借助于消费向社会观众表达和传递了某种意义和信息，包括自己的地位、身份、认同等，同时指人们在消费活动中，人们不但消费这些产品本身，而且消费这些产品本身以外的东西即它们所象征的意义、情调。
③ 弗洛姆著，孙恺详译《健全的社会》，贵州人民出版社，1994，第105页。

消费合宜性的伦理意蕴

外部形式承载着消费的意义，向他人透露出我的个性、情趣、价值取向等内部特征的同时，又向他人揭示出我的社会地位。因为商品本身的价值与独特性是用货币来衡量的，在市场经济中，事业成功的标准恰恰是在于货币（资本）的拥有量。① 因而商品的符号价值更重要的意义就在于它的社会象征性，或者说，商品是其消费者社会地位、社会身份的标记。不同样式、型号、品牌的商品在相当大程度上宣告着拥有者的身份地位与社会形象。比如全球首富也是最具实力的成功人士比尔·盖茨的豪华别墅②就足以说明他的财富与地位。正因为此，人们希望通过消费品或者消费方式（诸如消费环境、消费仪式）的选择来维护自己某种较高的社会地位，恰如凡勃伦在《有闲阶级论》中描绘的，有闲阶级不仅在他所消费的生活必需品方面远在维持其生活和保持健康所需要的最低限度以上，而且他所消费的物的品质也是经过挑选的、特殊化的。之所以如此，其主要动机不仅仅在于这有利于他个人的享受和个人的福利，更在于这种消费行为是他富裕的证明，是他荣耀的证明。③ 另外，人们亦试图通过消费方式来实现其社会地位或阶层的转换，以融入更高的社会阶层，即摆脱本阶层的消费习惯，加入"理想的团体，或参考一个地位更高的团

---

① 如电影《大腕》中的一段台词："你知道吗？成功人士就是买什么东西，都买最贵的，不买最好的。所以我们做房地产的口号是：不求最好，但求最贵。"参见胡大平《崇高的暧昧——作为现代生活方式的休闲》，江苏人民出版社，2002，第232页。

② 据估计，比尔·盖茨在西雅图东部拥有的45000平方英尺的别墅总的建造费用可能高达1亿美元。其中用于建造附设的游泳池的费用就达650万美元. 参见罗伯特·弗兰克《奢侈病——无节制时代的金钱与幸福》，中国友谊出版公司，2002，第35页。

③ 参见凡勃伦著，蔡受百译《有闲阶级论》，商务印书馆，2002，第56~57页。

第四章　消费中的个性自由与社会公平

体来摆脱本团体"①。

现实生活中对名牌物品特别是高级名牌的选择与消费，就是要寻找依附于这些品牌上的那些社会价值以及社会意义，其意图在于使自己从一个较低的社会地位的团体中脱离出来，归属到地位较高的团体中。这样，就出现了些许刻意要张扬自己身份的炫耀性消费、奢侈消费行为。②"财富和产品的生理功能和生理经济系统（这是需求和生存的生理层次）被符号社会学系统（消费的本来层次）取代"，"一种分类及价值的社会秩序取代了自然生理秩序"③。消费品成为一个人社会地位和身份的标志。人们通过对消费品的选择体现出自己的品位和生活风格，确定自己的社会地位。消费的意义远远超出了基本的生理需要，而带有社会的、文化的意义。

马克思曾说，"商品是天然的平等派"，商品社会在"祛魅"的过程中并没有直接带来社会等级的消失。更具讽刺意味的是，在现代社会，尽管人们在物品面前是平等的，但实际上这种平等完全是形式的，因为并不是人人都能拥有相同的物品。"消费是一个与学校一样的等级结构。"④越来越趋向于符号消费的现代消费却在相当大程度上加剧了阶层分化的趋向，它通过"符号"制造了人们之间的地位上的差别性、不平等性。表面上，人们通过消费赢得了自己作为主体的独立性、平等性与自由选择性等等权利，然而，现代社会却存在着一个刺眼的消费悖论：它在高扬

---

① 波德里亚著《消费社会》，第48页。
② 如手机刚上市时，有些暴发户手握大哥大在街头旁若无人地高声打电话。再如将名牌西装的标签永远地保留在最显眼之处。更有黄金宴、牛奶浴之类的奢侈消费行为。
③ 波德里亚著《消费社会》，第71页。
④ 波德里亚著《消费社会》，第46页。

消费合宜性的伦理意蕴

人人生而平等的民主化的同时，又在事实上强化了新的等级观念。而且，消费固然对个体身份意识的获得、社会地位的确立具有强烈的指示功能，但仅从消费并不能真正说明一个人究竟是个"什么样的人"。因为它仅仅关注的是一个人外显的生活方式，外在性、偶然性、虚假性、个体性是其重要特征。而一个人是"什么样的人"是一个内涵十分丰富的问题，它是由一个人的品德、人格、气质、价值观念等等内在特征以及表现这些内在特征的持久的、稳定的外在行为所表现出来的。正如我们不能凭一个人穿着高档来评定这个人是个高尚的人一样，我们亦不能因一个人衣着寒碜而贬低一个人的人格。因而，"我买故我在"是个假命题。所以，福塞尔在细腻地描述完消费所具有的等级意义之后，并没有因此就认同个人生活品位（class）的物质消费意蕴或物质消费向度。他说："不论你继承了多少财富，你的工作是否可靠，你的居住条件怎样，你的外观如何，也不论你的私人车道的形状和面积，你家起居室和前廊的摆设，你的饮料的甜度，你吃正餐的时间，邮购什么商品，也不论你上的学校在什么地方，你对它有多少敬畏，以及你读什么样的书报——只要你一张口说话，你的社会地位就暴露无遗了。"[①]

一个人虽然可以通过提高自己的消费来改变社会地位，但物质性的消费并不就一定能提高一个人的社会地位，他还必须提高其文化品味与生活格调，否则，他根本无法改变自己最初所属的社会阶层。正是在这个意义上，我们并不能简单地依据消费而评价一个人，不能因其消费上的分野而对其厚此薄彼。因为生活中不难发现这样的事例：暴发户为了显示自己的财富，虽然极尽消费之能事，但终究改不了其内在的粗俗、浅薄；或者道貌岸然者

---

① 保罗·福塞尔：《格调》，第238页。

第四章 消费中的个性自由与社会公平

尽管装扮得极为清雅、谦恭,也掩盖不了他肮脏的灵魂。这就是说,我们不能因消费的显性功能而放逐人之为人的最为根本性的标志——品德。

三 个体自由消费的道德沉思

无论个体是试图通过消费表露自己的内在个性或自我价值认同,或是以消费来展示自己的社会身份地位,这种行为本身都是个体自由选择的结果,它渗透着个体的自由与自主意识,也是个体追求自由的实践性活动。然而,个体在消费中的自由是否是无限度的?个体应当如何对待这种自由?

阿马蒂亚·森指出,自由是人的最高价值,一个人的自由反映在其可行能力当中。"一个人的可行能力指的是此人有可能实现的、各种可能的功能性的活动组合。可行能力因此是一种自由,是实现各种可能的功能性活动组合的实质自由(或者用日常语言说,就是实现各种不同的生活方式的自由)。"[①] 从可行能力出发,森将自由的主要内容概括为:"免受困苦——诸如饥饿、营养不良、可避免的疾病、过早死亡之类——基本的可行能力,以及能够识字算数、享受政治参与等等的自由。"[②] 在这里,森将自由与现实生活相联系,强调对一个人可行能力的剥夺即是"不自由"。广泛存在的饥饿、过早死亡、极端贫困、人身束缚就是明显的不自由。加尔布雷斯也指出:对个人自由的最彻底的剥夺莫过于一贫如洗;对个人自由最大的损害莫过于囊中羞涩。可见,没有必要的消费,人不仅连基本的生存尊严都无法保障,更奢谈消费的自由。所以,自由首先是和人的基本生存需要相联

---

① 阿马蒂亚·森:《以自由看待发展》,中国人民大学出版社,2002,第62页。
② 阿马蒂亚·森:《以自由看待发展》,第30页。

消费合宜性的伦理意蕴

系的,它和贫穷、匮乏相对立,物质性要素或者说基本物质需要的满足是其重要维度。这是唯物主义者的基本立场。正因为此,消费的自由是市场经济的充分活力与高效率的前提。市场经济正是通过大幅度发展生产力而拓展个人的消费自由,以自由和竞争的市场机制实现人们对消费资料的选择,使人们自由地追求物质享受,追求健康,从而在此基础上寻求更高层次的精神享受。

"自由是没有外在强制从而能够按照自己的意志进行的活动;不自由则是因有外在强制而不能按照自己的意志进行的活动。"[1] 自由主义者哈耶克亦认为,所谓自由,指的是"一个人不受制于另一个人或另一些人因专断意志而产生的强制的状态"[2]。自由在本质上是对强制、奴役、依赖的克服。马克思在谈到人的发展历程时,是将其与物质需要、社会关系与人的能力联系起来的,指出人的发展要经历三个阶段:人的依赖性、对物的依赖性、建立在个人全面发展和他们共同的社会生产能力成为他们的社会财富这一基础上的自由个性即自由人的联合体。可见,马克思将个人能力和社会关系的丰富性和全面性作为自由的重要内容。现代社会摆脱了对自然、人身关系的依附,但也并没有实现真正的自由。"现代性在自由问题上的决定性的成果即是使人直接摆脱了对自然、宗教和他人的依赖,但它却形成了对作为人自身活动产物的经济的依赖,在这种依赖性条件下,人的自由决定于资本。"[3] 人们在获得自由选择权利的同时却又一定程度上丧失了自己的自由。特别是在追求身份价值的"符号性消费"中,表面上是个体在自由地消费,但在很多情况下,这种消费的

---

[1] 王海明:《伦理学原理》,北京大学出版社,2002,第223页。
[2] 哈耶克著,邓正来译《自由秩序原理》,三联书店,1997,第4页。
[3] 胡大平:《崇高的暧昧——作为现代生活方式的休闲》,第88页。

第四章 消费中的个性自由与社会公平

动机并非个体真实的需要,而是被广告、媒体所激发出的虚假的需要;表面上是我喜欢,我消费,但实际上这种偏好是按商家的意图、盈利目的制造出的而非我自己自主性思维的结果;表面上我是要快乐地、充足地享受我的生活,但我却因越来越繁多的、新型的消费品的出现而倍感匮乏和失落;表面上我是要通过消费来展示我的自我生活设计,追求我的幸福,但我的幸福却是要用金钱的拥有量与消费的档次来证明。于是,自由消费的结果可能是走向高消费,走向浪费,走向奢侈。当我们吃的食品更加精细,开的汽车更加豪华,穿的衣服更加别致,生活空间越来越大,室内的装修和设备更加讲究,家庭用具也愈益先进的时候,我们可能体验到的并非是自由与快乐,而是要承受自由带来的沉重负担。虽然自由给人带来了独立和理性,但同时又使人变得孤立无依,导致焦虑和无能为力的感受。另外,正如弗兰克在深刻剖析美国社会的"奢侈病"所指出的那样,"当我们在奢侈品方面消费的增长速度相当于整个消费增长速度的4倍时,我们的公路、桥梁、供水系统和其他公共基础设施部分的情况则在恶化,这使人们的生活处于危险之中。"[①]

自由不是任性,不是为所欲为。极端的、任性的自由是极端危险的,它在毁掉美德的同时,也毁掉了人们享受的可能性,毁掉了自由本身。所以,为了保持自由就必须对自由有所限制。我们不能滥用自由,更不能为所欲为,而应当看到自己消费行为所造成的外部效应。如环境问题,以及对他人自由的践踏与剥夺。这样,消费虽是带有个人意图与自由选择特征的行为,但这并不意味着个体的消费是与他人毫不相关的。哈耶克也曾力图证明:个人是否有自由主要取决于他能否期望按其现有的意图形成自己

---

① 罗伯特·弗兰克:《奢侈病——无节制时代的金钱与幸福》,第7页。

消费合宜性的伦理意蕴

的行动途径，或者取决于他人是否有权力操纵各种条件以使他按照他人的意志而非行动者本人的意志行事。"自由预设了个人具有某种确获保障的私域，亦预设了他的生活环境中存有一系列情势是他人所不能干涉的。"① 换句话说，在哈耶克这里，自由主要就是要划定一个不受他人专断意志强制的私人领域，在这个领域里自己可以为所欲为。但现实生活中即使是个体可以为所欲为的领域，也是应当包含着与他人关系正确处理的问题。因为个人消费需要的实现和个人自身的发展不是孤立的，而是通过社会交往与合作的形式实现的，在社会交往与合作中形成的各种社会关系，是个体需要与个人发展得以实现的中介。所以，消费中的自由不仅包括我靠什么资料而消费、生存，也包括我怎样消费、生存；不仅包括我在消费中要实现自由，而且也包括我如何自由地实现自由消费。

在市场经济中，人们不仅有追求私利的自由，而且有追求私利的可能，每个人都以自身为目的，但这种需要不是普遍的目的，而仅仅是他自己的需要，是出于个人目的的个人和自私的需要。但是，如果个人不同其他个人发生关系，他就不能达到满足自己需要的目的，因为个人只是运用其他一切个人作为达到其目的的手段，而在同样状况下也同样为其他的人所运用。由此，产生了一种互相限制、互相依赖的系统。在追逐一己私利的过程中，会形成一系列互相依赖的关系，这种联系构成了人们的"需要的体系"。这就是说，个人消费需要的满足与实现不是孤立进行的，而是通过社会合作的形式实现的。因此，自由也包含着社会关系的丰富性，自由并不是孤立状态，而是建立在人与人之间的交互性基础上的，涉及到如何处理与分配有限的社会资源

---

① 哈耶克：《自由秩序原理》，第6页。

的享用的问题,没有个人与社会之间的良性关系,就不可能有真正意义上的自由消费。

第二节 个体自由消费的伦理维度

在消费生活中,个体可以自由地选择消费的范围、类型、方式,这是他作为主体的权利。但个体与社会之间是一种相互共存、相互影响的关系。个体固然需要张扬自己的自由,但个体的自由并不是孤立的,而总是会对他人造成一定影响的。所以,社会也总会以各种尺度规定着个体消费的内容和自由程度。

一 公共利益还是群体悲剧

对于个体自由消费行为的社会影响这一问题,存在着一个非常著名且也是最受争议的论断:"个人的劣行就是公共的利益"或曰"私恶即公利"。这一论断是建立在人性自私与"看不见的手"的理论假设基础之上的。古典政治经济学奠基人亚当·斯密说:每个人都是自私的,但在开放的市场经济中,每个追求自己私利的人却能够通过市场这只"看不见的手"自动推动公共利益的实现。即使是贪得无厌的富人,他们为了满足自己自私、贪婪的欲望,通过雇佣许多劳动者来满足自己对财富追求的欲望,其结果却是增进了社会利益,使社会增加了财富。

资本主义经济发展初期的经济学家曼德维尔也是据此揭示个人消费行为所产生的社会效应的。他将人性的自私推至极致,认为人生来就是一种自私的、难以驾驭的动物,所谓一切利他的或仁爱的德行,实际上只不过是利己主义的伪装。在《蜜蜂的寓言》一书中,他把人类社会比喻成一个巨大蜂巢,把人比喻为这个蜂巢中的蜜蜂。最初,这个蜜蜂社会都在不择手段地满足自

消费合宜性的伦理意蕴

己的私欲和利益,是个充满着自私和恶习的社会,但当邪恶的蜜蜂追求虚荣与欲望时,却使整个社会变成了天堂,穷人在奢侈与傲慢的风气中也得到了好处。"奢侈驱使着百万穷汉劳动,可恶的傲慢又养活着另外一百万穷汉",各行各业都兴旺起来。后来蜜蜂们突发奇想地改变了自己的邪恶、奢侈与傲慢之后,整个社会却变得一片萧条。"随着傲慢与奢侈的减少,一切艺术与技巧都相继丧失"!不仅是挥金如土的富豪绝迹,劳工大众也无处求生。"手工业者——不再有人订货;艺术家、木工、雕石工——全都没有工作而身无分文。"① 由此,曼德维尔得出结论:个人的劣行是公共的利益。在这里,曼氏是将个人消费行为本身同个人消费行为的社会效应区分开的。对于奢侈这种消费行为,他称之为"个人的劣行",而对于个人奢侈行为的社会效应,他则称之为"公共的利益"。可以说,曼氏是鼓励人们消费经济生活中的奢侈行为的。他并不以奢侈为恶,反而指出,节俭虽是对一个家庭财富而言的美德与权宜之计,但对国家而言却并不有利。因为国家实行节俭的后果就意味着消费的萎缩、生产规模的缩减。只有在高消费、高生产,社会生产扩大和贸易增加的基础上,国家的真正利益才能实现。应当说,抛开其理论中的利己主义、个人主义倾向,这种观点无疑具有强烈的启蒙意义和深刻性,它对封建宗教和蒙昧主义的批判是颠覆性、革命性的,对社会发展的利益机制及其评价标准是独到性的,为人们全面认识个人利益与社会利益的关系以及社会发展的动力问题开辟了一个全新的视野。马克思在评论曼德维尔时说:他比充满庸人精神的资本主义社会的辩护者勇敢得多,诚实得多。"他证明,在现代社会中恶

---

① 伯纳德·曼德维尔著,肖聿译《蜜蜂的寓言》,中国社会科学出版社,2002年,第8~9页。

第四章 消费中的个性自由与社会公平

习是必然的和有益的。这绝不是替现代社会辩护。"[1] 正是在这个意义上,"恶是历史发展动力借以表现出来的形式。"[2] 人类社会正是在逐步追求原本被视为"奢侈"的生活过程中展示其进步性的。必须指出,"恶"虽然是历史发展动力借以表现的形式,但这种动力作用是有条件的,一旦它超出具体的历史条件,不但不能实现社会的发展,反而会造成历史的倒退。因而,奢侈这种"恶行"对公共利益的推进意义也并非全部是积极的,古罗马帝国不正是因奢侈、享乐过度而衰落的鲜明实例吗?

"个体的骄傲,群体的悲剧"以达尔文的生物进化论作为佐证。这一观点以竞争作为理论起点,通过竞争所产生的社会问题尤其是道德问题揭示个体消费行为的社会影响力。比如达尔文通过大量的事例分析提出了"物竞天择,适者生存"的自然规律,并验证了生物个体得以继续生存的特性。然而,自然选择规律对于较大的生物种群而言则是一场可怕的梦魇。这些特性的共同点在于,它们实际上以强迫生物个体以付出生命为代价,所得到的补偿是创造出了更有生命力的生物个体,以便和它同种的对手进行较量。比如,自然选择规律偏爱那些拥有较大鹿角的雄性麋鹿个体,因为雄性麋鹿的个体的鹿角架越宽阔,它在与对手争抢雌性麋鹿的竞争中才有更大的获胜可能,这也是它得以延续后代的唯一途径。经过数百万代的演化,这种竞争环境导致了麋鹿的鹿角逐渐变大。今天,有一些雄性麋鹿的鹿角几乎达到了5英尺宽。较大的鹿角能够帮助任何一只雄性麋鹿战胜对手赢得自己的利益,但是,它们无疑又给麋鹿群体带来损害。因为宽大的鹿角使得麋鹿在逃避食肉动物的攻击时变得越加困难:其头顶上的巨大枝状

---

[1] 《马克思恩格斯全集》第2卷,人民出版社,1957,第167页。
[2] 《马克思恩格斯选集》第4卷,人民出版社,1995,第233页。

消费合宜性的伦理意蕴

物在相当程度上妨碍着它躲避障碍,快速奔跑的速度。如果麋鹿的鹿角能够得到彻底的修剪,则麋鹿物种将会更好地生存下去。所以,较大的鹿角虽然是个体的骄傲,但却是整个物种的悲剧。

在人类社会,人们之间的竞争也有着不同的表现。但这种竞争至少在某些方面造成了不必要的浪费。例如,如果身材高大被看做是极具吸引力的时尚,在这种文化背景下,女人们穿高跟鞋成了一种社会规范时,某人通过穿高跟鞋所获得的高度优势也就荡然无存了。① 在相互竞争、相互攀比的风气下,人们竞相购物,进而高消费,从而使整个社会的自然资源造成了极大浪费,并相应地带来严重的生态灾难:天然水产资源的枯竭、草原退化、森林面积锐减等等。在社会影响方面,竞争攀比的炫耀消费或奢侈消费是以满足个体的虚荣心为前提的,即希望通过比别人消费更多的物品来证明自己比社会上的其他人占有明显优势,从而获得荣誉或博得他人的尊敬。这样,勤劳与节俭便被视为有损体面,劳动受到轻视,而浪费却成为必然逻辑。"为了有效地增进消费者的荣誉,就必须从事于奢侈的、非必要的事物的消费。要博取好名声,就不能免于浪费。"② 另外,在虚荣心的促动下,整个社会的消费心态与消费行为亦发生了流变。"每个阶层的成员总是把他们上一阶层流行的生活方式作为他们礼仪上的典型,并全力争取达到这个理想的标准。他们如果在这方面没有能获得成功,其声名与自尊心就不免受损,因此他们必须力求符合这个理想的标准,至少在外貌上要做到这一点。"③ 高收入阶层的消

---

① 参见罗伯特·弗兰克《奢侈病——无节制时代的金钱与幸福》,第 213~234 页。
② 凡勃伦:《有闲阶级论》,第 73 页。凡勃伦在讲到浪费时,也指出浪费对全人类的效用性。
③ 凡勃伦:《有闲阶级论》,第 64 页。

第四章 消费中的个性自由与社会公平

费行为对其他阶层的消费行为具有极强的示范与诱导作用，他们消费行为上的任何变化又在根本上带动了整个社会消费行为上的趋同转向。如时尚中常常存在的求异、求同效应。的确，消费在一定程度上是个体确证自身存在价值、荣誉的方式与手段，个人有权根据需要进行消费，并由消费品来满足自己荣誉心理，并通过他人的赞誉而油然产生出一种荣誉感，获得心理上的自尊、自信、自我满足。但由于这种消费以满足主体的所谓的骄傲、虚荣心为目的的，有着将个人的真正需要与实际收入水平排除在外之嫌，因而它是冲动的、利己的、非理性的消费行为。如果个体仅仅是追求自身物质利益的最大化，仅仅是要满足表面的、虚幻的虚荣心而沽名钓誉，其结果会在一定程度带动整个社会的奢靡、斗富之风，影响社会的伦理风尚。所以在这个意义上，个体的骄傲就是群体的悲剧。

个体消费行为带来的究竟是公共利益，还是群体悲剧？在本质上，两者是相互联系、一体两面的。公共利益说着眼于个体消费行为经济方面的效应，即消费对推动社会生产力、技术革新、经济发展的物质意义而言的；而群体悲剧说则强调个体消费行为社会、文化方面的效应，即社会利益关系的协调、伦理风尚、道德信念、社会理想的精神价值而言的。社会发展是一个综合指数，既有物质层面，也有精神层面；既有经济价值，也有人文价值；既有理性因素，也有情感因素；既有近期利益，也有长远利益。总之，对个体消费行为的社会效应应当综合评价，不仅要看到近期的效应，还要看到长远的效应；不仅要看到经济上的效应，还要看到社会、文化等方面的效应；应当全面考量个体消费行为可能带来的所有效果，摈弃其消极性。因而，在对个体消费行为的道德正当性的评价问题上，就不应执著于简单的传统观念，而是要将其置于整个人类文明的发展进程中进行较为全面的考察。比如，对于奢侈这一"恶"，不能坚持其机械的定义，而应看到它是一个发展的范畴，看到其中所蕴藏着的革命性意义及其对个体、社会的发展作用。但肯定"奢侈"并不意味着要将其作为我们时代的精神，而是要根据时代的发展确定个体消费行为道德正当性的标准。在另一个角度上说，辨析个体消费行为的社会效果亦说明个体与社会是一个利益休戚相关的共同体。

二 消费领域中个体与社会关系

马克思主义认为，个人和社会不是抽象对立的，而是相互联系、彼此同构的。一方面，个人是社会存在物，离开社会的个人不是现实的个人；另一方面，社会也通过个人获得自身的规定，社会不是站在个人之外、之上、之先的抽象物，离开个人的社会只能是空洞的抽象。在此问题上，个人主义与社会整体主义都是有失偏颇的。[1]

---

[1] 个人主义是主张一切从个人出发、一切以个人为中心的思想体系。它从抽象的人性论出发，将人看做是超越时代和社会的孤立的个人，是一个个独立自存的中心。在个人与社会的关系上，它强调个人是目的，是最高的价值，社会只不过是达到个人目的的手段。如密尔说，"任何人的行为，只有涉及他人的那部分才须对社会负责。在仅只涉及本人的那部分，他的独立性在权利上则是绝对的。对于本人自己，对于他自己的身和心，个人乃是最主权者。"（密尔：《论自由》，商务印书馆，1959，第10页）这就在强调个人权利至上、个人利益至上的基础上把个人和社会截然分离开来，内在地蕴涵了"唯我主义"、利己主义的诱因。与个人主义相反，社会整体主义只承认人的社会性，认为只有社会才是真实的存在，社会对个人具有优先性，个人只是实现社会目的的手段，个人的需要、利益必须服从于社会整体。如中国传统整体主义将个体看做是不能脱离整体（家族、宗法团体、国家）的人，强调个人与他人、集体和社会之间的关联，强调个人的价值只有通过对国家或群体的义务和责任才能体现出来。由于它只讲人的社会性，不讲个人的独立性，不讲个体的权利，极大地束缚了个人主动性和创造性的发挥，对中国社会的发展产生了不利的影响。

第四章 消费中的个性自由与社会公平

个人是社会的基础。人的个体性与独特性是人的社会性的前提和基础，只有独立个体之间的关系才是真正意义上的社会关系，因为只有独立的个体才赋有创造性；而个体的创造性，又是一个人的个体性和独特性的完整表现。所以，"真正的社会联系并不是由反思产生的，它是由于有了个人的需要和利己主义才出现的，也就是个人在积极实现其存在时的直接产物。"① 此外，个体还是社会发展的动力、依归和目的。但"人是最名副其实的政治动物，不仅是一种合群的动物，而且是只有在社会中才能独立的动物"②。离开了人的社会性，人的个体性和独特性也就无从谈起。因为人的本质并不是单个人所固有的抽象物，在其现实性上，它是一切社会关系的总和。个人本身就是社会存在物，个人总是处于一定社会关系中的个人。"不管个人在主观上怎样超脱各种关系，他在社会意义上总是这些关系的产物。"③ 一方面，个人只能是社会中的个人，独立自在的没有任何社会规定性、历史规定性、时代规定性的个人是不存在的。个人在多大程度上是为自己的，他也就在多大程度上是为社会的。另一方面，社会在创造着具有人的本质的全部丰富性的人，提供着创造具有深刻的感受力的丰富的全面的人的客观条件。"只有在集体中，个人才能获得全面发展其才能的手段，也就是说，只有在集体中才可能有个人自由。"④ 所以，社会决定着个人，它作为人的不可选择的既定条件制约着人的实践活动。真正成熟的个人、解放了的个人是高度自觉的个人，是主动接

---

① 《马克思恩格斯全集》第42卷，第24～25页。
② 《马克思恩格斯全集》第46卷（上册），第21页。
③ 《马克思恩格斯选集》第2卷，人民出版社，1995，第208页。
④ 《马克思恩格斯选集》第1卷，人民出版社，1995，第114页。

消费合宜性的伦理意蕴

受社会模式和规范约束的个人，是积极而主动地调节个性自由与社会要求之间关系的个人，是与社会的解放相辅相成的个人。

马克思主义关于个体与社会的关系原理是我们考查消费中个体与社会关系问题及对个体消费行为进行评价与规范的理论依据。一方面，我们应当肯定个体正当的消费权利，因为消费毕竟是与个体现实生活息息相关的活动，也是最能明显体现社会生产力状况、社会物质生产方式变革的晴雨表。没有充满个性、体现个性自由的个体消费行为，则不可能有充满自尊与自信、激发个体创造性、展示个体健康成长与自我价值的个性生活，也不可能有富有生机与活力，体现现代性、民主性、平等性的社会物质生活。正是在这个意义上，个体有其独立的生活空间，有其独立、自主地选择私人生活方式的权利，社会不能强制性地去限制个体这种自由选择自己生活方式的权利、自由消费的权利，比如不能因为乙看不惯甲的消费模式（如甲喜欢穿奇装异服、甲染蓝色头发）而限制甲的消费生活；不能为了某种空洞的政治理由而强制个体选择单调的、无个性的生活，如"文化大革命"时期穿色泽朴素的（蓝绿色）衣服；不能强求个体之间过整齐划一、无差别的消费生活，否则这个社会是缺乏宽容的、缺少活力的。另一方面，正如个体是社会的，满足个体个性的消费也是社会性的。因为，第一，在其出发点上，消费是满足个体主观需要、偏好、意图、目的的行为，它带有强烈的主观性、个体性，但从其实现条件及社会影响来看，消费却又并非纯主观性的、个体性的，而是社会性的。人作为社会存在物，其需要、偏好、目的的产生及实现方式只有在社会关系中才能真实地展现和实现。这是因为，尽管由于个体生理和心理上的差异，个人的需要显示出其千差万别的独特性，但

第四章　消费中的个性自由与社会公平

是，个体的任何需要都不是抽象的、仅由个体自身的特征决定的，而是由现实的社会关系、社会环境加以规定的需要。如探知宇宙的奥妙，遨游太空的梦想只是在一定科技与生产力发展条件下出现的。第二，个人任何需要的满足，利益的实现都不是在思想中完成的，而是要凭借社会所提供的条件，并在一定的社会关系中进行，因为任何个人都无法解决满足个人需要的一切条件，也就是说，每个人需要的满足都会直接间接地依赖于他人和社会，个人与社会之间、个人利益与社会利益之间总是有着相互依存、互为前提的关系。如嫦娥登月的神话表达了古代人的美好想法，但这种想法只是在现代高科技的辅助下才得以实现。第三，满足个人自我需要的技能、知识、方法等等个体主体素质总和的理性能力不是先天的、超验的，而是在社会交往中及由交往中结成的现实社会关系中养成的，而且这种理性能力唯其因为具有社会性，才有可能使个体洞悉各种现实利益关系及需要实现的现实环境，及时调节自身的需要结构与实现手段。第四，正因为个体的消费活动总是在社会中进行的，必然要与社会和他人发生关系。他的行为或多或少会给社会带来一定（积极的或消极的）影响。同时，在一定的社会历史条件下，社会的物质财富不是无限的，而是有限的。面对这有限的物质财富，始终存在着一个物质财富的分配、占有和消费的问题。这时，在社会物质财富总量一定的情况下，一个人或一部分人占有或消费的较多，其他的人所占有和消费的就必然较少，势必会在根本上影响到社会上其他一部分成员的生存权的问题，就必然会涉及个体利益与个体利益、个体利益与社会利益关系调节的问题。

总之，社会为个体的消费、个体的发展提供了各种客观条件，只有在社会中，并按照社会发展的实际进行消费，个体才有

消费合宜性的伦理意蕴

可能成为具有自由个性的人。① 所以，尽管个体可以在消费中按照自己的意愿来消费，并通过消费向别人显示自己的与众不同，进行积极的自我价值建构，但是，个体的消费总是有其外在性社会效果的，且个体消费的实现也是由众多的社会条件限制的。一个人要想通过消费维护个人的尊严和独立，获得个人的权利和自由，实现自我价值，他就必须设法得到社会、他人对自己的尊重与认同，并被社会所需求、所接受，按照社会的道德规范去选择合理的生活方式。退一步说，当一个个体在消费生活中过分沉湎于自我感受性、自我价值建构时，他会丢掉生活本身的丰富性、深刻性内容，失去诸如道德和团结的意义、同情与尊重他人的价值等等，当他试图在消费中找寻自我、体现自我的同时，却又可能失去了自我，甚至体验到的只能是购物快感散去时的空虚和迷茫。因此，无论从社会角度，还是从个体自身来看，都存在着一个个体消费行为合理化的问题，存在着规定、限制个体消费行为的问题。

在历史发展进程中，对个体消费行为的规定与约束总是以不同形式、不同面目出现的，比如，历史上在不同国家都曾出现过的节俭法令，如日本德川幕府时期，商人阶层受到节俭法令的限制，他们被禁止佩带珠宝首饰、穿着规定种类的服装和拥有优质传统手工艺。② 美国历史上曾出现过的禁酒运动也是对个体消费方式、生活态度的规定。这一运动的根本目的并不是要抵制酒

---

① 当然，社会并不能因此而控制个人的消费，不能为了资本增值的目的使消费偏离个体的真实需要。否则，尽管消费品异常丰富，但这种状况下的人是不自由的，没有尊严可言的。它只是在资本指挥棒下被强制性地消费。个体的自由让位于效率的原则，比如资本主义时代。所以在这个意义上，只有在共产主义社会，个体的自由才能真正实现。

② 参见罗伯特·弗兰克《奢侈病——无节制时代的金钱与幸福》，第289~290页。

第四章 消费中的个性自由与社会公平

精,而是要倡导有品格的个体生活方式。对个体消费行为约束较为明显的另一种形式是征收"奢侈品税"。虽然它不可能在根本上解决社会不公平现象,但对减少铺张浪费的消费行为,抑制某些人的高消费欲望起到了一定的限制。就其实质而言,社会对个体消费行为的规定与约束的目的是为了控制、减少不合理的甚至是"恶"的个体消费行为,使其行为超越单纯的任性,摆脱盲目的冲动,并按照社会发展的要求步入合理化轨道。但一种消费行为何以是合理的、恶的,其内在标准是什么?换言之,我们究竟应当从何种角度、以何种尺度对其进行评价?

三 评价个体消费行为的双重向度

在经验的、直观的层面,个体作为自己消费行为的发动者,其消费动机、消费内容的确定完全是自己自行决定的结果,他完全有按照自己的偏好、意图、目的进行自主消费的权利。特别是在市场经济中,个人的消费领域是个体私人的生活空间,在这个空间内个体享有法律所规定的充分的自主、自由,他人不得干涉。因而,尊重个体的自主消费权利是现代民主制的必然要求,而肯定个体消费方式的多样化亦是市场经济体制的应有之义。如此,个体作为自己消费行为的主体,他完全有理由自由选择自己多样化、个性化的生活方式与消费方式,如穿什么品牌、式样的服装、住多大面积的房子与买什么类型的装饰以及欣赏何种品味的报刊杂志等等是我自己的个人事情或个人生活情趣,与他人的意志无关,社会没有理由要求我的消费方式必须与别人做出同样的选择,或按照它的某种社会政治理想[1]而让我抛弃个人喜好,

---

[1] 如"文革"时期,我国对戴金银首饰、穿高跟鞋等行为的否定,将其斥责为腐朽的资产阶级生活方式。

消费合宜性的伦理意蕴

否则，它就是对我作为公民的基本权利的践踏。当然，在这个空间内，我虽然有充分的消费自由，他人不得横加干涉，也不应对我的行为评头论足，但我的消费支出必须要与我的经济承受力相适应，与我的生理承受力直接相关。这样，从我自身出发，我的消费行为是否具有道德正当性就有了两个判断标准：（1）我的经济承受力即收入水平；（2）我的生理承受力即适度欲求（这里仅论及第一个标准，对于第二个标准将于第五章论及）。

一般地，个体的消费行为总是建立在自己实际财力的基础上的，没有足够的金钱，则不可能有必要的消费。传统社会的消费理念是只有存够了足够的金钱才应有满足特定消费的行为，否则，就会被斥责为寅吃卯粮、坐吃山空，是"奢侈"，是个体的"恶"。而现代市场经济创造了新的消费方式——借贷消费。这种消费方式通过肯定及时享受——超前消费——分期付款这一行为流程，给人们的现实生活带来更大的自由度与选择性。可见，这种先借钱、后还债的消费方式还是建立在个人的实际收入水平基础上的，且个人的实际收入水平是根据自己现在的收入状况及对自己的工作能力在未来几年内可能给自己带来的预测收入。所以，个体在选择信贷消费方式时也必须考虑到自己日后的偿还能力。超出自己实际偿还能力的借贷消费也会使自己陷入入不敷出、债台高筑的窘境，最终影响到个体的信用及日后的生活质量。这与传统社会依据当期收入来评判个体消费行为是异曲同工的。

从个体向度出发，尤其是从个体的收入状况出发，一方面对其某项消费支出或某种消费行为是不是具有合理性的评价主要是看这项支出或行为是否与其财力相称，或与其收入相适应为依据。这里就存在这样一个问题：是不是只要一个人有钱，他怎样消费都是合理的，哪怕是他一掷千金，我们也无权评头论足了。

第四章　消费中的个性自由与社会公平

这样,"富人无奢侈"便是必然的了。但实际上,这种观点无论是在道义上,还是从社会心理层面都是难以得到支持的。而个体向度的另一个方面——个人的适度欲求的"度"的标准及其现实内容从个体自身出发也难以做出合理的界说,个体享用的消费品本身也是一个社会供给、社会发展的产物,随着人类社会的不断发展,满足生理需要的消费比例愈来愈小,生理承受力越来越转化为一种社会标准。基于此,仅凭个体向度难以正确评判个体消费行为是否具有道德上的合理性。况且正如前述,个体消费行为本身并不仅仅就是关涉个体自身的,无关他人的行为。所以,还需要从社会向度来评价个体消费行为。

从社会角度来看,个体在进行消费品选择时,除了要依据自身的实际收入水平之外,还应参照社会平均消费水平。社会平均消费水平是受社会生产力条件制约的社会上较多人的平均消费水平。一般而言,社会平均消费水平是建立在社会平均收入水平即人均 GDP 基础上的。如果个体的某项消费支出与社会平均消费水平大体持平,或在社会平均消费水平线上下浮动且浮动率较小时,人们通常会认为个体的消费行为是合理的或基本上是合理的。如果个体的某项消费支出超出社会平均消费水平过大,那么即使他的消费支出仅仅是他全部收入的一小部分,这种消费也会被视为奢侈的、不合理的。因为个体的这一消费行为没有考虑到整个社会发展的生产力水平[①],没有考虑到某些人的奢侈、浪费

[①] NEWS. SOHU. COM 2004 年 10 月 8 日 16:45 报道了题为《密集观光疯狂购物　中国人海外高消费震惊世界》的新闻,指出新兴的中国富人构成了一个庞大的出国旅游部落,这些富人在为期 12 天的欧洲旅行中,平均要消费 2090 美元。但实际上中国人口众多,人均年收入刚刚超过 1000 美元,才基本解决了温饱问题。中国人非但不富,其实还比较穷。这些富人在海外的一掷千金是明显的奢侈。

消费合宜性的伦理意蕴

对社会普通民众心理承受力的影响，没有考虑到消费行为本身所折射出来的对社会公平的践踏。如果某某项消费支出低于社会平均消费水平过多，且作为个体的消费者又有相当充足的购买力，那么这种消费行为也会被人们视作吝啬的、不合理的。可见，社会平均消费水平是对仅凭个人收入状况来衡量个体消费是否具有合理性的评价尺度的一项非常重要的补充条件。但也应当看到，社会平均消费水平又是相对模糊的，其自身是一个不断发展的概念，且还存在着掩盖社会收入水平悬殊的事实，如果简单据此为据则可能失之偏颇、片面。因为这一思路无法囊括丰富的伦理内容。譬如，若某个人的收入水平高于社会平均消费水平，但他平时却表现出简朴或与其应有的消费方式不相匹配的消费行为，即可看作"吝啬"，但这并不代表此人就一定是吝啬之人，在某些情况下，这个人反而会做出令他人钦佩的道德之举来。如临终前将平日节省下来的钱捐献于慈善机构。若某个人的收入水平也许低于社会平均消费水平，平日他很节俭朴实，但为了求职的需要，他买了一件高档时装或出于良心的驱使而大方捐款，这也不能被斥责为奢侈。前者是对社会的一种无私的美德，后者既是对自己尊严的肯定也是对他人的尊重，因此在对个体消费行为进行道德评价时，除了要看是否与其收入水平、社会平均消费水平相吻合，还应看到这种消费行为是否是一以贯之的，是否对他人、社会造成危害。

个体的消费总是在社会中进行的，总是要涉及到与他人、社会利益关系的调节问题，涉及他人自由的实现问题，即便是最简单、最普遍的个体消费行为，也总会或多或少对他人的利益、自由产生影响。比如，我买了高级豪华车，我就增加了其他人死于交通事故的可能性；我的这一举动还间接刺激了别人购买更高级汽车的愿望；我为求职面谈而买了一套高级套装，我就减少了其

第四章 消费中的个性自由与社会公平

他人获取同一份工作机会的可能性。再如,我有吸烟的嗜好,我会在吸烟的过程中体验到一种如入仙境的奇妙感觉,但我的吸烟行为却直接地危害着我周围人的健康与公共环境。个体的消费行为总会或多或少地影响到他人,但这种影响并不应造成对他人正当利益、基本权利的妨碍与侵犯。如果我喜欢看电视、听音乐,且整日播放,音量很大,甚至到深夜也是如此,那么这种行为就已经直接妨碍了我的邻居的根本利益,我的消费行为就是不合理的。此外,个人的消费,尤其是高收入阶层、公众人物(政治领袖、影视明星、体坛名将等)的消费行为之所以受到人们的关注,原因在于他们的消费会通过现代传媒手段对整个社会产生一定的示范效应,成为相当一部分社会成员消费行为的参照系,所以,在评价这部分群体的个人消费行为时,还应考虑到他们的某些消费行为对社会风气、伦理风尚的影响,因为他们的高消费行为会在一定程度上带动社会奢侈、攀比之风的盛行。在探究个体的消费行为是否具有合理性时,还应当看到其消费资料的来源是否合法、正当。比如说我进行消费的金钱来源是通过抢劫偷窃、权钱交易、投机取巧、恶性竞争等等非道义的方式取得的,那么我的消费就会因危及到社会、他人的根本利益不仅在道义上应受谴责,还要受到法律的严惩。

我们正处于一个资源尤其是自然资源日益匮乏的时代,社会物质产品极大丰富及商品剩余物日渐增多的背后隐藏着的是对自然资源的攫取与破坏。正是在这个意义上,当我们在确定个体消费行为的道德正当性标准时,还应当看到个体消费所占用或消耗的资源及其对生态的影响。在某种自然资源的社会供给量有限的条件下,个体对该种资源的消费就不应当是过度的。高档消费品本身就是由于深加工而导致的对资源过多占用而获得其高昂价格的,因而对这种消费品的消费就已含有奢侈的性质。如钻石、高档别墅、高尔夫等等。当然,这里也不排除我们由于科技水平低下而进行的资源耗竭性消费,如对煤炭、石油这些不可再生资源及虽然具有可再生性但却破坏了其再生条件的资源(水、森林)的过度、不合理的使用;还有为了满足某些离奇怪异的畸型消费心态而对野生生物、名贵动物、濒临灭种动物的猎奇消费。如吃穿山甲、果子狸,捕杀藏铃羊,等等。之所以将自然资源的保护作为评定个体消费行为合理的重要指标,原因在于:人与自然的矛盾实质上是人与人、人与社会之间的矛盾。

从社会向度的评价内容看,无论是社会平均消费水平、社会根本利益,还是自然资源的占有方面,都涉及一个社会公共财富如何公平享有的问题,涉及各社会利益主体之间权利与义务关系如何合理分配的问题。换言之,消费亦蕴涵着较为突出的社会公平问题。

第三节 现代消费中的公平问题

消费是消费主体选择和使用消费资料的活动。在这个过程中,主体能否选择、获取、占有、控制、享用消费资料,不仅与主体自身的主观意愿及消费能力密切相关,还与社会供给状况(如资源总量、物质消费品总量及人均拥有量)密切相关。因而,在主体选择、获取、占有、使用消费资料的过程中,就存在着一个主体之间能否公平地占有、公平地享用消费资料问题,存在着消费中是否公平的问题。

一 公平理念

公平涉及到人们社会地位的状况、权利和义务的关系、收入的分配、财富的占有、各种机会的获得与选择等问题,一直是个

第四章　消费中的个性自由与社会公平

重要的哲学问题、政治问题、伦理问题。思想家们对公平的解释是多种多样的，诸如公平是"各阶级各做各的事情"；公平是"等贵贱均贫富"；公平是"机会均等"；公平是"以牙还牙"；公平是"每个人——包括给予者本人——应得的本分"①。在经典作家那里，公平、平等、公正等范畴是在同一意义上使用的，不存在永恒的、绝对的、抽象的公平。"关于永恒公平的观念，不仅是因时因地而变，甚至也因人而异……'一个人有一个理解'"②。公平主要是分配领域中的公平，即首先是生产资料占有的公平。因为如果没有生产资料占有上的公平，劳动者就不能同财产所有者一样在收入分配上处于平等的地位。只有劳动者拥有同等的权利和机会占有生产资料，才能够把他的劳动力同生产资料相结合，生产属于自己所有的物质产品，才能在收入分配上彼此处在平等的地位上。所以，私有制是不公平的，必须要消灭私有制，实行生产资料公有。其次是等量劳动获得等量收入的公平。"每一个生产者，在作了各项扣除之后，从社会方面正好领回他所给予社会的一切。他所给予社会的就是他个人的劳动量"③。即按劳分配。但马克思认为，这种只根据劳动者提供的劳动量多少进行分配，对任何劳动者个人都一视同仁，都以同一尺度衡量，这似乎是公平的。但是，各个劳动者的婚姻、家庭状况可能不同，而公平原则是不管这些的，只是根据他们提供的劳动量多少进行分配，这就必然造成事实上的不平等和不公平，即造成一定的贫富差别。对于那些生活贫穷的人来讲，按劳分配这

---

① 麦金太尔著，万俊人等译《谁之正义？何种合理性？》，当代中国出版社，1996，第 56 页。
② 《马克思恩格斯全集》第 18 卷，人民出版社，1964，第 301 页。
③ 《马克思恩格斯全集》第 3 卷，人民出版社，1960，第 10~11 页。

消费合宜性的伦理意蕴

种平等的分配方式显然是不公平的。正是由于这一点，社会主义的公平只是形式上的而非事实上的，只有到了共产主义高级阶段，真正的公平才得以实现。

公平是社会发展的伦理目标和核心问题。伦理道德在本质上是要整合和协调各种社会关系，使社会得到稳定和发展。公平在价值形态上反映的是人与人之间的关系，调节人与人之间的相互利益关系是其必然的伦理要求。在古希腊，思想家们将公平规定为和谐与秩序。如柏拉图的公平就是要调节三个等级：统治者、护卫者与劳动者之间的利益关系，如果他们三者能够各司其职、各守其责、各安其分，那就是公平，就实现了社会的和谐。可见，公平是调解人们之间利益关系的伦理准则，它在根本上规定着人与人、个体与国家关系的最高道德要求，其直接目的就在于保持社会的秩序与稳定。公平的主题是进行权利与义务的合理分配，是"分配基本权利和义务，决定由社会合作产生的利益之划分的方式"①。但是，如何进行权利与义务的分配，如何保证人们对自由、平等权利的追求并承担相应的义务，如何保证社会财富与公共利益的合理分配，实现社会的全面进步，这不仅是西方自古希腊以来尤其是罗尔斯、诺齐克等现代西方思想家们关注的焦点，也是社会主义市场经济实践必须正视的核心问题。作为调解人们利益关系的伦理准则，公平主要涉及到了三个方面的利益分配问题。

首先，公平应当肯定公民基本权利的平等享有。公民基本权利是指每个人因其同样是人而应当平等地享有的权利，或者叫"人权"。平等是人们对社会地位与权利的基本要求，社会的制度安排应当优先考虑"每个人对与所有人所拥有的最广泛平等

---

① 约翰·罗尔斯：《正义论》，第5页。

第四章 消费中的个性自由与社会公平

的基本自由体系相容不得的类似自由体系都有一种平等的权利"①。恩格斯在批判资产阶级平等观的虚伪性、不彻底性时指出:"一切人,作为人来说,都有某些共同点,在这些共同点所及的范围内,他们都是平等的……但是现代的平等要求与此是完全不同的;这种平等要求更应当是从人们的这种共同特性中、从人们就他们是人而言的这种平等中引申出这样的要求:一切人或者至少一个国家的一切公民,或者一个社会的一切成员都应当有平等的社会地位和政治地位。"② 平等是国家或社会必须保障每个公民享有的平等的政治权利和社会权利,它要求每个人都具有独立平等的人格尊严,都享有正当权利的自由,同时也能平等待人。强调基本权利的平等享有,其目的在于说明:人们在社会地位、社会权利是平等的,不能因为财产拥有量与门第出身来划分等级,人为地制造不平等而取消其他公民的基本权利。国家和社会应当尊重和维护人的基本权利,摈弃对公民基本权利(生命权、财产权及自主择业权等)的肆意践踏行为,消除各种特权现象,创造出人人平等相待的环境与保障机制。

其次,公平应当实现权利与义务的真实统一。在纯抽象的意义上,公平反映的是"以权利与义务为中心的人们相互关系(包括财产关系、政治关系)的合理状态"③。权利是公民被法律保护的必须且应该的索取、必须且应该得到的利益,并且是应当从义务主体那里得到的利益;义务是公民被法律规定的必须且应该付出的贡献,是必须且应该付给权利主体的利益。权利与义务总是对等的、统一的,正所谓"没有无义务的权利,也没有无

---

① 《正义论》第 292 页。
② 《马克思恩格斯选集》第 3 卷,人民出版社,1995,第 142~143 页。
③ 高兆明:《道德生活论》,河海大学出版社,1993,第 430 页。

消费合宜性的伦理意蕴

权利的义务"。人们深恶痛绝的"特权"行为，实际就是一个人享受的权利多于他应当履行的义务，是一种不公平。所以，公平要求享受权利与履行义务的统一。一方面，一个社会，当一个人的权利和义务相等时，它才是公平的，否则就是不公平。在阶级社会里，几乎把一切权利赋予一个阶级，另一方面，却几乎把一切义务推给另一阶级，不可能实现权利与义务的统一，从而亦不可能实现真正的公平。社会主义社会应当坚持享受权利与履行义务、奉献与索取的有机统一，通过制度的有效安排，从根本上杜绝一部分人专享权利，另一部分人专司义务的权利与义务严重分离或倒错现象。

再次，公平应当实现社会财富的合理分配。在直接的意义上，社会财富分配的公平与否直接体现了社会的公平程度，并且事关社会的稳定与发展。在市场经济中，按贡献（包括劳动和资金）分配社会财富是实现公平的根本性原则和标准。每个人只有首先为社会提供利益（贡献），才有可能获得社会分配给他的利益或财富。换言之，社会分配给每个人的利益和财富，无非是社会对每个人所贡献或付出的利益的回应。所以哈耶克说："一人享有之利益应当与其他人从其活动中获致的利益相符合。"① 贡献是获取社会财富的源泉和依据。当然，市场经济肯定按贡献分配社会财富的公平原则首先是以公平竞争，即所谓起点公平、规则平等为前提的和保障的。这样，按贡献分配首先意味着对平均主义的否定，对不劳而获的剥削行径的根除。但这种公平只是一种形式的公平。因为在社会财富的创造过程中，不同的人由于家庭出身不同，所受教育及先天才能的发展程度不同，以及在具体经济活动中的主观努力程度和发挥程度等方面存在着

---

① 哈耶克：《自由秩序原理》，第114页。

第四章　消费中的个性自由与社会公平

差异，不可避免地出现了在获得社会财富方面存在着明显的差异，即结果的不平等。固然，市场经济的发展必然要维护主体平等的竞争机会，张扬人的智慧与才能，保护人的竞争热情与生产积极性，尊重个人利用正当手段获得的财富，允许财富拥有的差异。但是一旦财富的差异超过了应有的限度，就不仅会带来人们在社会经济方面的不平等，甚至会影响到人们政治权利的平等。公平分配社会财富需要一方面保障人们自由、平等的权利，保护人们对财富合理获取与拥有的权利；另一方面也要对社会财富的分配做出合理矫正，对最少获利者给予适当照顾。

"消费资料的任何一种分配，都不过是生产条件本身分配的结果。而生产条件的分配，则表现生产方式本身的性质。……既然生产的要素是这样分配的，那末自然而然地就要产生消费资料的现在这样分配，如果物质生产的条件是劳动者自己的集体财产，那末同样要产生一种和现在不同的消费资料的分配。"[①] 从马克思上述论述可知，消费问题实质上是分配问题的延伸或最终体现。因为消费是直接关系着人的现实物质利益的活动，社会成员收入分配数额的基本状况及其相互之间的差距在一定程度上是通过社会成员对消费资料的占有与享有的实际方式展示出来的；或者说，消费是现实利益分配状况的直接表现。既然如此，社会财富分配的公平性也就直接决定着消费的公平性，或者说，消费中的公平问题本身就是分配问题的深化与具体化。消费中的公平问题是复杂多样的，诸如在自然资源享有中的代际公平问题，富人与穷人在消费生活中的两极分化问题，某些社会成员非法掠夺或过多占用消费资料问题。笔者以为，在中国市场经济发展中消费公平问题最突出地表现为消费差距问题及公款消费问题。

---

① 《马克思恩格斯全集》第 3 卷，人民出版社，1960，第 13 页。

二 消费差距的合理限度

市场经济是一种以市场机制的作用为基础的社会资源优化配置方式，它是通过价值规律、利益杠杆来调节社会资源、布置生产力格局，并以优胜劣汰的竞争法则实现高效率的经济运行机制。资源配置是经济生活中最核心的问题，不过，在市场经济中，对稀缺的社会资源的配置是通过生产者、消费者及利益相关者相互博弈及彼此合作的方式实现的，而不是由某个利益集团或个人独断、强制的结果。这就在经济活动中排除了特权和等级，使每个市场主体有了均等的成功机会。所以，市场经济是平等经济，它承认各个利益主体之间经济地位的平等，承认各个利益主体都享有平等参与社会资源配置的权利。"商品是天然的平等派"。在基本公平的市场运作中，机会平等与规则平等是其首要的规定性与基础，各个利益主体根据市场法则与经济规律有效地积累资本、积极生产劳动，并根据市场需要组织生产与流通，合理而有效地节约成本、革新技术、强化管理，努力争取利润最大化。与之对应，各个利益主体对社会资源的拥有则是依据他对市场贡献自然分配的结果。在此意义上，基本公平的市场经济提供给各个利益主体的是起点的平等或公平，它是以无差别的、对一切人同等对待的方式实现社会资源或财富的分配。在这种情况下，分配的直接结果——收入就是各个利益主体现实劳动与运用智慧和市场资源的结果，而由收入直接决定着的消费，又是对个体诚实劳动和机敏智慧的物质上的奖励和心理上的补偿。但"机会平等"、"规则平等"并不一定导致结果平等。也就是说，市场经济天然地蕴涵着人们分配、收入、乃至消费方面的差别性或不均等性。这是由市场经济的竞争本质所决定的。竞争是市场经济的基本特征，市场经济正是通过竞争机制来确定利益归属，

第四章　消费中的个性自由与社会公平

优胜劣汰，从而促进劳动生产率和经济效率的提高。在竞争压力的推动下，各个市场主体必须研究市场动向，了解市场需求，提高商品质量，降低商品成本，否则，就要面临被市场淘汰的命运。所以说，即使是基本公平的市场经济中，由于优胜劣汰的竞争机制的存在，市场经济并不可能带来结果的平等。在现实的市场经济条件下，每个利益主体在自然禀赋、地理环境、社会背景等等方面是存在着相当差异的，这就必然会使市场经济在运行中走向其反面：经济结果的不平等。正是在这个意义上，不仅起点的公平不能涵盖公平的全部意义，而且起点的公平具有天然的虚假性，它在一定意义上只是一种相对的、有条件的前提假设，而不是一种事实和结果。①

基于对市场经济上述特点的分析，可以得出这样的结论：市场经济中的消费差距是必然的。从它所产生的内在逻辑来看，消费差距的存在恰恰是社会公平的一种体现。消费差距是消费主体在消费水平的差别性、社会消费结构的层次化以及消费方式的多元化，即主要是指由主体收入状况决定的其在消费数量与消费质量方面表现出的与他人不同甚至是悬殊的状态。通常这种状态可以直接反映出消费主体是"贫"还是"富"的经济状况。消费差距的存在是对劳动者工作绩效的奖惩，它体现了效率原则并借此解决了社会发展的动力问题。没有差距就没有竞争的动力，没有竞争就没有效率，而没有效率则公平就只能是虚幻的。换言之，消费的公平绝不能等同于消费中的平均主义。公平包含着平等，但并不等于平等，更不等同于平均主义。消费中的平均主义是指消费资料的平均占有以及消费方式整齐划一的无差别状态。

---

① 参见万俊人《义利之间——现代经济伦理十一讲》，团结出版社，2003，第85~86页。

消费合宜性的伦理意蕴

从孔子"不患寡而患不均,不患贫而患不安"的主张,历代农民起义的"均贫富"的口号以及计划经济体制下的"吃大锅饭"的普遍社会心理中,都可以捕捉到其中所蕴涵的平均主义的消费价值观。应当说,在不劳而获、剥削猖獗、贫富分化严重的等级社会中,这种观念无疑是具有革命性的,其矛头直指剥削阶级、等级制度,反映了被压迫阶级追求平等、追求生存权、追求生命尊严的理想。在人类的历史进程中,平均主义的消费方式也仅仅在原始共产主义社会中真正存在过,但它也仅仅是生产力极端低下状态下的一种维持原始初民们基本生存需要的必然要求而已。从其社会实践来看,消费中的平均主义并不能带来真正的消费公平,而恰恰是对消费公平的误读与曲解。若将消费的公平理解为消费资料的平均占有或消费方式的整齐划一的无差别状态,那么,它对现代市场经济的实践则是极为有害的。因为平均主义会在根本上扼杀经济发展的动力和活力,使效率成为空谈,不仅不会带来经济的繁荣,反而会导致共同的贫穷与落后。它也将压抑个体的多样性需要,抹杀个体的存在价值,使个体正当合理的需要得不到应有的实现,更不可能实现个体消费结构的升级代换或曰消费质量的提高。正是因此,承认社会成员之间的消费差距就有着其价值上的合理性,它能解决社会发展的势能问题,张扬制度上的正义理念即权利与义务、劳动与报酬、贡献与索取的统一,有利于社会的进步和人的全面发展。

"有效率的市场制度可能产生极大的不平等"①。在市场体制中,完全按照自由竞争机制,按照效率原则来进行社会资源的配置未必是公平的。由于人们在先天自然条件与后天社会条件的不

---

① 萨缪尔森著,高鸿业等译《经济学》(第12版),中国发展出版社,1992,第832页。

第四章 消费中的个性自由与社会公平

同,即使是在基本公正的市场经济条件下,也有可能带来其在收入分配方面的极大的不平等现象,甚至是不公平。由此,凭借市场本身则不能解决其收入上两极分化现象的必然宿命。更何况现实的市场经济本身就是复杂的,其中不能排除某些社会成员运用非正当手段(投机取巧、坑蒙拐骗、搭便车)参与市场竞争和社会资源的分配,从而扰乱市场,造成收入上的严重两极分化,这种分化反映在消费领域中则是消费差距的过分悬殊:即越富有的人消费档次越高,越贫穷的人则有可能连基本的生存需要都无法得到保障。正是在这个意义上,消费差距作为公平的要素总是有限制条件的,即这种差距必须要控制在一定范围之内,差距过大会干扰制度的正常运行并潜伏着社会不安定的诱因。在当今世界范围内,消费差距中所折射出的公平问题越来越受到关注。比如,发达国家与发展中国家在消费方面就存在着极大的差距,占世界人口1/4的发达国家控制着世界3/4的资源,丢弃文化及高耗能的消费方式与亚非拉一些贫困国家形成尖锐对比。而这种差距的存在也是造成当今世界恐怖主义行径肆虐、战争、全球动荡不安的原因之一。不仅如此,发达国家又通过各种方式向发展中国家推行其高消费的生活方式,享乐主义的生活理念,进行西方意识形态的侵略。

在中国,由于地区、行业收入的差距以及由经济转轨造成的两极分化也形成了家财万贯与一贫如洗、华丽服装与衣衫褴褛、珍馐美食与食不裹腹、豪华轿车与拥挤公交、高档别墅与狭窄茅屋的消费方式的鲜明对比:一边是奢侈挥霍,一边却得不到迫切生活需要的满足,甚至得不到基本的生存条件,得不到适当的教育,享受不到社会空前繁荣的益处。公平的直接目的在于保持社会的稳定和秩序,没有稳定和秩序则公平便失去了其实质性的内容,也就失去了其存在的必然性。因此,消费差距总是在一定限

消费合宜性的伦理意蕴

度内的差距,超过了"度"的差距也是不公平,哪怕它建立在起点公平或曰形式公平的基础之上。

如何确定消费差距的合理限度?即消费差距在何种限度内才是公平的?在经济学中,有表示居民收入状况差别比的基尼系数。一般认为,基尼系数在 0.3 以下为平均状态,在 0.3~0.4 之间为相对合理状态,超过 0.4 则属于收入差距过大状态。但现实的情况是,到 2002 年,全国基尼系数达到了 0.454,远远超过国际标准的 0.4 之安全指标,且这种差距还有继续扩大的势头。基尼系数过大不仅会危及社会政治稳定,而且必然会引起经济增长乏力。① 不过,这里存在一个问题:能否以基尼系数来界定社会消费差距的"度"?虽然人们的收入状况直接决定着人们的消费状况,且收入中的基尼系数也在相当程度上反映了人们在消费水平与消费结果中存在着的差距状况,但实际上人们的消费行为是相当复杂的,既受经济条件、收入水平的制约,也受到习俗、道德观念、心理等等文化、精神因素的影响。有时的情况是,个体并不会因其收入而采取相应的购买行为,或个体收入不足却可以为虚荣心而产生炫耀性消费的奢侈。所以,用基尼系数这个较为具体化、数字化、单一化的标准很难准确地衡量较为复杂的消费活动。另外,在不同民族文化氛围中、不同社会制度中,人们对基尼系数的认可程度与评价标准是不同的。如对我国这个受平均主义意识影响较大的社会主义国家,人们对收入差距过大的心理承受能力较弱。尤为重要的是,社会主义最大的优越

---

① 由于贫困者无消费能力,富裕者无消费欲望,其结果必然有一部分产品不能进入消费过程,成为积压品。这种现象一旦普遍化,商品供过于求的局面就会出现,就无法实现社会消费品的总供给与总需求的平衡,也就无法使经济持续发展。

第四章 消费中的个性自由与社会公平

性是共同富裕,共同富裕是社会主义最大的公平。贫富两极分化现象的存在,是对社会主义公平的背离。即便如此,基尼系数还是为我们鉴别社会消费是否公平提供了一个较为具体的、可操作化的标准,也为社会矫正贫富两极分化提出一个现实性和紧迫性的任务。

罗尔斯指出,利益分配中必然会存在差异,即使是社会各成员在起点上是公平的,竞争过程所需要的规则也是公平的,也无法保障竞争结果的实际平等。对于这种情况的出现,他提出了差别原则:

> 社会的和经济的不平等应这样安排,以使它们:
> (1)在与正义的储存原则相一致的情况下,适合于最少受益者的最大利益;并且
> (2)依系于在机会公平平等的条件下职务和地位向所有人开放。①

从罗尔斯的差别原则中可以得到这样的启示:一个社会中消费差距存在的伦理限度在于:首先,这种差距应当是能够为社会的绝大多数成员容忍或接受的程度;这种差距的存在,必须能够使所有人得利,尤其是使那些处于社会最不利地位的人获益,即"最少受惠者的最大利益"。从当代中国的现实来看,大多数社会成员并非反对消费差距。受到市场经济观念的洗礼,人们不再简单地将平均主义等同于公平,对公平的看法较以往理性和全面得多了,大多数社会成员是认可这种消费差距的,他们反对的是那些通过不当、不法方式获取消费资料却又在大肆挥霍、渲染自

---

① 约翰·罗尔斯:《正义论》,第292页。

消费合宜性的伦理意蕴

己高消费方式的行为,或者是利用自己的经济优势购买相对低收入地区的房地产却又闲置不用等待升值,导致这些地区的房价攀升,影响了该地区居民的根本利益,或者自己过着富裕的物质消费生活,极力追求所谓高贵的奢侈生活方式,却对大多数穷困者的生活境遇报以冷漠甚至鄙夷,不耻与之为伍,这又在相当程度上导致了当代中国社会的仇富情结。这些对消费资料的获取与享用态度中所折射出的消费差距本身就是对社会公平的践踏,它是对守法敬业、诚实劳动、勤俭致富等等美德的讽刺,伤害了大多数人的道德情感,又在一定程度上带动了整个社会拜金主义、享乐主义之风,助长了某些成员投机、浮躁、奢侈、冷漠的不良心态。基于此,当代中国迫切需要解决的是建立起一套严格的法律,在制度上根除这些不公平现象的发生。其次,社会尤其是政府应在分配领域对社会财富进行合理的分配,辅助社会弱势群体,使其维持基本的生存权与消费权利。这既是制度公正的重要内容,而且也是社会稳定的必然要求。① 只有适当的对部分过高收入者加大调节力度,合理缩小差距;扩大中等收入者的比重;提高低收入者的收入水平,保障最低收入居民的基本生活,才可实现公平。此外,全社会还需要建立起一种普遍的关怀机制。关怀意味着对他人的尊重,也意味着我们对于他人的处境所给予的一种道德情感上与实际行动上的关心和同情,关怀不应是停留在抽象原则上的情感,而是对他人真实、合理需要的惠顾。如对弱势群体的救助,这既是个体人格完善的要求,也是制度正义的人

---

① 目前,中国只有极少数人进入了高收入者阶层,而有62%左右的家庭收入属于下层和中等偏下水平,中等收入层明显偏少。这种高低两层明显的分层结构也是不稳定的社会阶层结构。如果长期得不到改变,必将对我国社会的稳定和发展造成威胁。

第四章　消费中的个性自由与社会公平

性基础。特别是那些先富者更应发扬集体主义精神和社会主义人道主义精神，通过观念先导、榜样示范、实质帮助，激发贫困者自力更生、脱贫致富，使全体人民都能比较快地富裕起来，实现共同富裕。

三　公款消费的道德考问

在上述消费问题的讨论中，主要还是从主体自身的收入角度对其消费行为是否公平的追问。一般而言，如果主体的消费行为是建立在自身（通过合法手段获得）的财力基础之上，或者说他花出的是自己（家）的钱，那么就他消费的出发点来说，这种行为总还是算公平的。反过来，那种通过花别人（包括个体、群体与国家）的钱来满足自己私欲的消费行为无论从其出发点、本质还是社会后果上，都是应当受到道义批判，且也应当受到法律制裁。在这类明显不公的消费中，既有采用投机、不正当竞争、权钱交易、抢劫盗窃等手段获取非法收入而进行的消费，也有利用职务之便"合理、合法"[①]地侵吞或占用公共资产而满足自己私欲的公款消费行为。

公款，顾名思义就是公共的经费，人民的钱财。在社会生活中，公款消费是必然存在的。社会公共生活领域基础设施的完善及社会公共福利事业的发展总是需要公款给予足够的投入或支出。比如国防安全体系、公共交通、公共卫生、公共教育、公共基础设施等等公共服务以及失业、养老、公伤、医疗保险及社会

[①] 这里的合理、合法是指符合现有财务制度报销的有关规定，但在实质上却是不合理、不合法的。因为不是为了百姓的利益而进行的必要的、正当的消费，而是以满足自己的生活需要或不当欲望为动机的消费，且其消费是扰乱有关国家财务制度与税收政策的，比如稍微有点实权的人可以凭借一纸发票或一张支票在行政经费报销或在账薄中记账，慷公家之慨，极己之方便。

消费合宜性的伦理意蕴

保障。这些公共支出在本质上是市场自身无法提供的，市场的求利性、利己性、短期性特征往往使市场机制的调节作用范围局限于盈利性的经济活动，从而对公共安全、公共福利和义务教育等公共服务不予考虑甚至无能为力。但这些公共支出不仅是经济系统正常运行所必需的，而且本身就是社会持续发展和人民根本利益实现的重要基础及现实内容。也就是说，公款的真实用途是为了公共的利益、人民的利益而不是某个人或某个利益集团的私利。从理论上讲，既然公款是人民的钱财，公款消费是为了人民根本利益进行的消费，那些掌握公款的人或组织就应当本着节约的原则慎重地使用这些公共经费，努力压缩或减少不必要的行政管理开支和浪费行为，支配和使用好人民的钱财，而不能将公款变成自己的私人银行，尽可能地使公款的支出带来最大的社会效益。"政府对全国消费的性质起极大决定作用。不但因为政府绝对控制国家本身的消费，而且大部分个人消费，以政府的宗旨与榜样为准绳。"① 政府是公款消费的主体，政府能否合理而审慎地使用公款，就更涉及到了政府的合法性和权威性问题。因为政府与人民的生活息息相通，政府存在的目的就在于从根本上管理好社会，实现社会的公共利益，政府对公款的浪费与滥用必然会侵犯公民的自由、损害人民的利益，会增加人民对政府的不信任感。所以，公款消费的动机及其后果也同样涉及一个如何消费才是公平的伦理问题。

从当前中国消费生活的实际及人民对公款消费的评价来看，公款消费在一定程度上已经背离了它的本义与道德合理性基础——取之于民，用之于民，而是转变为另一种内容与目的——取之于民，用之于己的消费模式。公款消费的性质已经

---

① 〔法〕萨伊：《政治经济学概论》，商务印书馆，1963，第451页。

第四章　消费中的个性自由与社会公平

发生了蜕变，演化为中国消费生活中最大的不公。正因为此，人们总是以一种否定、批判、义愤的态度来看待与评价公款消费的。本书所着力评判的也是那些为实现自己个人利益而花费公共财产的公款消费行为。比如公款吃喝玩乐、请客送礼，公费出国旅游，用公款安装私宅电话、装修私人住房、购买高档办公用具等等本应由个人按其实际收入支出但却用公共经费埋单的个人消费项目。笔者认为，这种类型的公款消费是典型的不公平、非正义的消费方式，它的实质是化公为私、公物私用、公共资产私人化，即公家掏钱个人消费。公款消费的受益者通常以工作需要为由，借"公"之名义，行"己"之私欲，名正言顺地把国家公共财产据为己有。这实际也是一种贪污，只不过它表面的"为公"属性为它罩上了一件合法的外衣。由于公款消费的主体主要是国家机关、企事业单位的负责人，公款消费又是一种权力消费，是受权力支配的消费行为，所以在逻辑上公款消费量之多寡、公款消费规模之大小又是与公款消费者权力大小、职务高低成正比的。这就在客观上提供了滋生以权谋私、权钱交易等腐败现象的土壤。在这个意义上，公款消费是腐败的一种重要表现形式。[①] 它同其他社会腐败现象一样，侵吞社会公共资产，干扰社会经济发展，侵犯人民群众根本利益，毒害社会风气，影响社会稳定。

公款消费是个别人或集团对社会公共资源的吞食，它使社会公共资源过多地、不合理地流向了一小部分人，挤占了必要的、

---

① 比如少数干部花钱无额度限制，内容随心所欲：购豪华车，找借口出国旅游，私房公款高档装修。有些农村基层干部亦热衷公款消费，吃光积累，为了捞取好处，大搞无理摊派，使农民负担非常沉重，严重伤害了人民群众的利益和感情。

消费合宜性的伦理意蕴

合理的公共支出，破坏了公共资源的公平分配。[①] 社会公共经费支出的目的本是要更多地实现最广大人民群众的根本利益，使其支出能够产生最大的社会经济效益。但现实中的公款消费却不顾这些，使短缺的社会公共资源惠顾的仅仅是少部分人的利益。经济学的消费效用边际递减的规律指出，消费者对消费品的需求是呈边际递减趋势的，一旦某个消费品的供给量超出消费者的实际需求，其消费效用将会递减。由于公共消费资源集中于少数消费者，他们的消费需求也是呈边际递减的，社会公共资源过多地集中、累积于他们中间，结果不只对他们产生不了最大的效用，而且对社会公众也发挥不了最大的效用。这是对社会公共资源的极大浪费。特别是对一个正处于发展机遇的国家，资金是最紧缺的资源，但公款消费却耗用了大量资财，使经济建设失掉了最宝贵的资金资源，不利于经济的进一步发展，也不利于人民群众消费水平的提高与消费结构的升级换代。在中国的市场经济发展中，公款消费已成为影响中国市场化进程的障碍。由于公款消费不受收入、成本、价格等等要素的约束，割断了价格与需求之间的内在联系，容易造成社会供需失衡，导致地区产业的畸形发展[②]，扰乱市场经济秩序。在市场经济条件下，企业的生产行为是通过市场商品需求的变化而引导的，反映这种变化的主要是商品价格

[①] 一方面，一部分人和一部分掌握权力的当事人，巧立名目截留预算内资金或扩大预算外收入，想方设法争取更多的国家预算内拨款，然后想法子将预算内资金的相当一部分转为预算外资金，然后再变成个人或小团体的消费支付，另一方面，他们随意扩大预算外收费项目，支付上千元甚至上万元的吃喝玩乐，购买几十万元的进口高档小轿车有钱支付，使国家的资财，大众的血汗迅速向一些部门、团体和个人聚积。

[②] 参见 www.sina.com 2004-06-07《宁夏陶乐撤县之痛：干部消费支撑的经济一夜崩塌》。

第四章 消费中的个性自由与社会公平

变动。根据需求价格弹性理论，企业是根据市场价格的变动预测市场需求，决策生产。但是，公款消费却扭曲了这种价格变动的理论。因为公款消费缺乏刚性约束，它的消费对象主要是那些缺乏价格弹性或价格弹性较小的商品，如空调机、录像机、高档音响、小汽车等商品。当这些商品价格下降时，公款消费者的购买热情不减；当商品价格上涨时，他们依然购买。这种错误的需求信号使企业不能正确地制定自己的经营战略、经营项目，从而错误地判断市场，失去了自己应有的发展机遇。为了追逐高额利润，一部分企业会盲目投资于大量高档消费品的生产，结果使市场出现中高档商品偏多，低档商品供应不足，花色品种不全，高收入者由于商品拥有量较多而无东西可买，而多数中、低收入者潜在的需求无法转化为现实购买力，其结果是引起整个社会消费有效需求不足，出现消费断层现象，从而导致生产畸形发展，加剧社会供求矛盾，破坏产业结构的合理配置，阻碍社会再生产的顺利进行。因此，公款消费非但没有为社会经济发展提供正确的需求信息，为社会再生产发挥良好的动力、指示功能，而且它会导致商品价格严重背离价值，高昂的消费品价格又使众多的消费者被排除在丰富的消费品世界之外，得不到经济成果的惠泽。由于费用来源的公有性，公款消费者对消费品价格的上涨表现较为冷漠甚至无动于衷，而不像普通消费者那样面对商品涨价权衡再三，主动放弃购买或寻求低价替代品，有时他们可能会做出越贵越要购买的决策，这在无形中又对某些商品的价格上扬推波助澜，造成某些商品价格失真，使高档消费品（如高档烟、高档酒、高档娱乐场所）远远超出了普通消费者现有收入条件下的购买力水平，使普通消费者对这些消费品不敢问津。这是对广大人民群众消费资格与消费权利的剥夺与侵犯。另外，由公款消费推动的超前消费、高消费又具有一定的示范效应，会在一定范围

消费合宜性的伦理意蕴

内助长全社会的攀比、奢侈之风，动摇按劳取酬、勤劳致富、节俭质朴的社会分配机制与个体美德，助长不劳而获、拜金主义、享乐主义的不良社会风气。公款消费的权力消费本质又会激发更多的人的"为官"意识，当然，他们为官的目的不是为民做主、造福社会，而是从官职中获取个人利益。所以，公款消费不仅人为地扩大了现实生活中的消费差距，更是腐败的温床。

"节俭和省用在个人方面是美德，对公家来说它对国家幸福是如此之大，因此它不仅是首要美德，而且是更迫切的任务。"① 杜绝公款消费，实现社会消费公平，政府②责无旁贷。政府的主要职责是维持社会秩序，保证一个安定团结的社会公共生活环境，对经济实行宏观调控，提供全方位的良好服务，这是政府具有道德正当性的重要理由。消费是直接关系着人的现实物质利益的活动，人们对消费的追求与满足有着其价值上的合理性。由是，政府对人民消费权利的保障、消费生活质量的提高以及消费公平问题的解决便直接关系到民众的政治信念、道德操守与社会凝聚力。在社会主义市场经济条件下，人民消费权利的真实享有与消费水平的不断提高不仅是维护人性的必要条件，而且是社会主义制度优越性的重要内容。因而，以人民的需要为导向，将人民的利益和社会的福利作为政府行为的出发点和归宿，充分肯定物质利益、物质生活消费对人的发展的重要意义，把满足人民群众的最基本的和不断增长着的消费需要作为根本目的，始终关心

---

① 〔英〕约·雷·麦克库洛赫著，郭家麟译《政治经济学原理》，商务印书馆，1975，第234页。
② 在西方，随着政府职能的突出，"消费者"、"主顾"开始在更多的地方代替了公民的称呼。尤其在电子政府的建设中，一些重要的纲领、理论文章中大量出现 client, user, consumer 等词，所以人民的消费与政府的职能之间有着密切的关联。

第四章　消费中的个性自由与社会公平

人民群众；解放生产力、发展生产力，充分发挥市场的作用，鼓励一部分人通过诚实劳动、合法经营先富起来，通过增加人民收入，提高人民的消费水平，广泛调动人民的积极性、主动性、创造性，推动社会经济发展，这既是政府合法性的基础，也是维护社会主义社会消费公平的前提。当然，政府是否能真正维护消费公平，政府的工作能否实现人民群众的根本利益，除了加强制度建设之外，其作为的具体展现还在于政府中的公职人员的道德操守上，政府应杜绝与惩治其公职人员特别是领导干部滥用职权、贪污受贿、权钱交易、公款消费等行为所造成的消费不公现象。

从个体的生命存在的直接可感性上，消费是个体自身的行为，是个体通过自己的意识、意图、能力获取资料并证明自己自由生命本质的方式。个体消费什么以及如何消费，的确是一个个体自我自主选择的问题，关系到个体人格尊严、自由的实现程度，社会和他人不得进行无理的干涉。但由于个体的存在以及个体消费的社会性本质，个体表现出的自主的、标新立异的消费方式，就不是独特性、个体性的。个体的自由实现必然要以他人的、社会的正当利益为规定，并在承担责任、尊重他人利益的过程中去实现自己的尊严与自由。一个人关心别人的处境和尊严，必是出于自己内在的尊严体验。只有当每个个体都能拥有自我生命存在的尊严，并能发自内心地去尊重他人生命存在的尊严，这个社会才是一个真正有尊严的社会，才是一个文明的社会。所以，只有在体现人与人、人与社会的和谐发展中去消费，并能以友爱、互助、公平的方式与他人共享社会资源，其消费才具有合宜性的本质。

第五章　消费中的自我欲求与人本根据

——人性难题及其破解：人本消费

从其特征上讲，市场经济是追逐利润并不断创造物质财富的理性经济，价值规律及理性精神始终贯注于经济的全过程。如生产中奉行的节约原则、经营管理中的现代簿记法乃至契约法制观念都使市场经济呈现出高效、高质的经济，实现着社会资源的优化配置。为了实现利润的最大化，市场经济就必然要经常不断地制造出新的经济增长点，就必然要求商品高频率的更新换代，就必然将消费纳入其运行轨道。这样，消费领域中的享乐主义与经常性的、不断膨胀的消费需求就不断创造出新的经济增长的可能性，从而将经济的增长、利润的实现和人的需要的满足彼此耦合起来。正是在这个意义上，相对于以往的短缺经济，市场经济更关注人的感性生活，关注人的物质生活需要，它通过生产力的发展、科学技术的发明与运用等等方式改变了人在消费品匮乏状态下不自由的存在状态，为人的发展奠定了坚实的物质基础。但当现代人正在为摆脱对自然的臣服与迷信，排除超经济形式的剥削与奴役，获得了自由、平等、民主的主体地位而欢呼时，现代市场经济的消费逻辑又不可避免地带来了自然生态问题、社会公平

第五章　消费中的自我欲求与人本根据

问题。这些问题又反过来深刻影响着人的消费需要的满足，侵蚀着人的主体地位，制约着人的发展。所以，在根本上，这些问题不过是人的存在的内在矛盾的反映。因为市场经济是人的现实活动的自觉意识与理性选择的结果，它一直与人的存在相始终，并以人的发展（人性、人格、人的素质、人的能力、人的价值等等）为目的；而市场经济中的消费及其功用的发挥也是由现实的、活生生的、具体的人（每一个现实可感的"我"）的消费行为来承担的。由是，寻求现代社会的合宜性消费方式还应当从"人"本身出发，确立"人"的消费方式。这是消费扩张的人性难题。

第一节　消费与自我实现

人的一切行动、一切对物的需求都是为"我"的。"我"是直接可感受的存在。对于个体来说，没有什么比"我"、比"我的利益"更重要，更现实，更需要关爱的了。人的一切行为的目的都是要不断地充实自我，实现"我"的生命价值。但是，我是什么？是"我思故我在"？还是"我买故我在"？我是个体的存在？还是社会中的存在？我是要关爱感性的血肉之躯？还是要弘扬理性、意志、道德的精神之光？换言之，我应当如何？如何才能真正地为"我"？由于对"我"的理解不同，人们对"我"的实现也呈现出千姿百态般的设计模式。在人的消费生活中，这些问题更加突出地、鲜明地表现出来，对这些问题的解决直接关系着个体的生活态度与行为价值选择。

一　自我的欲望及其裁决

从字面上讲，自我（ego）就是我自己。自我是一个有生命的个体的存在,这种生命个体是自在性、主体性、独立性、运动性的存在。作为生命的存在,自我的存在是有权利、有尊严的存在。但这种权利与尊严并不是与生俱来的,而是在不断克服自在性、克服欲望的过程中,通过自主性、创造性的实践活动赢得的。

人生而有欲,这是人无法克服也不可回避的客观事实。欲望即眼耳鼻舌身意六欲,是基于自然需要的本能冲动,它直接表现为饮食男女的需要。欲望作为人的一种本能,具有其存在的合理性,合理欲望的一定程度的满足,对于整个社会的整合与稳定,对于个体正常人格的形成与发展,乃至于健康人性的发扬与肯定,都具有极其巨大的作用。而从社会发展的角度来看,欲望在终极意义上又是社会前进的推动力。人类对于自然的征服,完全是在欲望的支配下进行的。它为人类的征服行为提供了恒久的内在动力。而对于个人来说,它又是一种生命活力的体现与象征,完全没有任何欲望的人是一个毫无生气的人,没有任何欲望的社会将是一个死气沉沉、毫无活力的社会。然而,由于欲望更多的是一种本能性的欲求,其中非理性的成分又常常占据着主导的地位。所以,欲望的产生与发展具有极大的盲目性与自发性,当欲望无限制膨胀的时候,便会造成对人性的扼杀。当欲望得到某种程度的满足时,人就会表现出某种自足、快乐;当它得不到满足时,人就会产生某种不安、紧张与痛苦。人们总是希望欲望能够得到满足,但人的欲望是多样的且是不可穷尽的,总会存在着多个欲望之间的冲突与取舍;欲望的满足要依赖一定的外部条件,社会资源的有限性常常限制着欲望,要求人做出克制或延期满足;欲望的满足也是在一定社会关系中实现的,它必然又包含了人与人之间利益关系的调节。因此,人的欲望不可能也不必然要得到完全的满足,其中总蕴涵着对欲望本身善恶属性的评判问题以及满足方式的价值权衡问题。价值评判与选择标准不同,就会

第五章 消费中的自我欲求与人本根据

表现出不同的生活态度。

禁欲主义是影响较为广泛的生活态度,它将欲望、肉体视作罪恶,比如柏拉图认为"每种快乐和痛苦都是一个把灵魂钉住在身体上的钉子"①,开启了禁欲主义的先河。埃皮克蒂塔则指出:"使人扰乱和惊骇的不是物,而是对物的意见和幻想。"② 在基督教看来,人的一切罪恶来自于人的肉体的欲望或自然的情欲,肉体的存在会阻碍和干扰人心中的上帝的律法,使人屈服于情欲而犯罪。他们因而鄙视肉体欲望,认为肉体只是尘土和灰烬,是背负灵魂的一头"驮载的驴子",只有"无欲才是神圣"、"尽可能地减少欲望乃是最接近神圣的"③,所以人应当寡欲、克欲,以肉体的牺牲来换取灵魂的宁静,宋明理学家指出"人心私欲,故危殆;道心天理,故精微。灭私欲则天理明矣"④。"圣贤千言万语,只是教人明天理,灭人欲。"⑤ "学者学圣人,不过是去人欲而存天理耳。"⑥ 禁欲主义以其特殊的方式揭示出理性、道德、灵魂、精神在人生价值中的作用,强调人性的提升意义,关怀人的存在价值与终极目标,要求人们应当以严肃的态度来对待生活,对己要自制、自律、洁身自好,对他人要关心、爱护,具有责任意识,使自己的心性修养与道德境界都臻于完善。但由于它轻视人的现实物质生活,其逻辑归宿必然导致轻视人的肉体

---

① 转引自罗素著,马元德译《西方哲学史》(上卷),商务印书馆,1976,第187页。
② 恩斯特·卡西尔著,甘阳译《人论》,上海译文出版社,1985,第34页。
③ 转引自黑格尔著,贺麟等译《哲学史讲演录》第2卷,商务印书馆,1983,第145页。
④ 《二程遗书》卷24。
⑤ 《朱子语类》卷2。
⑥ 《传习录上》。

消费合宜性的伦理意蕴

存在，否认现实物质生活的正当性。这在本质上歪曲了人生的意义，人是不自由的，责任、灵魂、精神、道德成为生命不可承受之"重"，这种生活态度及其实践是根本无法使人得到真正的幸福的，甚至还有可能使人走向虚伪。同时，由于它取消了人的感性欢悦与现实利益，也就取消了社会进步的动力，在很大程度上泯灭了人们进取的意志与勇气、改造现实世界与技术革新的决心，阻碍了历史的进程。历史亦表明，大凡禁欲主义盛行之际总是以某些少数人的纵欲主义为补充的，统治者自身奉行的是纵欲主义，要求普通百姓的却是禁欲主义。

纵欲主义以其特有的方式承认人存在的感性的一面，肯定了感性欲望、享受对人存在的意义，但其根本失误在于将人类无限多样性的生活仅仅归结为肉体感受的满足，把感官的快乐作为人生追求的唯一目的，人为物役成为奢侈消费的人。在纵欲主义的逻辑中，人生是短暂的、有限的，人免不了一死，人生别无他求，活着的意义就在于及时行乐，"为美厚尔，为声色尔"，"为欲尽一生之欢，穷当年之乐，惟患腹溢而不得恣口之饮，力惫而不得肆情于色"①。肉体的快乐因而高于灵魂的快乐，人的生活目的就在于追求肉体的快乐、现实的快乐，所谓崇高、灵魂、精神的追求与完善是不值得的。纵欲主义在某种意义上是对禁欲主义与蒙昧欺骗意识的反叛抗争武器，具有强烈的解放意义。比如文艺复兴时期的启蒙思想家们认为，人是感性的、有情欲需要的人，他们因而喊出了"我是人，我有凡人的幸福"的口号，以人性对抗神性，以人道对抗上帝，直接关注个体的直接的、现实的生存状态。"启蒙的实质性意义就在于颠倒被颠倒了的价值排

---

① 《列子·杨朱篇》。

第五章 消费中的自我欲求与人本根据

序"①,它将个人的尘世生活作为中心,把生活的幸福、感性生命作为目的。纵欲主义也是人们在战乱争斗、朝不保夕的人生动荡时期的思想表达,它直指个体的生命本身,突出个体的生命安全。如魏晋时期士大夫阶层的穷奢极欲与挥霍成性的纵欲主义实际上也是他们在饱受战争、高压政治肆意对个体生命掠夺、控制的内心反抗,放浪形骸、玩世不恭的背后是他们对生命恐惧与死亡恐惧双重压抑的觉醒与焦虑。欲望的满足是人存在的自然前提,但欲望的满足又可能使人傲慢、放纵、自私,甚至于灵魂堕落。纵欲主义把这种傲慢、放纵、自私推向了极致,把及时行乐,感官刺激作为人存在的唯一追求,甚至将物质享受提高到至高无上的地位,毁掉了一切精神内容。这是对人的本性的背离。

禁欲主义与纵欲主义都是对人性的扭曲与扼杀,都是对人的生命尊严与自由的残害。前者压抑与遏制人欲,要求人们放弃现实生活的种种欲望,甚至是最基本的欲望,将人降到受礼教、宗教摆布的动物性水平,人不是自己的主人,他只是为了某种神圣的、超人生的人造物而活,恰恰没有为自己的真实生活而活,他成了统治阶级手中被动的棋子。后者一味地迎合自己的感性需要,将人等同于动物,人在欲望的刺激下逐渐失去生活的价值坐标,变得茫然不知所措,变得意志薄弱、物欲横流,就如浮士德将自己的灵魂交给魔鬼之后那般的痛苦不堪。其实,人欲在合理限度内的满足不仅是社会繁荣不可缺少的原动力,而且是人维护自身尊严、保持人性的重要条件。

节制是欲望方面的德性,它既认可物质欲望对人存在的基础性作用,但又不囿于其中任随欲望恣意冲动,要求人做自己的主人。古希腊哲学家德谟克利特说:"人们通过享乐上的节制和生

---

① 包利民等:《现代性价值辩证论》,学林出版社,2000,第69~70页。

消费合宜性的伦理意蕴

活的宁静淡泊，才得到愉快。""节制使快乐增加并使享受更加强。"① 人的感性欲望、感官肉体的快乐是必需的、应该得到满足，但一个沉溺于口腹之乐的人，并在吃喝情爱方面过度的人，他的快乐却是短暂的。因此德谟克利特主张人不应当追求一切种类的快乐，而应该满足于自己已有的、并通过节制来满足那些高尚的需要，使自己知足与宁静淡泊，获得真正的快乐。柏拉图在描绘理想国的图式时指出，人的灵魂中理性是较好的部分，而情欲则是较坏的部分，如果一个人使其灵魂中的较坏部分服从于较好的部分，那他就是个节制的人："一个人的较好部分统治着他的较坏部分，就可以称他是节制的和自己是自己的主人"②。在亚里士多德那里，节制是符合其中庸之道的一种德性，"关于某些快乐和痛苦（不指一切苦乐皆如此，特别是苦痛）的适度是节制，过度是放荡。"③ "节制者既不喜欢放纵最喜欢的东西，也不享受他不应享受的东西。"④ 节制的人是自己的主人，他服从自己的理智，并根据需要随时调整自己的情欲，做人之当做之事而不做不当做之事，不节制的人则受自己的情欲支配，做出人之不当做之事。节制的本质在于欲望的适度，既不可不足，也不可过度。食不裹腹、饥肠辘辘纵然不可，饕餮纵饮、饱食终日亦不可。人应当有一个积极的生活态度，在保证健康的同时又不应沉溺于声色犬马之欲。根据养生学的原理，当人的基本欲望不能满足时，人会焦虑不安，但欲望过多难以实现时也会使人焦躁不安、精神耗散，一旦实现又会如老子所忧虑的那样："五色令人

---

① 周辅成编《西方伦理学名著选辑》上卷，商务印书馆，1987，第81、83、297页。
② 柏拉图：《理想国》，商务印书馆，1996，第15页。
③ 周辅成编《西方伦理学名著选辑》上卷，第83页。
④ 周辅成编《西方伦理学名著选辑》上卷，第297页。

第五章　消费中的自我欲求与人本根据

目盲，五间令人耳聋，五味令人口爽，驰骋畋猎令人心发狂，难得之货令人行妨"。欲望过多、过度不但伤害人的身体健康，还有可能让人做出鸡鸣狗盗、贪赃枉法之类的不良之举。所以，欲望适度是人的合理存在方式。"是故圣人之于声色滋味也，利于性则取之，害于性则舍之，此全性之道也。"① 只有节制欲望，人的欲望、自然冲动才能"成为意志规定的合理体系"②，人的理性、道德才能驾驭冲动，超越本能，走向"灵魂的善"，人才不致为了欲望而丧失自由、出卖人格、泯灭良心、背离公正，失却人应当具有的深度与内在规定性。节制欲望在消费生活中的现实要求便是适度消费。

二　适度消费及其伦理规定

德国著名伦理学家包尔生在《伦理学体系》中指出，伦理道德问题，说到底就是一个适度问题、一个中道问题。符合中道而适度的行为就是道德的行为。同样，消费也要适度，适度消费同样是合乎道德的行为，是合宜性的消费方式。因为消费不足或消费过度都是不可取的，都是对人的存在尊严与自由的践踏。前者无法提供人类正常生活需要的消费品，使人应有的健康的体魄与健全的智力达不到应有的水平；后者将消费作为人的生活的唯一目的，从而奢侈无度、挥霍浪费，使消费有着异化于人、全面驾驭人的真实危险性，人将丧失自己的主体地位。"过度与不及是过恶的特征，适度是德性的特征。"③ 适度消费是消费行为的伦理准则与理性姿态，禁欲与纵欲都是不适宜的，唯有素朴而又

---

① 《吕氏春秋·本生》。
② 黑格尔：《法哲学原理》，第29页。
③ 北京大学外国史教研室编《古希腊罗马哲学》，三联书店，1957，第321页。

消费合宜性的伦理意蕴

宽裕、慷慨而又乐施才是合适的品性。黑格尔也说：把握度对于实际生活，"特别是对伦理关系也异常重要。例如，就用钱而论，在某种范围内，多用或少用，并不关紧要……一经越过，用得太多，或用得太少，就会引起质的改变。"①

自我是有着欲望的存在，人首先是凭借现实的、感性的对象表现自己的生命的。但是，人的欲望及其满足是需要得到限制的。单就人的肉体存在这一可感性的现实中，就需要自我对自己的欲求做出控制。人不仅没有牛马般的气力与体能，人的肉体生理构造也决定了他的肉体欲求是有限度的。商纣王的"酒池肉林"、秦始皇"东西五百步，南北五十丈"的美女如云的阿房宫之所以被世人斥责为奢侈，成为千古的笑柄，从他们自身的原因来说，就在于这种消费超过了他们的生理极限，超越了他们的生理承受力。正因为如此，自我对欲望的节制既是必然的，也是个体在消费中实现自我价值的必要条件。将自我的价值等同于欲望满足的最大化，这实际上是对自我的误解，甚至是损害自我的生命尊严与权利，从而愈益背离人生的目的。所以，适度消费是人的自爱。

人们奋斗所争取的一切，都同他们的利益有关。消费是直接关系着人的现实物质利益的活动，人们对消费的追求与满足有着其价值上的合理性。一个能够关注和维护自我正当利益的人是自爱的，也是能够推动社会健康发展的现代性人格。自爱包含自利，但并不是利己主义。一个人对自身正当利益的认识、争取与维护，是一个人人格健全程度、主体存在状况的显现。一个逆来顺受、奴颜婢膝、麻木不仁的人是不会有自己的真实利益、不会自爱的。但同样，当人们沉溺于对利益的追逐之中，不顾一切地

---

① 黑格尔著，贺麟译《小逻辑》，商务印书馆，1980，第237页。

第五章 消费中的自我欲求与人本根据

追名逐利,还自以为是在争取和维护自身的利益,也不是自爱。如弗洛姆指出:"现代文化的失败,并不在于它的个人主义原则,也不在于它的道德观念与追求自身利益的一致,而是在于自身利益之含义的退化;它的失败不在于这样一个事实,即人们过分地关心他们的自身利益,而是在于他们并没有充分地关心他们真正的自身利益;并不在于他们太自私,而在于他们不爱自己。"① 所以,适度消费是人珍惜自己生命存在的价值与意义,珍惜自己的正当权利与利益的自爱,它将自尊、自重、自利、自爱、自我实现在消费生活中融为一体。这种自爱必将使人的自我价值得到体现,使人的生命尊严得到维护。

适度消费是值得提倡的,但问题在于,对于有着感性欲求的自我而言,什么样的消费才是适度的?其标准是什么?

人欲在合理限度内的满足是人维护自身尊严、保持人性的重要条件。适度消费要求人们节制欲望,合理发展自己。一方面,要以保证个体自身的身体健康为底线。健康的维护要有足够的衣食,食不裹腹、衣不遮体显然是危害身体健康的。同时,身体健康的维护也需要人考虑自己的生理承受力。超过了生理承受力的消费不仅会危害人的健康,也并不必然带来消费品的高效率,反而可能是一定程度的浪费。比如严重影响着现代人身体健康的高血压、脑溢血、肥胖症之类的富贵病就是由于人的食品消费结构超过了人体生理健康所能承受极限的结果。② 在经济学中,人的消费行为有一个基本规律:边际效用递减。边际效用递减规律说明,随着消费数量的增加,尽管总的效用在增加,但新增的一个

---

① 弗洛姆著,孙依依译《为自己的人》,三联书店,1988,第136页。
② 营养学家的研究表明,每天满足人体需要的膳食能够提供3000~5000卡热量、75克蛋白质、65克脂肪即可。

消费合宜性的伦理意蕴

消费单位所带来的效用增量是逐渐减少的。比如，吃一个苹果会带来一定的效用和精神满足，但如果超过边际效用，则吃的苹果越多，带来的新的效用就越少，人就不再想吃苹果了。如果再吃就可能是零效用或负效用，这就是物的浪费。另一方面，适度消费应考虑自己的真实需要，要以人的全面发展、人性提升为目标，而不致使消费仅仅局限于外在的物质生活的享受，还应有助于人的内在的精神气质的养成。心理学的研究亦表明，消费与个人幸福之间呈非线性平衡关系，超过一定极限，消费与幸福还会呈反比关系，过度消费不仅对人的生理产生不利影响，而且对人的心理也产生负面影响。美国前国家安全顾问布热津斯基指出，用"丰饶中的纵欲无度"培育起来的西方社会是一个"道德准则的中心地位日益下降而相应地追求物欲上自我满足之风益发炽烈的社会"，在这个社会中，挥霍、贪婪、放纵成为生活的座右铭。他认为，这个社会是"正在逐渐丧失进行负责的自我控制所必需的道德和伦理原则"[1]。人们在消费中感受到的不是幸福，反而是人的异化。

但是，个人欲求的"度"的标准不仅要取决于个体的生理承受力，它同时也是一个社会供给、社会发展的产物。随着人类社会的不断发展，满足生理需要的消费比例愈来愈小，生理承受力会转化为一种社会标准，即要受社会客观条件的限制。同时，消费并不是一个听凭自我欲望任意主张的感性冲动，它的满足要取决于客观的社会条件。这个客观条件首先便表现为社会生产力。

经济的发展、生产力的发展是人的生命存在的前提。真正的经济，绝不是禁欲，而是发展生产力，发展生产的能力。发展经

---

[1] 〔美〕布热津斯基著，潘嘉玢等译《大失控与大混乱》，中国社会科学出版社，1995，第75~76页。

第五章 消费中的自我欲求与人本根据

济只能是发展生产力,而发展生产力就必然保持适度的消费,既不能消费不足,也不能消费过度。消费不足会破坏正常的经济比例关系,使消费不能发挥出创造必要市场需求的功能,造成商品积压、生产呆滞、市场疲软与经济萎缩,造成社会资源的浪费,无助于国民经济的繁荣。消费过度会过多地把资金用于生活享受,难免会影响生产的投入,导致经济持续发展缺乏后劲,也会破坏产业结构的合理配置,它并不必然自动实现生存资料、发展资料与享受资料合乎规律地逐级递升,反而会造成国民经济产业结构的不合理,加剧消费品供求的不平衡,最终会使物价迅速上涨、通货膨胀、经济波动,最终危及到广大人民群众的根本利益。在一定的生产力水平下,社会经济的发展是有一定的界限,超越这个生产力水平的发展是不可持续的、非科学的发展。超越生产力水平的消费也只会导致严重的社会后果。"古代国家灭亡的标志不是生产过剩,而是达到骇人听闻和荒诞无稽的程度的消费过度和疯狂的消费。"[①] 古罗马在帝国初期的鼎盛之后迅速走向衰亡与古罗马奴隶主的挥霍成性、攀比炫耀、奢华浪费及疯狂享乐的奢侈性消费有着直接的关系。过度地将精力与资金用于消费会造成国民经济的虚假繁荣,从而引发泡沫经济,泡沫越大,危机越大。所以,从经济健康发展的角度,消费需求对经济的拉动作用或刺激作用应当是有限的,它应当是与特定时期的生产力水平、社会经济发展相适应的消费。对处于社会主义初级阶段的中国来说,适度消费就是使人民的消费数量和质量都符合生产力发展的要求,使人民在基本生存需要得到满足的前提下,发展资料与享受资料的消费也相应提高,提升自身的精神文化素质。

---

① 《马克思恩格斯全集》第 46 卷(上册),第 225~226 页。

消费合宜性的伦理意蕴

在当代社会，由于生态的可持续性在很大程度上关乎着人类的可持续发展，关乎着后代消费权利、生存权利的拥有与保护。因而，适度消费也就必然要从生态向度加以界说。在生态学的视角，当前的生态危机源于人类不顾生态承载力、不顾资源有限性的欲望消费、过度消费。适度消费是根据自然资源的实际情况有效地消费。但在当代社会，发达国家与发展中国家对自然资源的使用方式都是不合理的。富人对资源的过度消费和穷人难以忍受的赤贫都直接侵害了有限的自然资源。另外，人类为了满足自己高质量的消费方式，对自然资源进行了大量的深加工，但这种深加工却是以大量占有、消耗各种自然资源，损害其应有的使用价值为代价的。适度消费要求人的消费必须尊重自然资源的承载能力，并自觉限制在这个能力之内。当然，这并不是说人类坐以待毙，等待着大自然的恩赐，而是说人类应谨慎地考虑自己的需要的真实性、合理性，走限制需要与创新发展结合的道路：在对基本消费需要满足的基础上限制不正当的消费需要，限制挥霍浪费、严重破坏生态的消费，有效地使用资源并能使科学技术驾上价值理性的翅膀，为人类的持久发展寻求更加丰富的资源。也就是说要从长远的、整体的角度实现人类消费需要的持续满足和整个社会的进步，正确处理好人与自然、当代人与后代人之间的关系，实现人类社会的持续发展。

由于人的类的、社会性存在本质，因而在适度消费的问题上还有个社会性的标准问题，即根据社会资源的占有情况公平消费。公平消费对社会经济的发展意义深远，尤其是在当代社会，公平消费更是一个关系到社会稳定发展的重大问题。公平消费一方面要保障个体正当合理的消费权利与生活方式的多样化，提倡个体根据自己的实际经济能力、收入水平进行消费，同时也要考虑到社会消费差距的合理限度问题。

第五章　消费中的自我欲求与人本根据

应当指出,适度消费中的"度"总是历史的、具体的、相对的,它总要受制于除个体内在身体需要之外的诸如生产力水平、习俗风尚等社会条件的制约。在一定时代被认作是适度的消费行为,可能在另一个时代是一种奢侈的或非人道的禁欲行为。因此,在确定这个"度"时,不同的国家应将现实国情、生产力发展水平、社会发展的整体利益等等因素加以综合考虑,促进人的消费方式合理化。笔者认为,当代中国的适度消费,应与生产力发展水平相适应,以人的健康生存为底线,以生态承受力为极限,以社会公平为保障,以个体的身心和谐为目标,从而使消费活动真正成为展开与赋予人的生命以意义的自我确证、自我实现、自我升华的活动,即将逐利行为与人的真善美相统一的人生境界结合起来的消费方式。

三　幸福的实现

罗尔斯认为,把欲望满足的"最大化"当成无条件的目标是肤浅的、误解了幸福的本意的。消费是与人现实生活息息相关的行为,它渗透着主体的主观需要与欲求,必然要涉及主体对幸福的内在体验,涉及如何消费才使人幸福的问题。幸福是人类永恒的追求,每个人一生都在追求幸福。用古希腊思想家亚里士多德的话说,幸福就是"至善"。每个人都必须要以一个终极的善为目标,通过自己的努力、通过自己的奋斗去实现这一终极的善,这个终极的善就是幸福。"幸福是什么?它是 to ariston,它是一切选择所趋向的最高目的和完满实现。它自己却只是为自身而不为他物,所以幸福是自足的,由自身(auto)和满足(arkein)合并而成 autarkeia"[①]。人正是在对幸福的执着追求中

[①] 亚里士多德:《尼各马科伦理学》,第 11 页。

消费合宜性的伦理意蕴

不断趋于完善，使自身的潜能得以充分展开，使人的本质力量得以充分展现与确证。

幸福是什么？人怎样才能幸福？这是个肇始于人类文明伊始的永恒话题。尽管伦理思想家们试图对此做出终极性的概说，但由于"幸福的概念是如此模糊"[①]，以至于谁也未能说得清楚明白。之所以如此，是由于幸福包含着强烈的主观体验，不同的人会有不同的主观体验因而也就会有不同的幸福感受。正是在这个意义上，幸福就是人对自身存在状态的主观体验。这种体验是与人的存在状态直接相关，并且以人对这种存在状态的价值评价与满意度、愉悦感为内容的。人的存在首先是现实的感性存在，那么人的感官肉体以及生命本身就是幸福的载体，对它们的呵护与给养就在直接的意义上获得了善的价值。幸福总是建立在一定的物质生活基础之上的，只有满足了人在吃、喝、住、穿等基本需要的前提下，人的肉体生命才会得以维持，人的生存尊严才可得到保证，才有幸福可言。所以，亚里士多德将"外物诸善"、"躯体诸善"即中等的财富、健康的体魄作为幸福的条件。在穷困潦倒、身患恶疾生存状态下的人是根本不可能有什么幸福感的。这样，物质生活消费在直接的意义上就等同于幸福。通过消费，人的基本生活需要得到了满足，人自然也就会产生快乐、愉悦的感觉，会得到幸福。每当美味的食品、漂亮的衣服、舒适而宽敞的住所、完善的医疗保障、性能良好的交通工具归属于我们时，我们不是总会将幸福的喜悦溢于言表吗？

但幸福并不就是感性生理欲求得到满足的愉悦感。感官、生理功能的完备并不代表着人存在的真实意蕴，对它的满足也只是使人获得幸福的一个基本的要素。"我们的消费和市场是建筑在

---

① 周辅成编《西方伦理学名著选辑》下卷，商务印书馆，1987，第366页。

第五章　消费中的自我欲求与人本根据

这样一种思想基础上的：人可以买到幸福，可以买到一切。如果人付不起钱去买下某种东西，那么他就会感到不幸福。然而幸福却完全是另一回事；幸福是世上'最廉价的'东西……最有钱的人不见得是最幸福的人。"[①] 没有一定的物质生活条件固然没有幸福，但有了充足的物质生活条件也未必会得到幸福。人们总认为幸福与消费水平与档次的高低成正比，因为幸福的感觉是紧紧地与他的现实生活目标联系在一起的。但实际的情况却是，人们从中并未能得到幸福。为了消费更多的物品，我就要更加辛苦地挣钱，这挤占了我的闲暇时间，挤占了我与家人团聚的时间，挤占了我休息、阅读以及我调节身心健康的时间；为了消费更多物品以使自己有幸福感，我会买更多的东西，更高档的东西以体现自己的价值，然而商品更新的速度是如此之快，以至于我总是在得到暂时的满足之后会产生新的匮乏感；当我沾沾自喜于自己的品味消费模式时，我倏然发现与我的消费相关的外部环境是如此的不尽如人意：街道越来越挤、空气越来越差、绿地越来越少……幸福是要厚味、美服、好色、音声之类的感性欲求的满足，这感性欲求的满足在价值追求中的确具有一定程度的优先性，但仅如此则有着将人还原为动物的危险性。也正因此，伦理学家们更多地将幸福与理性、德性的追求联系起来，强调精神上的充实，将精神上的快乐看成是高于肉体的快乐。伊壁鸠鲁说：幸福就是"身体的无痛苦和灵魂的不受干扰"[②] 的状态。幸福并不是去享受肉体的快乐和宴饮的快乐，而只是清醒的推理，寻求选择和避免祸害，排除那些使得灵魂得不到安宁的因素。在孔子

[①] 弗洛姆：《对〈星星〉杂志编辑部的谈话》，《哲学译丛》1987年第2期，第70页。

[②] 苗力田：《古希腊哲学》，中国人民大学出版社，1996，第649页。

消费合宜性的伦理意蕴

看来,幸福绝不是在饮食、住所等等感性生活消费中所得到的快乐,而是心灵宁静、精神充实、道德崇高方面所表现出来的人的存在。"饭疏食,饮水,曲肱而枕之,乐亦在其中矣。"① "一箪食,一瓢饮,在陋巷,人不堪其忧,回也不改其乐。"② 这里的"乐"就是"幸福",这种幸福直指人的灵魂而非肉体:君子应当"谋道而不谋食",只有在超越感性欲求,不断追求理想的境界中,精神的满足和愉悦之后的幸福才是真实的。同样,康德也将道德作为幸福的规导,"德行(作为得到幸福的配当)是所有向我们显现为值得想望的东西的无上条件,从而也是我们对于幸福的全部追求的无上条件,因而也就是无上的善。"③ 幸福的实现以合乎道德为前提。由此,康德强调道德不是关于如何"获得幸福"的学说,而是如何"配享幸福"的学说。无疑,康德幸福中所包含着的感性因素如果不以道德加以必要的规导则可能导致放纵,从而丧失人存在的目的性,使人流于片面性的存在。所以,他将道德作为"配享幸福"的学说,其目的在于要反观人的存在所应有的内在规定性,即要使人在追求幸福的过程中保存他的人性尊严,而不是使人之为人的尊严化为乌有。

就其实质而言,以理性、德性来规定幸福所关注的是人生幸福的另一个向度:人的精神生活与高尚情怀。物质生活固然重要,但却不是生活的根本目的,它应当为人存在的完善性服务。否则,过分地看重物的占有与消费,沉溺于物欲会走向玩物丧志、心灵空虚、人性迷失、道德堕落。"吃、喝、性行为等等,

---

① 《论语·述而》。
② 《论语·雍也》。
③ 康德著,关文运译《实践理性批判》,商务印书馆,2001,第121页。

第五章　消费中的自我欲求与人本根据

固然也是真正人的机能。但是，如果使这些机能脱离了人的其他活动，并使它们成为最后的和惟一的终极目的，那么，在这种抽象中，它们就是动物的机能。"① 心理学研究亦发现，需要越低级，其心理体验便越强烈；需要越高级，其心理体验便越淡泊，但越强烈的体验同时也是越短暂的，越淡泊的体验同时也是越持久的。人之于人，在更深层的意义上应当是思想的深刻、情感的丰富、意志的坚定、精神的崇高以及灵魂的纯洁。由于人的存在本身是一个目的性的存在，并且是一个不断定向展开的过程，幸福同样也不仅限于主体的感受，它总是与人的生活实践相联系的，且总是在实践的过程中实现的。在这个过程中，"人要为自然立法"，使自己的智力不断聪颖起来，认识必然，摆脱对自然的依赖性，获得自由；人也要"为自己立法"，他要使自己的内在潜能得到发挥，要使自己始终充满着创造的激情，更要使自己的勇敢、无私、正直、公正、善良、仁爱等等品德在日常生活中、在创造性活动中得到塑造与培养。"当一个人专门为自己打算的时候，他追求幸福的欲望只有在非常罕见的情况下才能得到满足，而且决不是对己对人都有利。"② 幸福不仅仅是个体的，同时也是关涉着他人、关涉着社会共同体的。幸福不仅是自我价值的实现过程，同时也是"为天地立心，为生民立命，为往圣继绝学，为万世开太平的"的匡世济民过程，这其中包含着利己与利他、享受与奉献的辩证统一。由此，人的消费过程就不能仅仅是动物式的消耗过程，而应当是进取性、创造性、发展性的，并应当在创造性活动中不断获得的愉悦感与幸福感的激励下追求进一步的发展，从而日益远离动物式的存在，使消费成为确

---

① 《马克思恩格斯全集》第42卷，第94页。
② 《马克思恩格斯全集》第21卷，人民出版社，1965，第331页。

证人的本质力量的活动，使人的存在逐渐完善性的同时亦能体验到真正的幸福感受。

第二节 消费的人本意蕴

人是自然性与超自然性的统一体，既是感性的存在物又是超感性的理性存在物；既有形而下的各种物欲的世俗性追求，又有形而上的精神、理性的理想性追求。对于直接的血肉之身躯，如若没有丰富的食物、充足的衣物、舒适的住所、方便的交通等外部物质生活条件，人的生命存在乃至人的尊严也就无法得到保障。但是仅仅有着物质生活条件的丰裕，人也未必会得到快乐、幸福。因为人作为天地之灵，不在于享乐、不在于饮食男女，而在于要过一种理性生活，过一种有目的的、自由的创造性生活。精神的充实与崇高才是人之为人的特质，才使人有一种超越当下的自觉意识，推动人去为改变当下的物质生活条件而实践，实现人的逐步提升。没有物质生活对肉体的滋养固然可怕，但若没有精神支柱，甘于在物欲横流中沉沦同样是可怕的。作为贯穿人类生命活动过程始终且必不可少的消费活动，其根本指向是人，是人的发展，因而它始终面临着这样一个问题，即如何使消费服务于人的合理存在之目的，使人更好地生存与发展，实现人自身的自由而全面的发展。

一　消费的人本理念

一方面，生存与发展是人存在的两个阶段。但生存与发展无论在逻辑上还是在时间上均有着一个先后次序：生存是发展的基础，没有生存就没有发展；但另一方面，发展是生存的延续，发展的样式、发展的趋势丰富与提高着生存的质量，发展不当也会

第五章 消费中的自我欲求与人本根据

严重影响生存。① 与之相应，在人的不同存在阶段，消费的内容与侧重点也就必然有着不同的表现与要求。

生存是人的第一需要。马克思说，任何人类历史的第一个前提无疑是有生命的个人的存在。因此第一个需要确定的具体事实就是这些个人的肉体组织，以及受肉体组织制约的他们与自然界的关系。1883 年，恩格斯《在马克思墓前的讲话》中又指出："正像达尔文发现有机界的发展规律一样，马克思发现了人类历史的发展规律，即历来为繁茂芜杂的意识形态所掩盖的一个简单事实：人们首先必须吃、喝、住、穿，然后才能从事政治、经济、科学、艺术、宗教等等。"② 人首先是自然存在物，感性存在物，血肉之躯的感性事实、"自然力"③ 的天然本能以及生理欲望之类自然需要是人不能克服的客观实在。舍此，人的生命存在与人类社会繁衍生息将是不可能的，更奢谈人的美德操守与精神境界。唯有承认人的肉体存在的客观性，承认维持这种存在、满足这种生物组织的生理需要的合理性才能维持人的生命存在并保持人类自身的再生产。进而言之，唯有满足人的感性物质欲求，才能使人的生命力活跃起来，使人身上的自然力——臂和腿、头和手运动起来，实现人对自身生活有用的自然物质的占有和消费，并通过这种占有和消费使人的劳动能力不断成熟，使人的体力、智力以及情感力和意志力等等能力得以锻炼与提升。基

---

① 如发展中国家在追求经济的发展中采取低效、高耗的生产和不合理的生活消费模式已极大地破坏了生态环境，进而严重危及到人类的生存。
② 《马克思恩格斯全集》第 3 卷，第 574 页。
③ "具有自然力、生命力，是能动的自然存在物；这些力量作为天赋和才能、作为欲望存在于人身上。"——《马克思恩格斯全集》第 42 卷，第 167 页。自然力是人的全部能力的生理基础。人的体力、智力，以及情感力和意志力能力，都离不开一定的生理基础。

消费合宜性的伦理意蕴

于此,人的肉体身躯的健康程度以及人的生命力的蓬勃状态便是一个至关重要的伦理问题。物质品的匮乏、生活的贫困化以及衣食住用等基本生活需要得不到应有的满足将直接威胁着人的健康生存,这种威胁不仅仅是肉体上的,比如使人的正常生理机能得不到有效地运转,给人的生命安全带来隐患;人的身体器官的功能弱化或有缺陷而不能发挥维系人的正常体力和智力作用,给人的生活质量的改善带来困扰;甚至是人的基本生理需要得不到应有的给养,造成生命的过早消逝(非洲由于贫困很多儿童得不到基本的物质给养而过早夭折或身体畸形);这种威胁还有可能是情感上的、人格上的、心理上的,比如被恩格斯所着力批判的贫困的英国工人由于贫困而造成的情感上的麻木、人格的扭曲以及道德上的堕落。当人们处于温饱不保的贫困处境时,不仅人的生命无法得到保障,贫困或匮乏还会使人在生存需要的逼迫下产生一些非理性的举动,甚至出现一些鸡鸣狗盗、打家劫舍的违法行为,使人堕入人性扭曲、情感麻木的泥潭中,影响社会风尚、伦理秩序的稳定性。正是从这个意义上说,贫困虽然不能等同于罪恶,但贫困却是罪恶的孳生地。费尔巴哈也曾以其特殊的论证方式揭示出基本的物质生存需要对人的德行产生的根源性。"没有德行就没有幸福:这个话你说得对……但是,你必须注意:没有幸福就没有德行,因此,道德就归属于私人经济和国民经济的领域中来了。如果没有条件取得幸福,那就缺乏条件维持德行。德行和身体一样,需要饮食、衣服、阳光、空气和住居。"[①] 没有物质前提的德行是空洞的、抽象的、缺乏吸引力的高悬之物,终将因缺乏现实性而被人们所鄙夷和抛弃。

---

① 费尔巴哈:《费尔巴哈哲学著作选集》(上卷),三联书店,1959,第 569~570 页。

第五章　消费中的自我欲求与人本根据

所以，当人类尚处于贫困的窘境，生存问题还是人类面临的首要问题时，就必须通过发展生产力、创造日益丰富的生活资料使人摆脱贫困状态。此时，鼓励人们合理消费，满足人们在吃喝住穿等方面的基本消费需要无疑是具有正当性与合理性的。事实充分证明："当人们还不能使自己的吃喝住穿在质和量方面得到充分供应的时候，人们就根本不能获得解放。"[①] 当然，鼓励消费鼓励的不是脱离社会生产力发展水平的高消费，而是与社会生产力发展相适应的且是维系人的存在的应有的健康、合理的生活条件的消费，比如丰富且健康的饮食、基本充足的衣着、相对舒适的生活空间以及能够使人从繁重体力劳动解脱出来的基本生活设施，从而使人在维持生命过程持久、生理机能完好、身体状态健康、体力和脑力不断得到恢复及提高的健康生存前提下，获得一定的自由与解放。在这个阶段，发展生产力具有重要的基础性地位，因为发展社会生产力不仅可以保证一切人有富足的和一天比一天充裕的物质生活，而且还可能"保证他们的体力和智力获得充分的自由的发展和运用"[②]。相应地，发展生产力的目的就是要不断提高人民的物质生活水平，满足人民日益增长的消费需要。而作为社会再生产环节的消费的最大功用又在于刺激经济发展，推动生产力的提高，并通过提供一定的现实物质条件来满足人类的生存需要。正是在这个意义上，消费是人存在的直接目的，它具有直接的现实合理性。只有承认消费的世俗性、物质资料对人生存的基础性，才有可能为人的发展奠定坚实的物质基础。尤其是对有着深刻贫穷经历的国家来说，唯有不断地刺激经济增长，改善人民的生活水平，满足人的健康生存需要、消费需

[①] 《马克思恩格斯全集》第 42 卷，第 368 页。
[②] 《马克思恩格斯选集》第 3 卷，第 440 页。

消费合宜性的伦理意蕴

要，实现人民消费结构的升级换代，才能摆脱物品匮乏、生活贫困的不自由的人的存在方式。

尽管生存是人的第一需要，消费在生存压力的逼迫下具有直接的目的性，但直接目的并非终极目的，即便是这一时期也不能使人沉沦为物，因为人的存在在其终极意义上并非只是肉体需要的满足，而是要通过消费树立起人之为人的尊严与权利，形成人的合理存在方式。因而，生存固然是人的基本权利，将人的兴趣引向生存也无疑具有一定的价值合理性。但这种合理性只是相对于特定的历史和特定的领域才能成立。人存在的真正目的并非只是维持血肉之躯的健全，不只是吃喝住穿等外部物质条件的充足。若将人的存在仅仅局限于生存这一层面，就会使人丧失超越现实的维度，使人失去其内在规定性、失去主体性而沦为物的附庸或奴隶，蜕变为动物性的存在，使人的存在呈现出物欲化、平面化的倾向，变成一味地沉溺于物欲之中的甘于做物的奴隶的动物式的不自由存在物。人不仅要生存，更要求发展，实现人的全面发展，只有发展才使人具有生生不息的活力，才具有自我否定、自我超越的进取心，才是人之为人的真谛。

人的活动是多方面的，他不仅要保持和再生产自己，为延续自己的生命存在而获得与自己生活和繁殖所绝对必需的消费资料。除此之外，他还需要满足"精神的和社会的需要"，满足求真、求善和求美等等多方面的需要。这说明，生存活动并不能涵盖人的全部活动，只有当人的活动不再是"维持人的肉体生存的手段"，只有"在劳动已经不仅仅是谋生的手段"之后，人类才能真正地脱离动物界，人的活动才是真正意义上的"人"的活动。所以，当人类的生存困境、温饱问题得到解决后，消费关注的中心就应由人的生存转入发展的轨道。在经典作家那里，人的发展的内涵是十分丰富的，人的发展不仅是全面的，"不是在

第五章 消费中的自我欲求与人本根据

某一种规定性上再生产自己,而是生产出他的全面性"[1] 的个人生产能力的全面化,自由个性的解放以及人的社会关系的全面化;同时,人的发展也是自由的,如"人的独创和自由的发展"、"全部才能的自由发展"、"自由而充分的发展"以及"我有可能随我自己的心愿",[2] 简言之就是作为主体的自觉、自愿、自主的发展,是为了自身人格完善和促进社会进步而发展。人全面而自由的发展的落脚点是"全面占有自己本质"。作为人类重要活动的消费,其根本目的也是要实现人的全面而自由的发展,使人的一切能力得到充分的发挥。人的消费活动不只是要保证人的生理上的生存,还应当满足人类的精神与理性之类的需要,否则人还只是动物性的存在而非人的存在。所以,消费对人的发展的意义在于使人在社会实践基础上实现人的体力、智力、情感力、意志力以及人的社会素质、精神素质、心理素质等等能力与素质的综合发展与提高,使人在消费的过程中充分而自由地提升自己的才智与创造力,获得自由个性的发展和精神上的愉悦和满足。这样,消费对人的发展的意义就不仅表现为通过外在物质条件上的丰富来增强人的身体功能的完整,使人的生命存在乃至健康状况得到有效保障,更在于在通过精神文化产品的消费来充实自己的内在精神世界,使自己在诸如思想道德、科学文化素质等精神领域内能够自由发展,养成人的智力与心灵的健全。发展的目的要求人能够正确地选择真正适合自身真实需要的消费品,按照有利于自己身体健康、心智健全、创造力充分而自由施展的方式消费,并在消费活动中逐渐成熟起来。因而,这样的消费既是人摆脱贪婪与自私,不断地超越自我,积极寻求生命意义的过

---

[1]《马克思恩格斯全集》第46卷(上册),第486页。
[2]《马克思恩格斯全集》第3卷,第37页。

消费合宜性的伦理意蕴

程,也是一种主动的、有意义的、个性化的、创造性的主体性建构过程。同时,这样的消费也不是纯粹地对物的占有或迷恋,而是注重生活方式的丰富性、生活内容的多样化以及生活质量的文明化为本质。比如通过高雅艺术的消费提高自己的艺术感,增加生活的情趣;通过知识性消费提高自己的技能与文化修养,"因为要多方面的享受,他就必须有享受的能力,因此必须是具有高度文明的人。"① 所以,在发展目的引导下的消费就是实现人的生命存在的尊严的消费。"尊严就是最能使人高尚起来"的东西。给人尊严的消费就是能够体现人的主体品格并体现自由自觉的主体性活动;是能够使人进行创造性活动而不是沉溺于物质占有的过度消费或奢侈行为,因为过度消费与奢侈行为有着使消费异化于人、全面驾驭人的真实危险性,人可能不再是自己的主人,而是物的奴隶;是能够关注社会资源的实际存有状况以及贯彻人道精神,体现对自然、社会的责任意识与伦理精神的活动。

总之,全面发展的价值目的要求人具有不断超越当下、超越自我的自觉意识与创新精神,要求人们在消费中生产出完善而健全的精神生活,实现人的肉体与精神、个体与社会的同步协调发展,使消费活动真正成为人存在的自由性、全面性特征的手段而不是目的。没有生存就没有发展,但没有发展同样也不会有生存,不会有人的存在。发展意味着超越,意味要摆脱外在于人的所有物对人的支配,弘扬人的主体性,使人的存在更加自由、健康、全面。

以上论述说明,消费不过是实现人的存在价值的"形而下"的手段与过程,而不是人的存在价值的终极目的,如果我们把"形而下"的消费过程当做终极目的来认同,把人生的全部意义

---

① 《马克思恩格斯全集》第 46 卷(上册),第 392 页。

第五章　消费中的自我欲求与人本根据

倾注于世俗生活而不能在理想与现实之间保持一定张力的时候，就会出现精神迷失，变成一味沉迷于世俗生活的外表富丽堂皇而内心空虚寂寞的现代性的行尸走肉和精神乞丐，最终难以促成社会的发展。因此，消费活动的真实目的就应当是人的发展，它的全部内容在于把人类作为发展主体，以人的全面和谐发展为理论依据，以改善和提高人的生活质量为实现条件，以人的素质提高和能力发挥为最终目的。这里隐含着一个基本的前提，消费只有在对人类生存与发展的作用中才能获得其善的价值属性。消费的价值合理性依据在于提供人类健康生存、自由发展的前提与基础。

二　"以人为本"——中国社会转型期的消费价值选择

当代中国正处于由传统社会向现代社会、计划经济体制向市场经济体制转变的社会转型期，面临着生存与发展的双重问题。由于经济发展的不平衡，不同地区、行业、个人才能等各种主客观条件的制约，社会成员之间的收入状况存在着明显的差异性。与之对应，社会成员之间的消费水平上也存在着明显的差距，最突出的便是超前消费与滞后消费的不平衡消费状况同时并存：一方面，相当一部分高收入者拥有着超过一般群众想象的购买力，高档商品房、高级轿车等高档消费品显示着这群新贵们所具备的财产实力与气质风度。另一方面，相当多的低收入者缺少购买力，为了解决温饱问题不得不限制某些正当的消费需要。但从总体上讲，中国人的消费水平还是很低的，恩格尔系数居高不下，饮食结构还不够合理，温饱问题、吃穿问题仍是中国人目前消费的重点。因此，解决人的生存问题，创造尽可能多的物质资料来满足人的生存需要、物质需要具有现实的合理性。因为在温饱尚成问题的情况下，生存的确是人的"最基本权利"，是人活动的直接目的。唯有发展生产力，丰富人的物质生活资料，鼓励人们

消费合宜性的伦理意蕴

合理消费，使人摆脱贫困状况，才能使人在生存需要得到满足的前提下追求人的发展。而且，经过20多年社会改革的艰难探索与成果累积，中国已迈入全面建设小康社会的新时期，尽管现在所达到的小康还是低水平的、不全面的、发展很不平衡的小康，人民日益增长的物质文化需要同落后的社会生产之间的矛盾仍很突出，环境污染也较为严重，拓宽消费领域，优化消费结构，提高人民的生活水平和质量，满足人们多样化的物质文化需求的发展任务依然沉重。正是基于这样的现实，在解决人民尤其是广大贫困地区人民温饱问题的前提下，还应当鼓励人们实现消费结构的升级与优化，比如营养味美的食品、漂亮健康的服装、宽敞舒适的住房、方便省力的交通用具和先进快捷的通讯设施。因为仅仅以解决温饱为目标甚至是抑制消费，提倡简单化的节俭，就会使经济发展失去动力，人们会因不明白经济发展的目的而对其态度冷漠淡然，使消费需求不能发挥对产业结构的调整所具有的合理引导功能，势必使人们把有限的消费支付能力放在满足基本生活的需要上，从而窒息人的发展意愿。这样，中国的社会经济发展就必然要通过刺激消费、发展生产，有效发挥市场机制的功能，生产出更多的满足人的现实需要的消费品，反过来，人们也可以通过分期付款、信用卡、租赁等等新的消费方式改善目前的生活状况，满足自己对住房、汽车等等耐用品的需要，使生活变得更加自由、快乐。

在中国市场经济的发展中，由于市场经济自身的缺陷、西方发达国家消费主义的渗透、传统消费文化中的沉渣泛起、义利矛盾或理欲矛盾的突出性等等诸因素，在肯定消费具有承载社会经济发展的动力功能，维护人的生命存在与提升人的生活质量的使命的同时，还应批判享乐主义习气及其对人的存在状态所造成的后果，寻求促进人的自由、全面、健康发展的消费理念与

第五章　消费中的自我欲求与人本根据

消费方式。

　　市场经济是对个人自由充分肯定的经济，这种自由是个人参与社会性的创造性生产和享受的必然派生物，是通过市场交换充分满足自己对各种使用价值的需要的必然结果，因此，市场经济中的"自由"首先就与人的消费或物质享受有关。其次，消费是市场经济的必然逻辑，市场经济与人的消费生活是息息相关的，没有消费，市场经济就难以存在、难以扩张，或者说，市场经济的存在与扩张是建立在对人的内在需要的发掘环节上的。所以，相对于以往的短缺经济，市场经济既是一种充裕经济，同时也是一种过剩经济。当市场经济在神州大地如火如荼地纵横驰骋之中，我们直接感受到了它的惠泽。在短短的20年，消费品匮乏、品种单一、凭票购物、限制消费、抢购之风已经成为我们脑海中的印记，我们也成为了"轿车驾驶者、电视观看者、商业街的购物者和一次性用品的消费者"[①]。与之相应，公众生活的中心也发生了根本性的质变，购物、娱乐成为人们休闲时必不可少的重要内容，人们的生活更加现实化、感性化，同时也更加丰富化了。

　　市场经济解放了人的欲望，它让人们勇敢而坦率地面对欲望、利益和物质生活享受，并通过市场机制告诫人们满足欲望的正当途径——合法经营、平等交换、增强能力、丰富个性。但，既然市场经济是过剩经济，以欲望或欲求为内在驱动力，那么则有可能走向不是为匮乏而生产，为需要而消费，而是为扩张而生产，为欲望而消费。市场经济往往调动的是人们对生活必需品以外的消费热情，它在某种程度上甚至是要靠"浪费"维系的经济。在丰富新颖消费品的诱惑以及现代营销手段的强大攻势下，

---

① 艾伦·杜宁：《多少算够——消费社会与地球的未来》，第17页。

消费合宜性的伦理意蕴

人们总是会感到自己还缺什么物品，即使他根本不缺什么，比如当没进商场或超市之前，人们觉得自己目前并不需要什么商品，而在进入之后则发现自己要购买很多东西。正是在这个意义上，市场经济有着突破人们的实际消费能力与真实需要限度的必然性，在客观上造就出了无意义的消费、为消费而消费、甚至为浪费而消费的消费。

"消费主义是到目前为止最强有力的意识形态——现在，地球上已经没有任何一个地方能够逃脱我们的良好生活愿望魔法。"[1] 中国的市场经济建设是在全球化背景下展开的，作为发达国家意识形态之一的"消费主义"也不可避免地影响着国人的消费态度。虽然中国的大众消费正在兴起，但由于中国的市场经济发展尚不成熟，中国并未进入到被西方马克思主义所批判的消费社会形态，但在一些经济发达地区，消费主义的影响还在一定程度上存在着。比如上海的酒吧是一个高度消费主义的空间，这个空间是消费主义全方位进驻当代中国日常生活的一个绝妙注解。[2] 受消费主义支配的现实消费行为是一种无尽享乐、挥霍纵欲、奢侈浪费的消费，是被动的、无个性的、不自由的、物品异化于人的消费，这种消费显然与社会主义市场经济的发展与国人的健康存在方式格格不入。另外，在现代新技术与市场的运用所带来的巨大社会财富面前，传统社会中的享乐主义、纵欲主义、攀比斗富的消费文化在某些社会成员中得到回应与延袭，而信用卡、街头自动取款机、分期付款、负债消费等等新的消费方式与

---

[1] 比尔·麦克基本著，孙晓春等译《自然的终结》，吉林人民出版社，2000，第49页。

[2] 参见包亚明等《上海酒吧——空间、消费与想象》，江苏人民出版社，2001。

第五章 消费中的自我欲求与人本根据

现代广告、营销术的诱导在客观上营造出的又是超前享受的消费文化,诱惑人们去购买,去消费,去享受,直接冲击着重义轻利、节约、俭朴、自我约束的传统价值观念。花钱、娱乐、享受、快乐甚至炫耀,不可避免地成为部分社会成员的生活重心。消费是人的必需行为,但消费并不就是人生活的全部,当消费本身成为人的目的,人就会陷入一种对物的追求的恶的无限循环中,会逐渐地贫乏化、病态化,失去应有的深度、底蕴,他的消费或许会和"时尚"、"新潮"、"刺激"、"派"、"酷"、"潇洒"有关,会由于他者的注目而风光不已,但他的消费却始终与内心无关,对人的存在而言最可宝贵的自我肯定、自我确认、自我实现的自由追求却渐渐地在他内心泯灭了,他丧失了"人"的应有的充实、愉快、尊严、崇高之类生命本质,他想靠物来证实自己,但却始终不能证明。其结果,不但是人类自由本性的泯灭,而且是人类有限资源的极大破坏。

消费不过是人存在的手段,而不是人存在的目的。一旦手段支配目的,追求物质享受被还原为第一需要,就犹如浮士德不堪人性的重负,转而以灵魂去换取肉体的快乐,造成自我的迷失。人本身才是目的,物质生产与消费应当为人服务,而不是人为物质生产与消费而活。对处于社会转型期的中国而言,消费合宜性的依据在于人的合理存在方式,国家的消费政策以及人们的现实消费行为选择都应将"以人为本"作为消费的价值选择,使消费与人的健康生存、全面发展有机结合起来,使消费活动成为一种有意义的、有人性的、有创造性的,以提升人的素质与价值目的的活动。一方面,充分重视人的现实消费与利益,"不重视物质利益,对少数先进分子可以,对广大群众不行,一段时间可以,长期不行。革命精神是非常宝贵的,没有革命精神就没有革命行动。但是,革命是在物质利益的基础上产生的,如果只讲牺牲精神，不讲物质利益，那就是唯心论。"① 那种不顾人民根本利益、不顾人民实际需要，忽略人民群众的物质需要、贬抑消费而高谈精神、情操的做法是违背历史唯物主义的。另一方面，在创造条件鼓励人们合理消费的前提下，鼓励人们的消费应当与环境保护及自身素质的提高、能力的发展联系起来。不但要使人们肉体生命的健康状况成为现实，人的生存条件与生活水平得到改善，还要积极引导人们的精神生活走向充实、崇高，人文素质得到发展，而不是任其变成一味追求时尚、奢侈、享受但却没有理想、没有目标的精神流浪之徒，就像一个永不餍足的、贪婪的消费动物。

三 广告下的理性——现代消费的人本指归

其实，仅就人自身的生理条件而言，人是有限的存在物，不仅他的生命本身是有限的，他的自然需要或物质需要也是有限的，且不论满足他需要或需要的外部自然条件的有限性，当需要超过了其生理限度，要么就无福享受而造成物的浪费，要么就享受过度而伤身害病。所以，那些自然性物质欲望极度膨胀的人，对物质财富疯狂消费的人往往又是病态的人，这种病态不仅是生理上的，也是心理上的。如果说传统社会某些人尤其是剥削者的贪婪、奢侈、挥霍只是他人性之中欲望自然流露、自我宣泄的结果，那么在现代科学技术与市场营销术的影响下，人们对物的欲望却是外部环境诱导的结果，他的欲望更多的是社会性而非自然性，即他的欲望是由社会生产出来的，而不仅仅是他的自然生理本能自发生产出来的。在商品经济社会，承担这项制造欲望职能的便是以广告为主体的现代商业文化。

---

① 邓小平：《邓小平文选》第 2 卷，人民出版社，1993，第 146 页。

第五章　消费中的自我欲求与人本根据

广告是古已有之的商品推销术，但是广告运动的蓬勃发展则是在市场经济制度建立之后。广告的本意在于"广而告之"，是企业通过一定的媒介把自己产品的信息公开而广泛告知有关公众，从而把产品推销出去的一种手段。所以，广告是企业与消费者之间的一种商谈、斡旋过程，是企业通过媒介劝说和诱导消费者购买其产品的一种过程。现代科技日新月异，丰富多彩的消费品大批量地被抛售在市场上之后，消费者常常面临着选择的困惑。于是，在人们面对众多的同类产品如何取舍的问题上，广告责无旁贷地担当了人们消费生活导师的角色，它专业地讲述着各种商品的性能与用途、从容地权衡同类产品各自的特色及其之间的差别，帮助消费者做出决断。也正因此，广告已经渗透到了每个人的生活之中，成为人们生活经验的一个必不可少的部分，它甚至潜藏于人们的记忆深处，每当消费者在面对商品进行评判和选择时，它总会有意无意在人们的头脑中浮现出来，指导人们按照它的诉求做出某种决断。现代市场经济的生命力取决于最大限度的消费，它就必然要突破人的需求，走向欲求、欲望，而广告的职能也就在于通过创作出鲜明独特的广告，宣传商品在品牌、价格、服务、款式等方面的独特性，以唤醒消费者的潜在需求，开发新的需求，形成持续不断的购买意愿与消费行为。所以，广告是现代市场经济的催化剂，对经济发展具有巨大的推动作用。

著名发展社会学家阿尔温·托夫勒在其《未来的冲击》中谈到广告的功能时指出："消费者甚至无暇考虑自己究竟需要什么样的东西，便被变幻万千的广告所淹没。他们在不断地被各类宣传广告的刺激和操纵下，产生购买或其它各种感觉及行动"[①]。

[①] 阿尔温·托夫勒著，孟广均等译《未来的冲击》，新华出版社，1998，第58页。

消费合宜性的伦理意蕴

在现代社会,广告几乎到了无孔不入、无时不有的地步,它对人们的衣着打扮、娱乐方式、生活方式、审美情趣、家居修饰等许多方面发挥着重要的指导功能,它不再是单纯的商品的标记,而是新的价值观念与生活方式的倡导者与灌输者。表面上它是以形象化的、感性的方式宣扬着物的实用性,但实际上却是以更隐蔽、更深刻的方式影响着人们的思想、言行,进而影响生活的方方面面。电视、电台、网络、街头广告牌、报刊……凡是能够给广告留有空间的地方都渗透着广告的魔力,它告诉人们什么样的生活方式才是人们要过的生活方式,怎样打扮、修饰才能使自己青春靓丽、光彩照人,用什么品牌的商品才是现代的、时尚的。广告为人们编织了一幅幅新生活的美好蓝图,不断唤起人们对美好生活的丰富联想,如用了某商品就能成为昂扬的有丈夫气概的男子汉或性感漂亮的美女,并提出实现这美好生活梦想的途径:即美好的生活要从消费开始,消费能够使梦想成为现实。于是,广告切中的是人的欲望,它劝告人们去不停地消费广告中的商品,但同时又不断给人们制造出新的匮乏感。[①] 为缓解匮乏的焦虑,人们又不得不再次走向广告设计的生活方式。因此,现代广告已背离了它本来的意义——"广而告之",演化为"广而诱之"。每当人们看了广告之后,总会有一点点自卑与莫名的遗憾:自己的皮肤还不够白,自己的身材还不够完美,自己的头发还有头皮屑,自己的身体还缺……广告由此为人们找到了合理的消费理由(因为不如此,就会不漂亮、不强壮,就会没有吸引力,得不到异性的青睐或被人歧视)。广告唤起人们的消费激情,煽起人们的消费欲求,纠结成难分难解的"欲购情结"。由于广告的作用,消费的欲望产生了,原来本不需要的商品变成必

[①] 比如今天你……了吗?你还没……?我要……之类的广告词。

第五章　消费中的自我欲求与人本根据

需品，原本属于奢侈性的消费变成必要消费。广告还召唤着人们"喜新厌旧"的本性，告诫人们放弃那种陈旧的商品，过时的生活情调，它用不断升级换代的广告宣传，快速制造出更新的生活方式，如时装的色彩，款式的频繁更替，要求人们疾驰于流行时尚之列，仿佛不加入它们的行列就要被排除在这个丰富多彩的世界之外，就会被抛出这个风驰电掣的流行时尚快车。因为在商业文化的逻辑中，时尚就是一种"美"，一种"高贵"生活品味的象征，一种人生价值的衡量标准，符合"时尚"的消费就是会被人羡慕和尊敬的。由于"时尚"、"流行"之风的吹动，人们会去穿比普通衣服价格高出很多倍的名牌服装，吃比普通食品价格高出许多倍的高档食品。但时尚的本质却总是短暂的、变动的，它只是"适时"即时代的诉求而非"合适"①。这种时尚在客观上营造的是用过即扔的消费氛围，害怕"过时"的恐惧感会令人身处于深深的忧虑之中，面对时尚，欲望无限增长，非必要的消费需要成为消费的直接动机，过度消费、挥霍浪费的奢侈型消费成为必然。广告渲染出的生活方式与消费时尚，好似一只无形的手，控制着人们的价值理念，它将自我价值与商品直接关联起来，将生活幸福与消费商品划上了等号，传统的重道义轻物欲、崇俭黜奢的道德观念日渐萎缩，拜金主义、享乐主义、个人主义从而涌动起来。

广告所着力开发的不仅仅是人的内在生理欲望，更在于突破这种生理欲望，使其脱离自然的、本能的属性，走向社会的象征意味，使消费转化成为一种地位和身份的建构手段。"I shop, therefore I am"，我消费了什么，则我是什么样的人。通过广告，

---

① 比如现代社会以瘦为美为时尚，广告中因此充斥大量的形式各异的减肥品，这种时尚塑造的是病态美而非真实的美。因为美首先是要以健康为前提的。

消费合宜性的伦理意蕴

我就可以发现"我是怎样的"或者"我应当成为什么样人"。用波德里亚的话说,广告是"通过对信息的解码而自动依附于那种它在其中被编码的编码规则"①。在广告中,我们消费的是商品的符号价值而不是商品本身的使用价值。如肯德基的广告,它使人们吃肯德基的意义已经超越了食品本身,而在于享受一种生活方式,一种美国式的现代文化;只有吃了肯德基,生活才能好滋味。由于广告,消费品与其所蕴涵的文化意义、社会意义连接起来,消费或拥有了某种商品,就拥了了某种价值与意义,于是人们将某种形式的消费看做是新生活的象征,或通过某种形式的消费建构自我价值与社会地位。可见,广告所鼓励的并非是单纯为满足人的基本功能需求的消费,它还在鼓励以商品衬托人的经济实力、社会地位及品位情趣的社会心理消费,但这种消费往往是高消费或奢侈性消费。

经济学家 Robert Heibroner 说:"如果让我指出资本主义国家中最具有破坏力的因素,以及资本主义道德不断败坏的最主要原因——我会毫不犹豫地认为是广告。谁还能找到像广告那样贬低优美的语言、玷污绝妙的思想,并不知廉耻的东西?"② 广告的确对优美的语言文字进行了污染和亵渎,助长了社会不良风气的产生,对未成年人的成长产生了消极影响。但更为重要的是,广告鼓吹消费至上,诱导人们过分重视和追求物质、感官享受的价值观,有着将"人"的价值等同于"物"的真实危险性。在广告的蛊惑下,人的欲望不断被激起,不自觉地但又是乐此不彼地

---

① 波德里亚:《消费社会》,第 134 页。
② Robert. l. Heibroner: "Demend of the Supply Side", New York Review of Book 38 June. 1981. p40. 转引自饶德江《现代广告批评解读》,《现代传媒》2003 年第 3 期。

第五章 消费中的自我欲求与人本根据

投身于被广告设计好的生活模式中去，自愿将自己定位于商家设想的圈套之中，自愿接受商家的建议与生活标准，以占有更多、更新的物为乐趣。然而，当广告以无微不至的话语关心我们、体贴我们时，我们似乎是有了更加合乎人性的自由生活，我们的自主权似乎也牢牢地掌握在我们自己手中，但这种自由、这种权利只是更加游刃有余地穿梭于商品世界之间，尽情地满足我们的喜好的表达，只是我们随心所欲地获取感官体验和感性满足的表达。在商厦、超市、娱乐场所之类的消费空间中，生活的唯一内容只是要无穷无尽地占有美好的新产品，而那些消费的对象——堆积如山的新颖美观的物品成了我们这个世界实际上的主宰。我们被林林总总的物包围了，沉溺于这个虚拟化的物质世界之中，却放弃了对精神生活的追求，失去了自己的主人地位。所以，我们在肯定广告在发展经济、推动现代化进程的作用的同时，还应当积极反思广告对人们消费生活的影响。面对广告铺天盖地的诱惑时，我们该去如何应对？是积极的迎接？还是消极的接受？在广告的刺激下，是把自己交给广告，从而以满足不断张扬的欲望为目的的非理性消费，还是把命运交给自己，从而理性地选择自己必需的商品。因此，坚持人本的消费才是我们的应有的理性态度。这种人本理念既是对我们欲望是否合理的权衡，同时又是对我们灵魂、心灵的呵护，它要求我们真正认识自己、认识自己的真实需要，健康、科学、文明地消费。

第三节 人本消费的价值规范

健康、科学、文明地消费是合乎人的目的与意义，合乎人的自我价值实现的消费要求。在现实的、具体的层面上，人们在消费生活中应当以健康对抗病态、以科学对抗愚昧、以文明对抗落

消费合宜性的伦理意蕴

后，这样的消费将人的多方面本质结合为一体，以人的人格的健全、心灵的充实为本质规定，这样的消费是人本的、合理的。

一 健康消费

健康是一个意义广泛的概念。世界卫生组织（WHO）提出，健康是一种生理、心理与社会适应都臻于完满的状态，而不仅是没有疾病和摆脱虚弱的状态。并进一步指出健康的新概念：一是有充沛的精力，能从容不迫地担负日常工作和生活，而不感到疲劳和紧张；二是积极乐观，勇于承担责任，心胸开阔；三是精神饱满，情绪稳定，善于休息，睡眠良好；四是自我控制能力强，善于排除干扰；五是应变能力强，能适应外界环境的各种变化；六是体重得当，身材匀称；七是牙齿清洁，无空洞，无痛感，无出血现象；八是头发有光泽，无头屑；九是反应敏锐，眼睛明亮，眼睑不发炎；十是肌肉和皮肤富有弹性，步伐轻松自如。因此，健康是生理健康与心理健康的统一，两者是相互联系，密不可分的。当人的生理产生疾病时，其心理也必然受到影响，会产生情绪低落、烦躁不安、容易发怒，从而导致心理不适；同样，长期的心情抑郁、精神负担重、焦虑的人也易产生身体不适。因此，健全的心理与健康的身体是相互依赖、相互促进的。①

健康是人的生活需要，人们期望良好的健康状态，希望通过消费来维护自己的身心健康。"花钱买健康"所反映的正是现代人的基本生活理念或美好愿望。但事实的情况是，没有足够的钱、没有必要的消费支出，人不一定能够健康；但如果有了足够的钱却消费不当，人也未必能够健康。正是在这个意义上，健康

---

① 参见段鑫星、赵玲编著《大学生心理健康教育》，科学出版社，2003，第1页。

第五章　消费中的自我欲求与人本根据

的消费直接对抗的是就是贫困与病态。马克思在批判资本主义生产方式对工人的剥夺时指出，新鲜、洁净已不再是工人的需要，肮脏——人的这种堕落、腐化、文明的阴沟却成为工人的生活要素，工人们只能吃感染上斑点病的马铃薯，工人不仅被剥夺了人的基本需要、尊严，而且被剥夺了健康。生活的贫困化直接影响着人的健康。在贫困的第三世界国家，由于经济落后、由于战争、动乱所造成的食物短缺，饥饿与营养不良正在严重侵害着人们的生命。据世界卫生组织估计，全球至少有4.3亿人受到营养不良的影响，有1亿个5岁以下的儿童忍受着缺少蛋白质能源的营养不良，其中10%以上的情况相当严重，随时面临着致命的危险。由于贫困所导致的医疗设施的不足以及生活条件的恶化也在直接地危害着人的健康。比如缺少饮用水或饮用水污染使很多人面临着健康问题。在发展中国家蔓延的另一类主要疾病是与空气传播有关的。在世界最穷的国家，肺结核病仍是主要的公共健康问题。对贫困所造成的健康问题，重要的措施在于消灭贫困，满足人们的基本生活要求；改善人们的生活居住环境，控制传染病的传播；加强基本的卫生设施建设，提供与保障必要的药品与医疗条件；保护生态环境，减少因环境污染和公害引起的健康危害；改变不良生活习惯，提高卫生意识，防止疾病的发生。当然，这种目标的最终实现，不仅在于发达国家改变不合理、不公正的国际政治经济秩序以及提供人道主义援助，还在于发展中国家政府的民本、廉洁、责任、高效的执政理念与执政能力以及发展中国家人民的民主意识、爱国图强、团结一致、进取创新的精神的生成。唯如此，才能发展生产力，才能摆脱贫困化，使人的健康成为可能。

富裕也同样会带来疾病。比如过度饮食、饮食的精细化或高营养化所造成的现代富裕病对人的健康的影响，使循环系统疾病

消费合宜性的伦理意蕴

尤其是心脏缺血病和脑血管病成为人体健康状况的最大杀手；不良生活习惯譬如吸烟、酗酒使得胃癌、肺癌等癌症的发病率增高；堕落糜烂的生活态度与消费方式如吸毒、淫乱、纵欲也直接导致了艾滋病、性病性传染病等流行，对公共健康造成危害。由于现代高科技消费品对人的体力劳动的解放，人们的生活日益安逸，但同时人的某些功能日益退化，人变得越来越依赖人造物，因为以车代步，人的脚力越来越差；因为空调对居室温度的调节，人的御寒能力或防暑能力越来越差……人越来越缺少与自然亲近的机会，缺少由于直接的体力活动带给自己的快乐，缺少由于适当的身体锻炼带给自己的强壮体魄。反而堕入花钱买补品、营养品、药品、保健品以寻求健康的怪圈之中。其实，从人的身体健康的角度看，补品之类东西只是在身体上缺乏某种物质的情况下才需要进补，对于那些健康的人来说，过多的进补反而会破坏体内平衡，对身体造成危害。更有甚者，出于对身体健康状况的深深忧虑以及认识上存在的误区也会在客观上造就某些非人道的、不健康的消费行为，比如滥食野生动物，这种行为不但使野生动物资源受到严重破坏，也直接危及到人类的健康。专家研究发现：灵长类动物、啮齿类动物、兔形目动物、有蹄类动物、鸟类等多种野生动物与人的共患性疾病有100多种，如：狂犬病、结核、流感、β病毒、鼠疫、炭疽、甲肝等。人一旦染上，则会危及生命安全。所以，为了自己的健康，为了人类的生存和民族的强盛，摈弃滥食野生动物既是一种道德规范，也是人的道德自觉。

笔者认为，健康的消费还直接对抗着一些寻求病态美的消费，尤其是女性单纯为追求外在美、女性美所表现出的对身体的"残害行为"。爱美之心人皆有之，消费是要追求美的生活，但求美却并不是消费的全部内容。况且，美本身也是一个综合性、相对性、主观性的价值范畴。美的本质是主体的一种幸福感与愉

第五章 消费中的自我欲求与人本根据

悦感,对愉悦感、幸福感的认识不同,也会产生出许多美的认识。但美的前提在于肯定生命、张扬生命。所以,真正的美是真实的、健康的、深刻的美。真实的美是天然的而非矫揉造作的人工美;健康的美是以躯体的功能完善而非以健康、生命为代价的病态美,像"楚王好细腰,宫中多饿死"、"三寸金莲"留给人的仅仅是笑柄及当事者本人的身体痛苦;深刻的美是以人的全面性、人格的独立与解放为内涵而不是浅薄的、外在的、丧失主体性的虚幻之美。但在当代社会,女性为美而发动的消费行为恰恰是与美的本质根本背离的。在当代社会,美不再是少数人的专有品,由于高科技的运用,美同时也是一个可以用人工加以改造的产物。对爱美的女性来说,美不再是秘密也不再是梦,只要辅之以现代化的手段或昂贵的美容品,"美"立即会成为现实。在商业文化的逻辑中,女人的性之美是与她的价值关联在一起的。各类的直接的或变相的选美活动及商业广告对外在的"女性"之美的推崇与摧动,使女性对自己肉体的改造达到了前所未有的程度:从头到脚、从外到里、从粗到细,脸、颈、胸、腹、臀、腿、足都进行了精细的整饬与修理,使美女都成了经过特殊处理的技术产品,成为经过特殊材料制作成的人造美女。但是,这种美对于爱美者并不一定是福音,反而可能是灾难。正如当代俄国哲学家别尔嘉耶夫所言:"审美者并没有体验到由美所引发的美感,他常常漠视最真实的美,只是让虚幻的热衷于追赶时髦的人,正灾难参与某种审美时尚的人,往往缺乏稳定深刻的理性,他们往往屈服于暂时的感性的愉悦与满足,而放弃了理应具有的稳定的审美理想,有时甚至美丑不分,以丑为美。"[①] 在商业文化制造的美的标准中,女性放弃了健康的追求,要么以节食或吃

---

① 转引自李建华《时尚导向的道德询究》,《常德师范学院学报》2002年第1期。

消费合宜性的伦理意蕴

减肥药而达到瘦身的目的;要么对身体刀耕火种(隆胸、垫臀、抽脂)以锻造迷人的魔鬼身材;要么对面容特殊加工(高分子双眼皮、绣眉、漂唇、祛斑、皮肤漂白)以使自己有着明星般迷人的魅力。但瘦身的美导致的只是一种病态美,是对传统苗条与丰满相结合的健康美的背离,而且瘦身的结果不仅是营养不良,还有可能诱发心理疾病如厌食症。而整容手术或者由于技术上的不成熟,或者要割舍某些身体器官为必要工序,导致的结果可能不是美丽,反而是丑恶、残疾。美的本意是要给人带来愉悦感,真正的美离不开人的自由。席勒认为:"正是通过美,人们才可以走向自由。"① 美的本质是要人在轻松愉快的情境中,欣赏美,这种美所要展现的是人的自主、自由精神。但是,现代女性在对美的消费中丧失的恰恰是自由。她们被动地接受商家的建议,选择各种各样的美容消费。在求美的消费中,她们并没有得到真正的女性解放。一方面,女性的身体被分解为各个独立的部分而丧失了整体性。甚至在某些人心中,她们只是情欲、性感的代名词,只是男性欣赏、窥视、占有的欲望的载体。比如"做女人'挺好'"、"挺不起胸,怎么抬得起头"、"留得住他的心先……"乍看之下,现代社会赋予了女性很大的自主性,商场中更多的是女性消费品,女性可以在消费中游刃有余,尽情地满足自己的偏好,但实际上女性并未真正获得主体性,并未摆脱男权的控制。另一方面,在时尚、流行的话语系统中,女性在求美的消费时尚中也经历了一个被物化的过程,她也渐渐迷失了自己,成为一个被动的消费动物。所以,回归生命的本质,回归人的主体性是健康的、真实的"美"的要求。因为没有健康的身体就没有健全的灵魂,也就没有人的生命。

---

① 〔德〕席勒著,张黎编选《席勒精选集》,山东文艺出版社,1998,第671页。

第五章　消费中的自我欲求与人本根据

二　科学消费

市场经济是以市场为基础的对社会资源进行优化配置的经济运行方式。在市场经济中，消费者的需求对实现社会资源的优化配置发挥着重要影响。也正因此，西方经济学界提出了消费者主权理论。这一理论认为，在市场机制充分作用的情况下，生产者的生产决策将最终取决于消费者的爱好和意愿。通过消费者对生产者的这种决定关系，就会自然形成资源配置的最优化。具体说，这一过程的实现好比一场"民主选举"。消费者到市场上选购自己所需要和喜欢的商品，就等于用货币向生产这些商品的厂商进行投票选择。生产者只有根据货币选票所反映的市场信息来安排生产，使生产要素的投向和组合符合社会需要，才能求得生存和发展。这样，生产者生产什么，生产多少，最终将由消费者的意愿和爱好决定，而生产者为了多得"选票"（货币），争取最大利润，必然展开竞争，千方百计地改进技术，降低成本，提高质量，增加花色品种。通过竞争和市场机制，消费者和生产者都会得到好处，消费者可以得到价廉物美的商品，生产者可以获得最大利润；更重要的是，在此过程中，资源的使用可以最大限度地符合社会需要。所以，消费者主权的实现也就等于资源配置的最优化和社会经济活动的高效率化。消费者主权理论点明了消费者的消费行为对社会资源优化配置所具有的意义。但是，消费者主权具有潜在的危险性，比如"顾客想要买的是什么，他认为有价值的东西是什么，这才是有决定意义的——它决定着什么是一个企业，它生产些什么，它是否会兴盛起来"[①]。如果消费者的需要是不合理的、是与社会持续发展的要求相背离的，那么

[①] 戚聿东：《消费者主权及其实现》，《北京经济瞭望》1994年第4期。

消费合宜性的伦理意蕴

就无法实现社会资源的优化配置。所以,社会资源的优化配置应当与消费者的理性消费行为密切相关,也就是说,消费者的消费应当反映自己的真实意愿,应当追求产品的使用价值最大化及社会整体利益的最大化,否则,资源不可能得到合理配置,经济也不可能得到高效率。

理性的消费者应当具备科学的消费知识与消费能力,否则,无知只会造成资源的浪费并给自己与社会带来危害[1]。古希腊哲学家苏格拉底主张"知识即是美德",虽然这一观点将真与善等同起来,但在一定意义上,掌握或具备关于消费对象知识的消费行为确实具有道德的意义。因为无知的确会造成浪费,会使人盲从,会使人盲从于某种迷信而甘于丧失自己的主体性。所以,科学的消费首先是指消费者应当具备了解消费对象的性能及如何使用消费对象的知识和才能。只有他具备这种才能,消费对象的使用价值才能得到充分合理的利用;反之,就可能是极大的浪费。马克思曾说:"如果音乐很好,听者也懂音乐,那末消费音乐就比消费香槟高尚。"[2] 要想从"消费"音乐中取得收获,消费者必须是懂音乐的人,否则,对于一个毫无音乐修养和乐理知识的人来说,即使是世界上最美的音乐也未必会得到他内心的共鸣,这种消费的效果必定是很差的。在日常生活中,许多浪费或对社会资源的危害恰恰是因为消费者不具备相关的知识所致。比如早期的人们因为不了解氟里昂对臭氧层的破坏而使用了冰箱、空调的消费行为。再如人们对盗版光盘、书籍的购买,这种消费不仅

---

[1] 一些家长为孩子购买的一些补品,结果却适得其反,尤其是孩子服用了含有花粉、蜂王浆、人参的营养品后,女孩过早地出现了经期、乳房隆起等第二性征;男孩过早地出现喉结、变音、遗精等第二性征。
[2] 《马克思恩格斯全集》第 26 卷(第 1 册),人民出版社,1972,第 312 页。

第五章　消费中的自我欲求与人本根据

是不科学的，而且是非法的、非道德的，对这类消费品的消费不仅直接损害了消费者本人的根本利益（盗版光盘制作粗糙，极易损害激光头，有的盗版光盘还携带电脑病毒，给使用者带来无穷的后患）；而且还将助长盗版之风盛行，造成正版商品使用价值的浪费，从而扰乱正常的经济秩序，不利于国民经济的良性运转。消费者消费知识的匮乏不但会使自己上当受骗，还会在客观上造成市场上假货盛行，从而贻害市场的健康发展及整个社会诚信之风的构建。所以，只有多掌握科学知识、消费常识，才能提高识别能力和自我保护的能力，才能积极推进市场经济的健康发展，才能根据自己的发展目标有计划、分步骤地调整与改善自己的消费结构，使自己的身心得到全面发展。

科学的消费还应当是理性的消费，它要求消费者认清自己消费的真实意愿，认清消费的真实目的，而不是为了某种异己的、怪诞的、虚假的目标去消费。由于"面子"文化的影响，国人在消费时往往会堕入炫耀、攀比性消费的漩涡之中，但这种逞一时之能的"摆阔气"之举却极不理智。富人们的炫耀与攀比消费必然产生奢侈与浪费，其消费行为本身就是对商品使用价值的真实背离。他们挥金如土的放荡行为在误导整个社会的经济发展，造成经济发展的严重扭曲的同时还将污染社会风气。正如亚当·斯密在谈到道德情操的堕落时指出的，由于人们羡慕富人和大人物，从而对他们加以模仿，导致这些富人和大人物树立和倡导时髦的风尚，甚至他们的罪恶和愚蠢也成了时髦的东西。其实，富人的阔绰、奢侈总是以多数人的贫困与匮乏为前提的，当富人为虚荣的目的而挥金如土、攀比斗富时，他们不仅丧失自己的良心，还直接暴露出他们纵欲、堕落的生活态度与冷酷、贪婪、无情的道德状况。而普通民众的炫耀、攀比将浪费其必要的生活开支，影响其生活质量的改善。比如对婚礼的大操大办，对重点节日的过度消费，却是将平日里省吃俭用攒下来的钱甚至是以借债的方式来实现的。为了图一时的痛快或显阔，代价是对日常生活基本消费支出的限制，以至于最后要靠咸菜、萝卜干之类的东西来维持生计。这种消费方式产生的恶性循环，最终会使本来消费水平就不高的普通民众（尤其是农民）希望尽快改善生活质量的愿望难以实现。支撑攀比、炫耀消费的虚荣的心理是病态的心理，它夸大消费的象征意义而将奢侈、浪费作为荣誉，却将俭约、克制作为耻辱，使消费与人的实际需要脱节，从而，人不再是积极探索生命意义的道德实践者，而是以追求享受、生理本能满足的物的奴隶。所以，科学的消费应当是对自己真实需要、收入水平、道德良心及消费后果等因素加以全面权衡的消费。

科学的消费还应当摒弃消费陋俗、摆脱愚昧消费。消费陋俗或愚昧消费在我国的城市和农村还在一定程度的存在着，比如大办丧事、修造坟墓、建庙修祠、偏信巫医邪教、请僧道做法事、花钱算命，甚至为活人建坟墓。这种愚昧性的消费是无意义的浪费行为，这种消费方式是落后的甚至是退步的消费方式，是人尚未掌握自己主体命运，甘于受控于某些灵异的、未知的力量摆布的不自由存在方式的体现。它不仅不能为国民经济的健康发展提供动力，甚至是阻碍社会进步的消费行为，最终影响到人的物质生活水平、智力水平的提升。当然，改变这些不科学的消费除了要加强消费者的科学文化素质之外，还应当对落后的风俗进行改革。

三　文明消费

人的需要是多方面的，他必须全面发展自己的能力，"因为要多方面享受，他就必须有享受的能力，因此他必须是具有高度

第五章 消费中的自我欲求与人本根据

文明的人"①。人的消费应着眼于不断提高自身的文化修养,从而不仅使自己成为具有享受高度物质文明能力的人,而且使自己成为具有内在文明气质的人。

文明,是指一种进步和开化的状态。对一个社会文明程度的考察,往往要从物质文明、精神文明及政治文明三个层面全面权衡;对居于这个社会中的人的文明程度的考察,则主要从其精神文明状况即其科技文化的进步和思想道德的进步状态加以评析。精神文明有赖于物质文明,没有强大的物质文明作为基础,人的精神文明只是一纸空文;但若没有与物质文明程度相协调的精神文明作为导向,物质文明则会失去航标。利益本位是市场经济的基本价值取向,市场经济鼓励人们对自身现实利益的追求,从社会主义市场经济的实践来看,正是由于人们对现实物质利益追求的行为直接推动了社会主义物质文明的发展。然而,市场经济的利益本位原则在发挥人的主体性、进取性、创造性的同时也直接带来了某些见利忘义、金钱至上、利己主义、享乐主义行为的发生与泛滥。社会主义精神文明是改革开放和现代化建设的精神动力和智力支持。在社会主义建设中,应当促进人的精神发展,加强精神文明建设。因此,在充分肯定人的物质利益、物质欲望满足的同时,还应当使消费在提高人的精神文明程度方面发挥重要作用。

人固然要求得到物质需要的满足,但仅如此,并不必然会成为文明的人、全面的人。因为物质性消费虽是必需的、应当的,但若超过了一定的限度,不但会对物本身的使用价值带来浪费,并最终会因当事人的贪婪与挥霍而伤及生态,危害人类的整体利益;过度的物质性消费还会影响到人的自身价值,使人沦为只追

---

① 《马克思恩格斯全集》第 46 卷(上册),第 392 页。

消费合宜性的伦理意蕴

求物质利益享受的"单向度的人"。另一方面，如果物质性消费缺少了人文价值与人文关怀，也会导致人性的堕落，致使人类努力建构的文明大厦坍塌。最令人震惊的是，从"女体盛"、"人乳宴"到"胎盘宴"乃至与之相类似的越来越离奇的消费，人体的神圣性一步步地被解构，人性的尊严一片片地被剥离，人的良知、信念渐渐地被遮蔽。在这类消费游戏中，肉体的价值得到了前所未有的呵护与夸大，而灵魂的价值却面临空前的萎缩，人退化为空壳，已放弃了超越现实、超越世俗的维度，除了去享受这离奇怪诞的消费游戏，除了吃喝玩乐，他仿佛什么都不会了。消费方式的转变应当是人类摆脱愚昧的表征。如果说"女体盛"之类的消费是摆脱了"野蛮"特征的现代性消费，那么，其中隐含着的猥亵的心态、阴暗的心理、辛酸的血泪、麻木的心灵能否说明人类已经摆脱野蛮而真正地踏上了文明的征途呢？物质上的富裕并不必然带来健康的心灵，物质上的享受也并不必然培育出健康的人格，当代人在物质品极大丰富的面前，正经历着人格分裂、私欲膨胀、焦虑抑郁和对理想信念的蔑视的精神裂变与道德堕落，这不是文明的象征，恰恰是对文明的背离。所以，消费生活如果没有精神价值的牵引，没有道德理想的带动，没有文化的内涵，那么这种消费只是对人的生理机能的维持，它与"人"的生活是背道而驰的。"人"的消费不仅要包含维持人的生存与发展需要的物质性消费，还应当包含提升人的精神素质、心性修养的精神文化消费。在更深刻的意义上，只有心灵的充实、修养的提升、品质的培养、性情的宽慰才是人之为人的真谛。而这些都有赖于精神文化消费对人的全面发展的生成意义。

精神文化消费是消费主体在满足了基本物质生活需要的基础上，为全面发展自己的才能，完善自我，对观念形态的文化产品进行消费的活动。学习、读书、上网、看电视、听音乐、欣赏艺

第五章 消费中的自我欲求与人本根据

术、游览历史文化古迹、参观科技馆等等之类的消费活动都属于精神文化消费。精神文化消费是一种较高层次的消费,它体现了人的本质要求,对增加人的知识,培养人的审美情趣,提高人的道德品质,开阔人的视野,健全人的心理素质等等方面起着关键的作用。随着现代高新技术的发展,社会对人的素质的要求越来越高,而人的素质的锻造则在很大程度上取决于人在精神文化素质方面的投入与贯注。这种精神文化素质不仅应是科学知识水平的提高,还应当是人的道德感、美感等方面素质的提升。比如音乐在陶冶人的性情、培养人的美感中具有良好的功能。柏拉图在《理想国》中就强调了音乐对人的功能。再如游览历史文化古迹的旅游消费行为,可以使人们开阔视野,增长见识,体验历史的厚度与深沉,从心中升腾出民族自豪感及为民族复兴的历史责任感和使命感。总之,精神文化消费具有提高人的综合素质的功能,它能提高人的知识水平、认识水平,净化心灵,陶冶情操,进而促进人的道德水平的提高。在这一消费过程中,人的创新能力、思辨能力、自学能力、识别鉴赏能力均得到了锻炼与提升。

人类身心健康发展的生活方式主要在于使生活的质量提纯、美化,而不是在于提高生活的物质标准。精神文化消费体现着真、善、美的统一,它能启发人的心智、提高人的精神境界、促进人的身心健康和全面发展。所以,精神文化消费是以高雅的消费品(名著、古典作品),以善的、美的形式感染人的心灵,使人在心灵的震撼中发生质的转变,是人格、人的尊严、人的自由实现的重要途径,它使人的消费折射出"人类崇高的精神之光"。但在当代社会转型期,国人的精神文化消费还存在着消费结构不甚合理的方面,比如居民重娱乐性、消遣性消费,轻发展性、智力性消费的倾向还较为突出,另一方面,人们在精神文化

消费合宜性的伦理意蕴

消费方面的品味也有着较为低俗的表现，如对淫秽黄色内容、对封建迷信、对颓废生活态度、对西方享乐主义的极度推销，而使文化消费呈现出媚俗化、平庸化、平面化的无深度、无内涵的特征。因而在国人的精神文化消费方面还存在着一个逐步提升的问题，即对不健康的和有害的精神文化产品应有一定的抵御能力。因为只有健康向上的精神文化消费，才能发挥消费在增进健康、愉悦生活、陶冶情操、开拓胸襟、涵养德性、培育信念方面的功能，才能生成高尚的、有尊严的"人"的生活。而且，健康向上的精神文化消费还是人的一种理性的、有道德的消费活动。这种消费本身不仅不危及社会的生态环境、人文环境，而且具有平衡和协调社会生产、经营活动、消费活动以及其他社会活动的作用与内在机制，更有利于社会的可持续发展，促进社会的进步和发展。

在工业化浪潮中，现代社会为实现经济的繁荣，不断扩大人的消费欲望，不断将人的欲望的持续满足作为经济的增长点，并加以道德价值观的肯定。这样做的结果却是忽视了比经济更为重要的人的发展，尤其搁置了人的精神生活的充实。所以，丰裕的物质生活并未带来健康充实的精神生活，人反而被物所役，并且逐渐同化于商业化时代的当下满足与自娱自乐，单面人现象也在加剧。人与物的关系被颠倒了。本来应当是人的手段的消费反过来变成目的本身，而人则成为实现这一目的的手段，成为商业社会中纯粹的消费者，失去了人的自由发展之路。人类面对着困难重重的前景，变得茫然无措，不知身向何方。所以，健康、科学、文明的消费是人类向人本的价值目的复归，寻求各种矛盾的一定的解决方案：即在处理人与自然的关系上应理性地开采自然资源，节制而有效地利用有限的自然资源；在处理人与社会的关系时，应实现效率与公平、个体与社会的有机统一，营造起良好

第五章　消费中的自我欲求与人本根据

的社会氛围以及正确的权利义务关系；在处理人与自身的关系时，要兼顾身心的同步发展，使精神与肉体协调共进，不能以物质性的需要涵盖甚至取代精神性的需要。总之，健康、文明和科学的消费有利于消除疲劳、恢复体力、陶冶情操、焕发精神、增进知识、技能和健康，得到有高尚情操的物质和精神享受。它能实现与满足人的需要的丰富性，体现出人的需要层次的上升和需要满足程度的提高，不仅使人的物质生活丰裕，而且使人的精神生活充实，人之为人的规定性不断得到强化与升华。

第六章　现代消费美德

"合宜"的本质是恰当的做，这种恰当的做是对特定环境、特定关系作出合乎情理的伦理反应，能够谨慎地审时度势，创造性地作出灵活而不失原则、自由而无违规矩的行为。然而主体能否恰当地做，能否体现合宜精神，却不是无条件的、自我规定的，而是需要美德贯注于其中，并需要美德时刻作为一种内在品性影响主体的行为模式。因为没有美德的塑造，合宜性无法落实，它会因物质刺激的强烈性以及在这一刺激诱惑下造成意志的摇摆性、不坚决性而丧失原则，变得任性妄为、贪婪无度，在物中迷失自我、丧失自我。

美德是一种比较稳定和持久的履行道德原则和规范的个人秉性和气质，是使道德原则、义务纳入到我们的个性、本性之中，成为一种真正稳定地属于我自己的东西。美德并非与生俱来，而是生成于实践，但美德一旦形成，便会逐渐凝结为较为稳定的心理定势，演化为人的"第二天性"，并相应地具有恒常不变的特性，成为主体人格的一个重要部分。这时，外在的规范变成了内心的原则，甚至成为一种不假思索，但却自然而然符合规范的行为习惯和生活方式。拥有了美德，人就获得了自我同一而非分离形态的整体规定性，就不再是一个畸形的、片面发展的人，而是如古希腊学者倡导的"高尚的灵魂寓于健全的体魄中"的灵肉合一、内外一致的人。拥有了美德，人的道德行为便不再是"勉强为之"的行善之举，而是"自愿为之"的诚意之举；人的道德行为也不再是"沽名钓誉"的伪善，而是内在品格气质的真实流露；同样，在具体的情境中，人的道德行为才不会是茫然无知甚至是机械的"为义务而义务"的空洞的形式主义，而是蕴涵了"知善"能力及"从心所欲而不逾矩"的权变性与原则性的有机统一。总之，拥有了美德，人才会逐渐趋于完美，人的行为就会获得持之以恒的品性，才会自觉地维护"善"的神圣性（当然，这种"善"应当是真实的而非空洞的），从而也就在根本上维护人的生命尊严的神圣性。

消费作为人的存在方式，是人的生命活动中的重要内容。从上述三章（第三、四、五章）对消费扩张的难题及其破解中，可以得出这样的结论：在尊重人的自由平等的主体地位的基础上，能够坚持以人为本，可持续地、公平地、适度地消费，从而推动人与自然、人与人以及人与自身关系的和谐，实现人的全面而自由发展的消费是消费合宜性的现代内涵。然而，人如何能够以人为本，如何在消费中实现诸种关系的和谐？笔者认为，合宜性消费行为的生成，必然要有与之相匹配的消费美德的导向与劝诫。消费美德会培养出民胞物与、相与互友的道德人格，它使人不再专注于对象的消费性特征，不再以自己的物欲为中心来使他人或外物单纯地为满足自己的欲望服务。在其内容上，消费美德不仅明确人们"消费什么"、"如何消费"，更关联着"为什么消费"之类的问题，从而使人的消费能够从人格发展的真诚要求出发，按照自我完善性与外在消费条件的约束性等因素，使人的存在获得"善"的定向，自觉地超越自己的感性幸福，实现全面而自由发展的目的。对于处于转型期的中国来说，一个不可回避的问题便是：当代中国需要什么样的消费美德？这个问题又可以拓展为两个方面：对于蔓延之势强劲的消费主义应该如何遏制，对传统节俭观又应该如何弘扬及做出新的诠释？

第一节 消费主义批判

"今天，在我们的周围，存在着一种由不断增长的物、服务和物质财富所构成的惊人的消费和丰富现象，它构成了人类自然环境中的一种根本变化。恰当地说，富裕的人们不再像过去那样受到人的包围，而是受到物的包围。……我们生活在物的时代"。[①] 这是波德里亚勾勒和描绘出的西方社会在从以生产和积累为中心的社会转向以消费为中心的消费社会中人的存在方式和价值理念发生重要转变的图景。在西方消费社会的生成中，消费获得了道德上的肯定，受到了提倡和鼓励，传统的节俭、节欲、勤劳的美德在现实生活中不仅变得没有任何意义，而且成为阻碍经济繁荣的障碍。反之，消费主义作为一种消费道德观不断地张扬开来。

一 消费主义的兴起与蔓延

"消费主义来自资本主义意识形态的一个基本的教义，即认为人的自我满足和快乐的第一位要求是占有和消费物质产品。"[②] 消费主义（Consumerism）是把消费看做是人生最高目的的价值

[①] 波德里亚：《消费社会》，第1页。
[②] 厉以宁：《消费经济学》，人民出版社，1984，第116页。

第六章　现代消费美德

观念和生活方式。在这种生活方式中，购物和消费是生活的主要内容，追求时尚、追求品味的体面消费，渴望无节制的物质享乐和消遣是生活的主要准则，人们不是在创造性实践中寻求人生的意义，而是从商品的购买、使用和消费中寻求人生的意义。故而，"我买故我在"，消费成了人存在的目的，消费成为人生的支点，人为了消费而消费，为了消费而存在。人被商品缠住，购买似乎成为一项令人愉快的行动。由是，人们献身于对商品的拥有、消费之中，并以之作为生活准则与乐趣。消费主义鼓励人们追求较高的物质消费或者说是高消费，它将消费与成功直接等同，将即时购买、及时行乐、现时享受的价值观念合理化，并将个人发展与日常生活中的自由消费选择直接相关，极大地刺激了人们的物质欲望，使人们在生活中持续不断地追求较高的物质消费。而且，人们在购买商品的过程中更注重的是个人的享受和满足，更看重商品的象征意义而不是商品的实用性，他们对商品所蕴涵的符号价值、文化价值的喜爱超过了他们对这种商品的喜爱。所以，这种追求商品形象化、符号性价值的消费直接地促动了人们为消费而消费行为的发生。现实生活中的高档消费、一次性消费、过度包装等等消费方式便是消费主义的典型表现形式。

消费主义产生于 20 世纪的资本主义社会，并且是与大众消费的兴起相伴随的一种消费方式与价值理念。按照丹尼尔·贝尔的说法，在资本主义发展的早期，强调工作、俭省、节欲和严肃的禁欲苦行精神有效地遏制了资本家的消费行为，造就了资本家的精打细算、兢兢业业的经营作风，为资本主义的原始积累和经济发展提供了强大的精神驱动力。到 20 世纪 20 年代，除了技术革命使家用电器（如洗衣机、电冰箱、吸尘器）广泛普及外，三项发明也为大众消费时代的到来奠定了技术上和文化上的支撑：(1) 采用装配线流水作业进行批量生产，使汽车的廉价出售成为可能；(2) 市场营销的发展，可以利用科学手段区别购买群体和刺激消费欲望；(3) 分期付款购物的推广，彻底打破新教徒害怕负债的顾虑。汽车是大众消费的象征，而电影则是大众消费的强有力的催化剂。电子媒体的发展，广告的全面渗透，更为大众消费火上浇油。于是，新教伦理和清教精神不断受到侵蚀和遭遇裂变，一种鼓吹享乐主义、得过且过、放荡不羁和游戏人生的消费道德观——消费主义开始登场了。[1]

消费主义的产生是资本主义生产方式的必然逻辑。在资本主义制度下，人的天职就是为资本主义的经济发展作出贡献，就是积聚资本，当然，所有这一切并不是为了实现人的幸福和拯救，而只是为了经济利益本身。个人就像是大机器中的一个齿轮一样，其重要性取决于他的资本的多寡，资本多的就成为一个重要的齿轮。[2] 自19世纪下半叶到20世纪初，特别是20世纪二三十年代的经济大危机以来，生产过剩和消费不足就一直是资本主义生产能否获得持续性的一个大问题。经济学家和企业主、商业经理们认识到，如果不扩大消费者的需求，大规模生产出来的产品将卖不出去，经济将会处于停滞不前的状态。如果不能解决生产的无限扩大性与社会需求相对萎缩的矛盾，资本主义的生产就会出现断裂，就会导致经济危机，就会使资本主义走向灭亡。摆在资本主义面前的有两条路，要么是通过游戏、宗教、艺术、战争、死亡等形式去摧毁和浪费过剩产品；要么通过礼物、供祭、

---

[1] 同样，据马尔科姆·库利的研究，20世纪20年代末一种新的消费伦理产生了，它大肆鼓吹得过且过、享乐主义、自我表现、美的身体、异教主义、逃避社会义务、向往遥远国度的异域风情、培养生活情趣、使生活具有独特的格调。——参见《消费主义与后现代文化》，第113~114页。

[2] 弗洛姆著，陈学明译《逃避自由》，工人出版社，1987，第149页。

第六章 现代消费美德

消费竞赛、狂欢、炫耀型消费来完成。① 在资本主义的实践中，刺激消费，推动大众消费的形成是解决危机、促进经济快速增长的法宝和重要措施。为了使资本主义免于崩溃的命运，资本主义动用了一切宣传机器与手段刺激人们追求物质享受，如通过广告、电视以及其他媒介宣传手段把大众培养成为"即时行乐"、"用过即扔"的现代消费者，利用广告系统、时尚系统、商品设计和产品包装等手段，充分调动大众的心理资源及改变其价值评判标准，使本来很平庸的商品蕴涵了成功、进步、舒适、罗曼蒂克、年轻美丽等等价值内涵，催促人们消费甚至浪费，以此来扩大市场的消费需求，以达到资本增值的目的。经过政治家和经济学家的理论鼓噪与现实操作，消费主义已经演变为资本主义的主流意识形态，"消费主义和享乐主义作为企业和商业借助广告等促销手段而操纵和宣传的意识形态，成为西方发达国家消费生活中的主流价值和规范。"② 在这种意识形态中，持续不断地消费甚至被渲染为一种爱国责任，从而成为被官方倡导的，并被大众认可并践履的主导性、普遍性的文化价值观和生活方式。特别是在20世纪50年代的新技术革命后，西方发达资本主义国家进入了一个普遍繁荣期，为了转移无产阶级的革命目标，资本主义在消费领域中进行了民主化运动，通过生产技术的革新，不断将从前被视为奢侈品的东西转变为必需品。工人阶级在相对富裕的境况中得到了生活质量的一定改善。在这种情况下，"富裕起来"的工人阶级开始加入了大众消费的行列，他们在消费上获得了某些与上层资产阶级相同的权利，或者说，他们在作为消费者的意义上是平等的，如马尔库塞所言，依赖工资生活的工人也能够实

---

① 参见《消费主义与后现代文化》，第31页。
② 转引自王宁《消费社会学》，社会科学文献出版社，2001，第43页。

消费合宜性的伦理意蕴

现以往只有在资产阶级家庭才能拥有的诸如住房、汽车、娱乐和休闲等物品和服务。[①] 这样，当品牌成为家庭词汇的时候，当过多包装、加工的食品广泛出现的时候，当汽车占据了美国文化的中心位置的时候，当消费偶像成为人们崇拜的偶像时，典型的消费主义就在20世纪的美国出现了。然而，尽管工人阶级的消费权利得以确认，消费水平得以提升，但他们的消费水平仍与上层资产阶级的消费水平差之千里。而且，战后的资产阶级并没有放弃对工人阶级的剥削与压迫，只不过是为了缓解马克思主义对它的尖锐批判与诘难而采取了新的剥削手段，即在消费领域中加重了对工人的操纵和控制，通过虚假的需要，通过广告、传媒等符号性语言将工人的视线转入到对商品的无止境的消费活动中，从而放弃了对资本主义的颠覆。

消费主义一经产生便大有蔓延之势，第二次世界大战后，美国的经济繁荣以及大众消费水平的提升，使美国的消费主义生活方式产生了巨大的示范效应，从而也使得世界上经济发展较好的国家开始纷纷仿效美国式的生活方式。20世纪60年代，消费主义的核心已经从美国扩展到了西欧和日本。除示范效应之外，"二战"后跨国公司的高度发展对消费主义的向外扩张产生了重大的影响。跨国公司所到之处，消费主义迅速蔓延，而消费主义反过来又使跨国公司获得了巨额利润。于是，不仅发达国家，发展中国家也被卷入消费主义的大潮中。消费主义日益呈现出全球化的发展态势。在中国，也有少数消费者加入消费主义的浪潮之中。比如从新生代的小说家的作品来看，他们笔下的人物便是消费主义的主要体验者。他们混迹于酒吧、舞厅、商场、游乐场之

[①] 参见马尔库塞著，张峰等译《单向度的人——发达工业社会意识形态研究》，重庆出版社，1988，第9页。

第六章 现代消费美德

间，听爵士乐、喝洋酒、穿名牌、逐时尚，甚至还抽大麻或注射毒品。他们热爱城市的假面生活，热爱身体的狂欢，热爱比白天更加丰富的黑夜。他们在物欲横流的社会里随波逐流，对各种诱惑失去了拒绝的力量，听任原始的本能引导自己在欲望中沉浮。就像卫慧在《像卫慧那样疯狂》中的表白："我们的生活哲学由此而得以体现，那就是简简单单的物质消费，无拘无束的精神游戏，任何时候都相信内心的冲动，服从灵魂深入的燃烧，任何时候都相信内心的冲动，服从灵魂深入的燃烧，对即兴的疯狂不作抵抗，对各种欲望顶礼膜拜，尽情地交流各种生命狂喜包括性高潮的奥秘。同时对媚俗肤浅、小市民、地痞作风敬而远之。"

二 消费主义的特征

消费主义的理论预设前提是经济人。经济人将人的本质看成是趋利避害、寻求感官欲望的满足、追求物质利益最大化为目标的经济动物。经济人的需要具有无穷的扩张性，这种不断变化且更新的需要使经济人无法停留在需要的某一阶段，需要的差异性、个性化、多元化推动了交易形式的发展，构成了流通的新内容，也使经济人的快乐增加。诚然，经济人的理论预设表达出市场经济条件下生产者精打细算、讲求效益、具有竞争意识与创业精神、契约观念的特性，但是，经济人行为的全部宗旨在于逐利，其所思所行皆围绕着利益最大化这个目标而展开，唯利是图的金钱本位将一切事物的价值与金钱相挂钩；再者，经济人是个体本位的存在模式，各个相对独立的利益主体总是以自身利益、自身幸福为目标，主张社会利益服从个人利益，把发财致富，追求抽象的绝对的个人自由和个人享受的一切行为都说成是至上的美德。因而也就孕育着享乐主义、纵欲主义的可能性，并在根本

消费合宜性的伦理意蕴

指向上将人等同于生物人、自然人，缺乏一种超越性的精神，不可能孕育出高尚的人格以及人所应该具有的真正的属人的生活方式。与这种理论预设相应，消费主义也必然将人看成是"欲望永无止境的，能够驱动经济不断实现新繁荣的消费动物"。它主张通过大力刺激人们多赚钱、多消费，来促进资本的快速周转，加速从生产到消费的周期循环，推动扩大再生产，从而形成一种通过大量生产—大量消费—大量废弃来促进经济增长的机制。可见，消费主义反映出资本主义追求最大经济利润的贪欲，它在本质上是经济主义的表达。

在消费主义的生活方式中，消费"主要是一种人为激发的幻想的满足，一种与我们的具体的、实在的自我相离异的幻想行为"[①]。也就是说，消费的动机不再是为了消费者真实需要的满足，而是不断追求被制造出来、被刺激起来的虚假的需要或者说是欲望的满足。在传统社会，人们总是有了现实需要才会去消费，且人们的消费总会根据自己的实际需要以及物品的实用性及经久耐用为衡量尺度的，因而节俭、朴素被视作必然的美德。但"资本主义的生产力有能力通过像军费开支这样的多余生产来创造如此巨大的财富，以至于可以创造和满足'各种虚假的需求'"。"虚假需求最终要被附加到或者被置于真实需求之上。各种虚假需求的作用是否定和压制各种真实或现实的需求。被创造并得到维系的虚假需求在实际上能够得到满足，如被消费主义诱发的各种欲望，但仅仅是以牺牲未被满足的真实需求为代价"[②]。为了达到推销产品的目的，为了驱动经济的不断繁荣，消费主义

---

① 弗洛姆著，孙恺详译《健全的社会》，贵州人民出版社，1994，第105页。
② 多米尼克·斯特里纳蒂：《通俗文化理论导论》，商务印书馆，2001，第70页。

第六章　现代消费美德

便承担起开发与制造人的"需要"的艰巨任务。所以，消费主义在实质上是商业集团为了获得利润与大众传媒联姻，通过广告或各种商业文化和促销手段推销给大众的一种生活方式。在这种生活中，商业集团和与之紧密配合甚至联姻的现代媒体总是在不断地诱导、刺激和创造着人们的消费需要和消费欲望。其中有些是人生来具有的，但更多的却是由社会所创造并强加于个人身上的。而后者恰恰总会使个体存有持续不断的匮乏感。所以，这些需要是一种虚假的需要。与之相应，消费所满足的也不再是个人的真实需要，而是商业社会运行的需要、资本增值的需要。人仅仅作为维护社会大生产的工具和齿轮而存在。由于消费主义的大规模消费需求是被创造出来的，经过媒体的引导和大规模的广告宣传，无形中就把越来越多的人卷入其所规定的生活方式之中。于是，消费—消费—再消费……成为人的主要生活内容。

由于消费主义的消费动机并不是人的真实需要而是虚假的需要或欲望，消费的目的便不再是满足人的生理需要，而是带有社会、象征和心理的意味，成为主体建构自己地位和身份的手段。因此，消费主义突出的便不是商品的实际价值和生存功能而是商品的符号价值或表现功能。人们的消费行为所涉及的主要不是这些物品的自然属性或物理属性，而更主要是在物品消费过程中的符号象征属性，物不是仅作为物理的或自然的东西而存在，更是作为受某种规则支配的、表达某种意义的符号载体而出现的。人们不再追求商品的使用价值和交换价值，而是去追求它的符号价值。当然，追求商品符号价值的消费早已有之，但在匮乏的社会中，它只是少数特权阶层专有品。对大多数人来说，消费的目的只是要维持生存、满足基本生活需要，无意倾向于商品的符号象征意义。但在消费主义时代，这种对商品符号价值的追求已经成为普遍性的行为。在物质财富丰富化、商品多样化、人口流动自

消费合宜性的伦理意蕴

由化及生活方式个性化的同时,商品的符号化过程也丰富化和复杂化,商品完全融入了意义的世界,成为意义的符号和象征,越来越多的人加入到消费大军的行列。而在这个过程中,商家通过广告、大众传媒和商品展陈技巧,使商品与意义、梦想、影像、记号之间耦合起来,全面激发人们的感觉联想和欲望,鼓励人们对商品持有非实用性的态度,以刻意地、象征性、独特性的手段和风格来选择、安排、使用和展示自己的物品(如装饰品、房子、汽车、衣服),从而显示出自己作为物品所有者的个性。在这种生活方式的召唤下,人们会乐此不彼地不断追求高档消费品,无止境地向往名牌,追求远离他们生活的一种看似高深莫测的生活,即使是经济收入并不宽裕的普通民众,也会在消费主义的潜移默化的感召下,无视自己的经济能力而"积极主动地"消费。

消费主义把"拥有和使用数量和种类不断增长的物品和服务"作为主要的文化志向和"可看到的最确切的通往个人幸福、社会地位和国家成功的道路"①。所以,消费主义的基本信念中,消费就是"美好"或"更好"的生活,消费就是通往幸福之路。随着现代工业的发展,科技的进步,消费市场上总是不断涌现出比原有消费品功能更强、样式更美、品种更新的消费品。同时,信息网络技术、生物医学技术、航空航天技术等等新兴技术不仅为现代人们提供越来越快捷、越来越方便的服务,也为现代人勾勒了美好生活的前景,消费主义使人们坚信,借助于现代高科技,人们可以减缓病痛、延长寿命,可以遨游宇宙太空,可以寻找新能源……总之,以后的生活会越来越快乐,会越来越轻松,会越来越休闲。美好的生活就是要充分享受生活、享受快乐,但

---

① 艾伦·杜宁:《多少算够——消费社会与地球的未来》,第15页。

要享受快乐，就必须要不停地消费，就必须拥有和占有物品。生活的意义就是在我们拥有的东西之中。可见，消费主义宣扬的是一种乐观主义生活态度，但却是不计后果的乐观主义态度。它借助于科技理性的手段弱化了人们未雨绸缪的危机意识，自动放弃了对未来未知因素的考虑。它使人们相信，应当持续不断地追求物质享乐而不必顾忌由此带来的社会问题尤其是生态问题。因为技术可以解决一切问题，同样可以解决日益紧迫的环境问题和能源问题。即使支撑汽车消费的能源——石油被用完了，将来的技术还可以找到替代能源。"美好"的生活或者"更好"的生活不仅是可能的，也是必然的。然而，实际的情况却是，满目疮痍的地球已经无法承受得起消费主义的随心所欲甚至是竭泽而渔的浪费行径了。另外，如果把美好生活界定为消费和享乐，把幸福理解为消费更新、更多和更好的商品，那就是对生活意义的曲解。因为生活的意义，在根本上取决于具有归属感的社会关系、创造性的工作和闲暇等等因素，它同物质的绝对拥有量并没有直接的联系。如果把生活的意义归属于物质消费与享乐，则有着将人的存在等同于"物"的存在的危险性。

三 消费主义的实质与危害

尽管消费主义能够有力地促进资本主义社会的经济增长，然而，它毕竟不是从根本上解决资本主义制度种种问题的灵丹妙药。随着人类的资源危机和生态环境的日趋恶化，消费主义本身所具有的片面性、局限性以及对人类文明等各方面的负面作用，也越来越明显地暴露出来。

消费主义在消费方式上是挥霍性消费。消费主义服从于资本增值的目的。为了利润的更多实现，持续不断的高消费便是其必然要求。因而，消费主义就必然要把人培养成及时行乐、挥霍无

消费合宜性的伦理意蕴

度、纵情享乐的消费动物,就必然要调动各种手段去激发人的无尽欲望,使人们关注消费品的符号价值、交往价值而非使用价值。这样,消费品的实用坚固、持久价廉在消费社会中就不再是人们考虑的焦点,因为它们不利于商品生产者和商品销售者更快、更多地赚取剩余价值。于是,在消费主义的消费方式中,不再是需要造成商品,而是商品造成需要;消费本身也不再是有限的,而是无限的;能够成为消费对象的商品不再受其物理的功能决定,而是取决于主观因素,看它是否"合潮流"、"时尚"、"我是否喜欢"。当消费的有限性被突破之后,就会转而趋向于无穷的发展,甚至会走向无意义的消费、为消费而消费。"消费品整批地供应,并消耗,用完之后便丢弃;它们随时可以替换,各种产品都一样好,在大量生产制造出来的东西中,人们并不想形成一种独特而宝贵的品质,也不想生产某种具有超越时尚风格的东西或让人小心珍藏的东西。"[1] 这在客观上导致了商品的寿命是越来越短,更新换代的频率越来越快。消费对象是否具有使用价值,本来是考察物品能否成为消费对象的价值尺度,但是消费主义却不管这些,它蕴涵着浪费、挥霍的逻辑,哪怕消费对象仍然具有使用价值,也要退出消费过程,转而成为垃圾。所以,在生态学的意义上,消费主义显然是"不求天长地久,只求一朝拥有"的不可持续的消费。首先,它鼓励对环境造成巨大压力的一次性消费。由于消费时尚的参与渗透,如今的消费品几乎无一例外地具有了一次性,即(被人为地)高频率地更新换代,而不管其是否仍有使用价值。技术进步是更新换代的一个原因,然而还有一个重要的原因是生产经营者有意地去更新消费理念而造成的与提高消费者生活水平几乎无关的更新消费,如此使生产

---

[1] 雅斯贝尔斯著,黄霍译《当代的精神处境》,三联书店,1992,第43页。

第六章 现代消费美德

可以无限继续下去，而不必受商品使用寿命的限制。在时尚的推动下，"过时品"等等之类一次性消费品不断地被淘汰出局，给环境造成过重的负担，使环境的质量下降。其次，商品的过度包装造成大量的资源浪费。固然，对商品进行一定的包装，并使其具有一定的观赏性是必要的，但是，包装得再好，消费之后也会成为废弃物。更重要的是，过度包装不仅浪费了资源，而且由于包装所用的材料多为难以降解的材料，便必然增加了环境的负担。再次，消费主义是与"福特主义"相伴生的一种消费现象，因而，汽车文化尤其是家用轿车往往是消费主义的典型代表，汽车意味着方便与快捷，但是，它同时也是对全球能源的巨大消耗和对环境的严重污染为代价的。事实上，由于汽车量的增长，汽车文化向往的方便与快捷并不存在，而且面对被广泛污染了的环境、被越来越多占用了的耕地（并且本来就有越来越多的耕地沙漠化）。因此，如果不对人类的消费行为作出合理约束，灾难的到来将是不可避免的。

在消费主义话语系统中，消费和美好的生活、人生的意义直接联系起来，它让人在不断的购买和消费中完成自我塑造，它用消费的快乐、纯粹的感官满足建构着自我价值体系，放大了消费的意义而歪曲了生活本身的目的，完全背离了消费生活的人本内涵与价值目标；它将人看做是消费动物，人的主体地位不断丧失，精神世界日趋萎缩，"被迫随波逐流，失去了一切对过去或对未来历史连贯性的感知，人便不能保持作为人。生活秩序的普遍化，势将使真实世界中真实的人的生命降格为单纯的功能。"[①]如此，人不再关注物的有用性，也忘记了对物的爱护和珍惜，物总是消耗之后被丢弃转而成为垃圾，而人自身也丧失了其整体

---

① 雅斯贝尔斯著，黄藿译《当代的精神处境》，三联书店，1992，第40页。

消费合宜性的伦理意蕴

性、丧失了自由、深度,成为片面性、功能性的存在。所以,消费主义在本质上又是一种异化的消费。如弗洛姆所言,消费活动本该是一个具体的人的活动,是人们的感觉、身体的需要,人们的美学欣赏应该参与的活动。也就是说,在这一活动中,人应该是具体的、有感觉的、有感情的、有判断力的人;消费的过程应该是一种有意义的、有人性的、有创造性的体验。但在消费主义社会,消费在本质上仅仅是对人为的刺激所激起的怪诞的满足,仅仅是一种和人们具体的、真正的需要相异化的离奇现象的把戏,消费者看似具有无限的消费自由,看似是"上帝",但实际上只不过是资本主义社会机器大生产的一个齿轮,只不过是资本家赚钱的工具而已。他已经丧失了自主性、个性与批判精神,沦为被动的、异化了的消费动物,像一个永不餍足的"接纳者",消耗、吞噬着一切可以得到的东西,毫无创造性地消费着由匿名权威制造出来的虚构之物。他只能听从社会流行时尚的引导,只能按照时尚的引导去消费,去表达自己是个什么样的人。这些匿名权威虽然是以温和、委婉的方式劝诫人们如何去消费,该购买什么,但其影响力却是强制性的,非如此不可的,能消费、高消费,消费高档商品,你就什么都是,否则,你就什么都不是。人与商品的关系完全被颠倒了,不是商品为了满足人的需要而生产,而是人为了使商品得到消费而存在,人异化为消费动物。人们总是渴望能买到最新推出的、高档的、品牌的商品,但很快又会以其他更新的商品取代自己刚买到的东西。这种消费必然会导致人们永不满足,产生愈来愈多的需求,需要更多的东西、更大的消费。人们似乎犯了"消费瘾",仿佛"不消费"就寝食难安,无怀释怀。消费主义无限放大了人们的物质需要和欲望,把生命的意义完全构筑在物质消费基础上,实际上是把人的尊严和价值与消费画上了等号,从而完全否定了人类的精神价值,把人

第六章　现代消费美德

变成没有灵魂的、只知道追求物质生活享受的单向度的人。

在道德准则与价值评判上，消费主义推崇享乐主义，将奢侈、浪费视为美德，坚信"不消费就衰退"的神话，将消费演绎为一种爱国责任。享乐主义是指一种唯感官欲望之满足为内容的学说，它把对物质欲望和感官欲望的追求和享受作为人生的幸福和快乐的唯一目标。享乐主义自古就有，随着消费社会的到来，消费主义所竭力鼓吹的高消费恰好迎合了享乐主义所鼓吹的及时行乐、尽情享受的主张。有了消费主义提供的经济上的支持，享乐主义便大胆地利用各种传媒向人们竭力鼓吹大肆购物、尽情享受的种种乐趣。但是，与之相应的是人的灵魂、人的性质的失落。以物质和快乐为人生目的的人必然缺乏超越精神，他们不能想象物质和金钱以外的生活，而只愿不断地享受下去。他们没有创造力，没有责任感，这样的人缺乏真正的自由和真正的思想。而且，遵循享乐主义的人，只会追逐眼前的快感，自私和自恋，其实质是以自我为中心，会陷入个人主义的旋涡。享乐主义还抹杀个体的思想，它使个体关注的是感官的享受性，使个体沉溺于欲望之海之中。个人被消费享受所引导，其感性、欲求等非理性的一面被膨胀至最大限度，而思考的能力则丧失了，它丧失了人的尊严。

同样，消费主义带来了道德信仰的危机。伴随着消费主义的发展，人们已从宣扬自己的美德转变为宣扬自己的个性人格。在20世纪前20年的劝世箴言中，人们赞同的是诚实、勇敢、责任、勤奋及节俭的美德，然而在消费主义时代，人们强调的是吸引并拥有朋友的必要性，要强迫别人喜欢你，要培养个人魅力和吸引力。[1] 所以，消费主义内涵着奢侈是美德的逻辑，节俭是一

---

[1] 沃仑·萨斯曼：《消费主义与后现代文化》，第115页。

消费合宜性的伦理意蕴

种过失,而不是美德;为消费而消费是美德,而爱惜物品成了恶行。与之相应,人们的精神信仰也发生了根本性的改变。人们的偶像也不再是生产者,而是明星之类的消费者,社会的价值观念也发生了根本性的转变。例如,社会学家洛文塔尔运用内容分析法,通过对 20 世纪美国流行杂志中传记的比较,发现在头 20 年中,传记的焦点集中在"生产偶像",即来自工业、商业和自然科学领域中的成功人士,而到了 40 年代,以前在传记中扮演微不足道角色的娱乐界人士,则荣登榜首,体育界的人士也频频"曝光"。对于此类活跃在电影界、夜总会、舞台上的头面人物,洛文塔尔称其为"消费偶像"。公众由崇拜生产英雄转向崇拜消费偶像,说明人们关心的不再是如何"给予",而是如何"索取"。人们不再关注创造性的意义,不再提倡劳动创造幸福的价值,而只是倾向于享受,而且这种享受最好能够不通过劳动,而是通过像明星之类的人物一样去拥有机遇,一步登天。这种价值宣扬的不是勤奋,而是好逸恶劳。

消费主义表面上宣扬大众消费,强调消费的民主化,但实际上,消费主义并没有导致社会公正。相反,消费主义的盛行,反而会强化贫富差距,远离公正,更会使生态恶化,使人类前景暗淡。消费主义的盛行与传播并没有使人们都享有同样程度的生活水平。从全球范围看,世界上只有 1/5 的人口属于全球消费者阶层。但即使是在发达资本主义国家中,也没有实现真正的消费公平。另外,从代际关系来考察,消费主义是代际消费的不公,人们过度地消耗资源,滥用破坏自然资源,占用了属于后代的资源并进而威胁到后代的消费能力,并且生态环境的破坏还危及后代的生存。

总之,消费主义文化的泛滥,把无度的消费、物质享乐和消遣当做人生的最大幸福和意义,但这种消费方式不仅没有给人类的进一步发展带来任何益处，反而使人沦为"物的奴隶"，使人类对资源、环境的要求大大超过了地球的承载能力，给人类自身及后代的生存发展都带来了严重危胁。美国著名学者布热津斯基在《大失控与大混乱》一书中强烈呼唤：消费主义使"物质享受上的纵欲无度越来越主宰和界定个人生存的内容和目标，导致这些社会道德败坏、文化堕落、精神空虚现象严重滋生与蔓延，影响西方文化的安全与吸引力，而且这个社会有解体的危险"①。人类应当提倡一种适度的、简朴的生活方式，应该使消费生活成为个人自我发展的条件，自身的完善与提高，而不能将它当成生活的目的。

第二节 节俭的现代诠释

在强势的消费主义的浪潮下，一些具有危机意识的学者开始强烈地谴责及抵制这股浪潮的蔓延及其所造成的危害。丹尼尔·贝尔希冀古老"城邦意识"的重建，而艾伦·杜宁则寄望于对古老社会、家庭、良好的生活秩序的回归，怀特提出了"Thrift is un-American"（"节约就是反美"②），本·阿格尔等西方生态马克思主义者则提出要限制消费、缩减工业生产。应当说，西方学者居安思危的悲悯情怀以及他们对人类未来前景的深切关注无疑是具有前瞻性的。他们深刻剖析了物质财富充分涌流的西方社会中消费主义、异化消费、高消费对人的存在方式带来的危机，

---

① 〔美〕兹比格纽·布热津斯基：《大失控与大混乱》，中国社会科学出版社，1995，第128页。
② 〔美〕西奥多·怀特：《美国的自我探索——总统的诞生》，中国对外翻译出版公司，1985，第76页。

消费合宜性的伦理意蕴

反思与批判了工业文明的工具理性与功利主义价值观,并进而提出了克服这种现象的具体措施,对中国的现代化建设具有一定的借鉴意义。但是,正如西方工业社会的高消费模式、消费主义价值观不适合我们的国情一样,他们提出的限制消费、降低生产之类的主张对我们这样一个面临着生存与发展、改革与创新的社会主义初级阶段的国家来说无异于南橘北枳之举,如果我们未经消化的生搬硬套,将其平面移植在我们这个生产力较落后、科技欠发达、理性精神尚未彰显的发展中国家来说则无疑于鹦鹉学舌、拾人牙慧之嫌。摆在我们面前的消费抉择便是根据时代发展的需要,保持优秀的中华民族传统美德的传承性及合理汲取西方工业文明的先进性,培育有助于国人的健康、自由、全面发展的消费方式。

一 传统节俭观述评

在中国古代消费思想史上,讨论最多、最久、最普遍与最深刻的便是"奢俭"问题。尽管思想家们的学说内容存在着差异,但从基本倾向上看,"崇俭黜奢"即"崇尚节俭,力戒奢侈"一直是中国传统消费道德观的主流。究其原因,不过是农业社会物质生产方式在人的精神生活中的反映,其目的在于告诫人们积蓄财物,力戒奢靡浪费,将财物用于农业生产,增加社会财物,以免灾年"无以继之"的困境。正是基于这种目的,大多数思想家都对节俭进行了重笔浓墨的论述。诸如"俭,德之共也,侈,恶之大也"①、"历览前贤国与家,成由勤俭破由奢"、"节俭则昌,淫佚则亡"、"俭则家富,奢则家贫"之类的道德劝诫,无不在揭示着节俭的重要意义。

---

① 《孔子集语·齐侯问》。

第六章 现代消费美德

在中国传统消费伦理思想中，小到居家度日，大到治国理政；内到品德涵养，外到天下平定无不与"节俭"有着密切的关联。节俭不仅是最重要的美德，它甚至在一定意义上还是德性之源。"俭，德之大共也；侈，恶之大也。"① 即节俭是德行中的大德，奢侈是罪恶中的大恶。北宋司马光对此曾作过精辟的解释："共，同也，言有德者，皆由俭来也。夫俭则寡欲。君子寡欲，则不役于物，可以直道而行；小人寡欲，则能谨身节用、远罪丰家。"相反，"侈，则多欲。君子多欲，则贪慕富贵，枉道速祸；小人多欲，则多求妄用，丧身败家，是以居官必贿，居乡必盗。"② 合而言之：节俭是大德，因为它使人寡欲，一切德行皆从节俭而来；奢侈是大恶，因为它使人多欲，一切恶行都从奢侈发端。此外，《格言联璧·持躬类》有"俭则约，约则百善俱兴。侈则肆，肆则百恶俱纵"的警言，《贞观政要·规谏太子》也有"克俭节用，实弘道之源；崇侈恣情，乃败德之本"（厉行节约、省吃俭用，实在是弘扬高尚精神品质的源头开端；追求奢华、纵情享乐，就是败坏人之德行操守的根本原因）的谏言。节俭之所以被提升为德行中的大德甚至是德性之源的地位，原因在于，节俭能够规导人们正视和解决生活的根本问题——生活的意义，义与利、灵与肉、理与欲的关系之类的问题。现实的消费是同人的欲望紧密联系在一起的，满足欲望虽然是人性的必要内容，但却不是人的生命活动的真谛，奢侈和纵欲，会使人沉溺于声色之中，以至于迷失志向，丧失理智、毁损人格，使坚强意志和刚毅精神荡然无存，必将动摇道德人格的根基。而物质欲望的节制，可以使人集中心力追求高尚的精神境界。所以"养心莫

---

① 《左传·庄公廿四年》。
② 《司马文正公传家集》卷六十七《训俭示康》。

消费合宜性的伦理意蕴

善于寡欲"①。节制欲望，推崇节俭是正心养性、培育人格的必要途径。另一方面，消费总是在社会中进行的，社会财富有限性与欲望无限性的矛盾也要求人们协调人与人之间的关系，这同样要涉及到克制欲望的问题，否则，不顾他人合理欲望的满足而自我放纵、恣意妄为只能强化社会不公、激化社会矛盾。由此，通过节俭之德来淡化人的物质欲望，节制人对物质享受的过分追求并使这种追求合于道德，合于情理，合于礼义便是必然的。更为重要的是，节俭使人明确生活的真实含义，引导人们确立正确的人生目标。《尚书·旅獒》有云："不役耳目，百度惟贞。玩人丧德，玩物丧志。"当人不被耳朵眼睛等感官欲望所役使，百事的处理就会恰当；当人把心思放在戏弄人上，就会丧失道德，把心思放在玩弄器物上就会丧失大志。节俭告诉人们要把对远大美好的理想、志向、人格的追求作为人生的第一目标；而把感官快乐和享受放在人生价值的第二位。正是在这个意义上，节俭是成人之道，节俭使人恬淡寡欲、遵从礼义、正心诚意，自觉成人。

"夫君子之德，静以养身，俭以养德，非淡泊无以明志，非宁静无以致远。"② 节俭不仅使人的心灵趋于宁静、恬淡、纯洁，排除物欲的干扰，使人树立远大的志向，而且节俭还是成就其他德性的基础，即"俭以养德"。实行节俭、有节俭习惯的人，就会自觉约束自己，培养自己的善行。首先，"俭近仁"③，俭这种品德接近于仁德，容易发展为仁德。"仁者，人也"、"仁者爱人"，仁就是爱人，仁是成己成人之道。有"俭"德的人对别人

---

① 《孟子·尽心下》。
② 诸葛亮：《诫子书》。
③ 《礼记·表记》。

容易产生恻隐之心、关爱之心。孟子也说"恭者不侮人，俭者不夺人"①，尊重别人的人，是不会侮辱别人的；有节俭习惯的人，是不会掠夺别人的。相反，那些放纵欲望的人，则只知关心自己，不会同情、体谅、关心他人。其次，"俭"能"勤"。在中国文化中，"勤"与"俭"总是联在一起，并被视为家庭富足、事业成功的决定性因素。"营家之女，惟俭惟勤。勤则家起，懒则家倾。俭则家富，奢则家贫。"②持家的妇女，务必勤劳节俭。勤劳就能发家，懒惰就会破产。节俭家境富有，奢侈导致贫寒。"俭"与"勤"是一体两面的，只有辛勤劳作，才知生活的艰辛，才会怜财惜物而不铺张浪费；反过来，俭约自制也才会使人为了幸福生活而辛勤工作。再次，"俭"养"廉"。古字书《广韵》中说："廉，俭也。"节俭往往与廉洁相联系，奢侈则与贪财相联系。一般而言，生活节俭的人则多能廉洁自律，而一个奢侈虚华的人，则会为了自己的私欲，作出违反道德和触犯法律的事情来。在节俭土壤中生长出来的是清廉，而在奢侈的温床上培育出来的是腐败。

在古代自然经济条件下，由于生产工具简陋，社会生产力水平低下，社会物质财富匮乏，提倡节俭，有利于缓解社会消费需求和物资短缺的矛盾，促进社会经济发展，保证社会安定和发展。所以，节俭不仅是个体进德修身的道德准则，而且是治国安邦的重要国策。荀子将节用、尚俭上升为立国之本、强国之道、富民之策；提出"足国之道，节用裕民而善臧其余"③。使国家富强的根本方法是节约费用和开支，使人民宽裕。墨子的"俭

---

① 《孟子·离娄上》。
② 《女论语》。
③ 《荀子·富国》。

消费合宜性的伦理意蕴

节则昌,淫佚则亡"也在说明:节用俭约,可使家国繁荣昌盛;奢靡挥霍,就会使家国败亡。虽然中国消费思想史上也不乏提倡奢侈消费的主张,如《管子·侈靡》篇中提到:"问曰:兴时化若何?莫善于侈靡。"西汉桑弘羊认为节俭会妨碍消费品的生产流通,不利于自然资源的开发,因而主张"节奢刺俭"。明代陆楫也指出,从整个社会、整个国家来看,奢侈"自一人言之,一人俭则一人或可免于贫。自一家言之,一家俭则一家或可免于贫。至于统论天下之势则不然"①。从刺激生产、发展工商业的角度看,奢侈是必要的。但是,由于农业社会短缺经济的特征,奢侈是没有物质基础的。在大多数思想家眼中,奢侈是同暴政、荒政、亡国联系在一起的,因而也是必然要大加鞭挞的;而节俭却是造就社会良好道德风尚,使社会稳定具有凝聚力,国家能长治久安的法宝。

应当说,传统节俭观弥补了由生产不足而造成的消费资料供需失衡的缺陷,缓和了生产的有限性与消费需要无限性之间的矛盾,有利于节约自然资源和积累社会财富,有利于弘扬美德、约束贪欲,有利于陶冶情操、培育高尚的精神生活,对统治阶级的穷奢极欲行为也具有一定的约束作用。这是它积极的方面。但是,传统节俭观也有它明显的缺陷。

首先,对社会生产发展的抑制。由于黜奢崇俭的消费道德抵制基本生活需要之外的消费("食无求饱,居无求安"),且有时连基本的生活需要也加以限制,这在很大程度上抑制了消费对生产的反作用,不能为经济生产提供持续增长的动力,也无助于人们消费水平的提升与消费结构的升级和生活质量的提高,最终影响到国民整体素质的改善。同时,节俭中蕴涵着的"安贫乐

---

① 陆楫:《蒹葭堂杂著摘抄》。

道"、"知足常乐"的思想倾向也弱化了人们的进取心,消解了社会发展的主观动因。儒家认为,君子应当"节俭"、"忧道不忧贫",衣食住行只要能满足生命的起码要求即可,"孔颜乐处"的精神快乐才是人间至乐,才是应当追求的,此外别无所求。道家提倡清心寡欲,回归自然,将批判的矛头直指欲望:"祸莫大于不知足,咎莫大于欲得"①,人们应当"知足之足常足矣"。"安贫乐道"、"知足常乐"的人生态度作为个人的心性修养固然是可行的,它能在一定程度上抑制人的贪欲,然而它同时孕育了封闭、保守、麻木、安于现状、不思进取的国民心态。它为人们注射了安于贫困的心理安慰剂,能够使人从容面对贫穷而不改革,面对压迫而不抗争。但是,人是社会发展的主体,如果没有人的欲望与利益需要等等主观能动因素的推动,社会发展只会流于空谈。安贫乐道、知足常乐压抑人们的消费欲望,泯灭人们的创造激情,消解人们的奋斗精神,在客观上阻碍了社会经济的发展。

其次,没有形成科学而清晰的节俭标准。对节俭,古代社会并没有严格的统一标准。汉代的贾谊把节俭与侈靡看成是一对相反的概念:"广较自敛谓之俭,反俭为侈;费弗过适谓之节,反节为靡。"②指出比大多数人消费水平低或者不比大多数人消费水平高或高出许多的是俭,反之为奢。朱熹也对此下过定义:"俭谓节制……只是不放肆,常收敛之意。""奢非止谓僭礼犯上之事,只有夸张侈之大意。"③很明显,这种关于节俭的标准是非常模糊的,而且在实际生活中,每个人经济状况、阶级属性、

---

① 《老子·第四十六章》。
② 贾谊:《新书·道术》。
③ 《朱子语类》卷二十三。

消费合宜性的伦理意蕴

家庭人数等等方面的差异性决定了当时很难有统一的节俭标准。更重要的是，由于中国古代社会宗法等级制的本质，礼制文化的渗透，按照等级界定消费、规定节俭就是其应有之义。所以，黜奢崇俭的消费道德是服从于宗法等级制的：符合等级地位的消费是节俭的，不合等级制的消费是奢侈或吝啬。不同等级的人在消费方式、数量、质量、规格上应与其身份、地位相称，且不可僭越等级制度所规定的原则和范围。所以，节俭的意义不在于缩小不同阶级、不同阶层之间的消费水平差距，而在于巩固与维护社会等级的消费秩序。正是由于传统节俭观服从于等级制的本质，它又存在着另一个缺陷：即不平等性、不彻底性。它在适用范围上是对"民"而不对"官"、对"贫"而不对"贵"的。虽然思想家们也尖锐地批判了统治者的奢侈行径，但依然管不住少数统治者花天酒地、穷奢极欲、挥霍浪费的行径。节俭挽救不了"朱门酒肉臭，路有冻死骨"的惨烈社会现象。普通百姓只能在勒紧腰带甚至是在鬻妻卖子、饥寒交迫中艰难度日。他们连起码的生命尊严都无法保障，更何谈奢侈呢？

文化的传承性与道德观念的相对滞后性，传统节俭观对计划经济时代的中国产生了巨大的影响。1949年后，由于当时所处的特殊国际国内环境，新中国选择了一条重积累、轻消费、优先发展工业（尤其是重工业）的道路。全国人民勒紧裤带搞建设，把消费压低到人的生理极限所能允许的范围内。这在当时虽有其一定的必要性与合理性，但在"文化大革命"时期，"节俭"被强化到了极致的地步，由此导致了人们在观念上对消费的扭曲评价。在政治宣传和舆论导向上，把节俭同人的政治立场和政治态度结合起来，以至于谁主张消费谁就被视为有资产阶级思想，就被斥之为"败家子"；认为积累是"善"，消费是"恶"；积累为"公"，消费为"私"。这种压抑消费甚至是合理的消费，并

第六章 现代消费美德

以低消费为基本倾向,以贫困为荣的消费观由于片面强调"生产决定消费",忽视消费对生产的推动作用,把增加消费同艰苦奋斗、勤俭节约对立起来的做法,非但没有有力地发挥消费对经济发展的指导作用,反而无助于人民生活的明显改善。

二 节俭的现实功用

中外王朝帝国兴盛倾覆的历史证明:一个国家,一个民族如果不是提倡或践履勤俭节约的消费美德,而是信奉享乐主义,挥霍无度、奢靡浪费,这样的国家、民族必然要走向衰败。"奢侈好像南方的热风,使草原和绿色的田野盖满了贪食的蝗虫,把有益的动物的食料完全吃光,凡是这种热风所刮到的地方,无不发生饥馑和死亡。"① 奢侈像贪婪的蝗虫,它不光蚕食着有限的、宝贵的社会资源以至于最后资源枯竭,也会使社会成员放纵欲望而走向堕落,丧失斗志与奋发图强的精神。古罗马在帝国初期的鼎盛之后迅速走向衰亡与古罗马奴隶主的挥霍成性、攀比炫耀、奢华浪费及疯狂享乐的奢侈性消费有着直接的关系。

应当指出,传统节俭观的缺陷与困境并不能说明节俭已经失去了其存在的合理性,其中隐含着的视欲望为恶、抑制正当消费、使人安于贫困与专制统治等扭曲人性以及阻滞社会生产、抵制文明进步的做法随着小农经济的退出已失去其存在的土壤。但是,即使是在社会物质财富急骤增长、小康社会的到来、"刺激消费"成为当代中国经济发展重要决策的时代背景下,节俭依然没有失去它作为消费美德或基本生活美德的现实意义。党的十六大报告指出:"我国正处于并将长期处于社会主义初级阶段,

---

① 卢梭著,李常山译《论人类不平等的起源和基础》,商务印书馆,1996,第165页。

消费合宜性的伦理意蕴

现在达到的小康还是低水平的、不全面的、发展很不平衡的小康，人民日益增长的物质文化需要同落后的社会生产之间的矛盾仍然是我国社会的主要矛盾。"要巩固和提前达到的小康水平，还需要艰苦奋斗、勤俭节约的消费方式，需要节俭精神来抵制奢侈之风、淫乐之气对社会发展的干扰，对人的生命尊严的践踏及对人的自由发展的毁灭。

第一，节俭有利于社会主义市场经济的健康发展，为人的健康生存提供了保障。

在西方经济学史上，虽然也有提倡奢侈、抵制节俭的理论，如曼德维尔、马尔萨斯、凯恩斯等人认为，奢侈能够增进工业、艺术的精益求精，实现充分就业，提高人类的文明程度；节俭却是一种恶，节俭是造成商品积压、生产乏力，最终导致工人失业的罪魁祸首。但是，西方经济学理论同样证明，节俭虽然导致失业问题，然而导致失业问题的原因并不完全在于节俭本身，部分原因在于社会未能把来自节俭的储蓄引导到有利的投资上去。换言之，节俭和投资不足加在一起才造成失业问题。经济学家萨缪尔森指出，我们必须知道经济运行的情况，即知道它究竟处于萧条状态，还是充分就业。处于充分就业时，如果总产量的较大部分从消费中节约出来，那么，就会有较多的产品进入投资和资本形成。因此，如果我们能以某种方式来保证资源的"充分就业"，那么，节俭确实就是一种美德。消费毕竟是以资源与资金的耗用为代价的，过多地把资金用于生活享受难免会影响生产的投入，破坏产业结构的合理配置，加剧消费品供求的不平衡，甚至会影响经济再生产的进行。经济发展必须要有足够的、持续的资本支撑为前提，缺乏资本支撑的经济是丧失生产能力的、没有后劲的经济。而资本的唯一可靠来源之一便是储蓄，而节俭又是推动储蓄、投资的美德。"节俭可以增加社会资本，奢侈可以减少社会资本。"① 节俭的最大意义在于增加资本,持续推动生产和扩大再生产的进行,有助于国民的实际财富和收入的提高;而奢侈却蚕食资本,减少国家财富和收入,无助于国民经济的持续发展。尤其是对一个面临着经济快速发展、全面提高人民生活水平任务的社会主义国家来说,节俭对积累资本,引导有效投资显然是极为重要的。如果不顾国情的高消费、贪图享受、奢侈浪费,将会导致资本形成不足的稀缺状况,使生产率难以提高,生产规模难以扩大,生产发展低水平循环,最终影响人民的生活水平的提高。当然,提倡节俭并不是要压抑正常需要与合理消费,不是禁欲,不是该花不花的"节衣缩食",这种简单化的"节俭"只是小农经济社会的思想凝结,它不但不适应社会主义现代化的要求,甚至还是一种阻碍,其恶果就是使社会生产力得不到提高,使部分工人失业,使他们的消费能力锐减,更进一步使原有的生产力下降,造成经济发展的恶性循环,这不仅有悖于社会主义生产的根本目的——满足人们日益增长的物质文化需求这一宗旨,也是对人性的扭曲。因而,节俭是人们根据社会生产力发展状况的实际与生活质量改善的目的适时调整自己的需要,合理安排生活的道德准则,它服从于社会主义生产的根本目的的需要,它鼓励人们正确认识消费、自觉抛弃落后、陈旧、畸形的消费观念,从而正当、合理地消费,它不仅能够为社会主义市场经济发展提供精神动力,而且能够促进人民生活质量的改善和社会的进步。

第二,节俭蕴涵着友爱精神,有助于社会主义公平的实现。

奢侈具有排他性,它使人放纵、虚荣、贪婪、自私、麻木。

---

① 亚当·斯密:《国民财富的性质和原因的研究》(上卷),商务印书馆,1997,第310页。

消费合宜性的伦理意蕴

奢侈者没有同情心与责任感，他们从不顾及他人的感受，无视他人的疾苦，漠视社会责任，他们甚至还会为了自己的私欲践踏别人的财富、侵害他人的利益。"奢侈本身是所有灾祸中最大的灾祸；而且为了养活因奢侈而生的成群的奴仆和穷苦的人，农民和市民都被压榨得破了产。"[①] 奢侈总是与社会不公联系在一起的。在等级社会中，奢侈总是属于少数剥削阶级的专有品，他们的奢侈总是建立在对广大人民群众的残酷剥削基础上的。比如古罗马帝国时期，古罗马人的骄奢淫逸、挥霍放纵的生活享受是通过奴役与剥夺奴隶及其附属国人民的劳动与财富实现的。在中国历史上不断上演的地主阶级之间的攀比斗富之风亦说明，那些斗富之风的掀起者们在挥金如土般地炫耀自己的财富时并没有施舍自己的一丝同情给那些颠沛流离、无家可归的穷苦百姓。即使在当代民主社会，以奢侈、挥霍为特征的消费主义也是少数富裕阶层与富裕国家以破坏公平、平等、民主、人道为本质的。同样，吝啬也是不足取的。它虽然爱聚敛钱财，但却不是乐善好施，它是给予上的严重不足，因而它是"比浪费更大的恶"[②]。吝啬者小气、鄙吝，他们在处理人际关系时同样没有同情心与责任感，甚至由于贪心不足还会对他人的权利与财富做出无耻地僭越与攫取之举。而节俭却内在地包含着对他人、社会的关怀和责任。节俭者关心国家、民族的前途命运，并把社会的发展作为优先考虑的因素，从而能够根据现实需要合理支出金钱；他们乐施好善、慷慨大方，既不铺张浪费，也不鄙吝自私，能够坚持给予与获取上的中道，从而既能周贫济困又不至于逞强摆阔。在经济伦理的角度，节俭的理想状态是指社会资源与国民福利的分配达到帕累托

[①] 卢梭：《人类不平等的起源和基础》，第 165 页。
[②] 亚里士多德：《尼各马科伦理学》，第 71 页。

状态。① 节俭的目的是要维护社会公平，以保持社会各阶层都能实现理想的生活方式。共同富裕是社会主义最大的公平，所以，为了实现社会主义公平，国人尤其是先富阶层节俭的消费精神与生活方式的形成对改变两极分化现象，实现社会主义公平具有重要的意义。

第三，节俭有助于保护生态，实现可持续发展。

我国有丰富的自然资源，但人均资源占有率却很低，且人为的破坏和浪费也很大。不仅如此，由于利益的驱动，由于脱贫的迫切需要，由于短视，由于认知能力的不足等等各种原因，我国正经历着诸如水土流失、土地沙化、内河断流、地下水位下降、珍稀动物濒临灭绝等等严重的生态问题。这一问题的深层原因在于不可持续的发展观，在于不可持续的消费观。自然资源总是有限的，那种不顾国家资源的有限性、短缺性以及国家社会经济持续发展的要求，而在高涨的、不合理的欲望驱使下滥用资源或浪费资源的消费行为是非常有害的，它不仅不合乎人性的发展需要，而且恶化的生态环境最终会危及到人的健康生存与合理发展。所以我们要合理开发和利用资源，实现经济建设与人口、资源、环境的相互协调。其中，人口数量的控制是关键，资源的节约是保证，环境的保护是根本。为了实现社会的可持续发展，我们应谨慎地对待生态资源，审慎地、理性地、可持续地消费，既要控制人口，防止由于人口膨胀、自然资源的大量消费而造成的资源的严重匮乏、社会发展后劲不足的现象；也要正确处理好发展和资源的合理保护、开发利用

---

① 帕累托最优状况实际上包含着经济行为的道德评价标准。在一个经济体系中，当一个人最优状况的任何改善都将影响他人的最优状况时，此时的经济体系就达到了帕累托最优状况。

的关系，把节约资源放在首位，不断提高科技水平，选择有利于节约资源的产业结构和消费方式；更要保护环境，抛弃那种不顾生态环境资源状况的一次性消费和过度加工或包装等等消费方式，抛弃那种为满足不合理的需要而进行的奢侈性消费行为，使人们能够生活在一个美好的环境中，为子孙后代的休养生息作出贡献。

第四，节俭是对欲望的节制与适度，有利于健康人格的实现。

人生而有欲，这是人无法克服的内在规定性。对肉体欲望的满足是人保持生命完整性的前提。从社会发展的角度来看，欲望在终极意义上又是社会前进的推动力。然而，由于欲望更多的是一种本能性的欲求，它具有极大的盲目性与自发性。当欲望无限制膨胀的时候，便会形成对人性的扼杀。所以必须对人的欲望进行节制，即个体对其欲望的满足必须适度。"无欲"或"纵欲"都是不可取的。节俭是对人的欲望的节制。在消费生活中，它既不是对欲望满足的不足，也不是对欲望满足上的过度。节俭的意义还不仅如此，因为个体的存在是肉身性与精神性的存在的统一，人之为人的本质在于人能够超越肉身自然存在，追求更高的精神境界，人的欲望的合理满足只是个体走向更高精神存在的基础与前提。所以，节俭绝不意味着对个体肉身性的否定，但也绝不仅是对肉体的过分关爱，而是对人的自然存在的引导与超越，它鼓励人们追求精神文化消费，从而使人能够达到更高的存在，实现人的完满性。同时，节俭作为消费行为的恰当、适度，并不是以一个单一的标准去规范千姿百态的个体消费，而是考虑到个体自身文化、生理特征、心理性格、偏好等等方面的多样性和差异性因素，以寻找对个体的身心健康发展的最佳消费方式。

三 节俭的现代内涵及其实现

节俭是人的一种合理的生活方式,骄奢淫逸会使人沦为欲望的奴隶,使人陷于痛苦、不幸的境地,是受人唾弃的。正如休谟所言:当人们不能节俭地生活时,不仅成功的希望,甚至是勉强维持生存的愿望都将化作泡影。当那些浪荡子们把财富消费于疯狂的放荡淫逸、跻身于每一桌丰富的宴席和每一个享乐的聚会时,就会陷于生活的困顿,受到别人的鄙夷与嘲笑。奢侈同样会消磨人的进取意识。奢侈使人满足眼前的欲望,安于享乐、不思进取。"有些富翁简直是室满奴婢,厩满犬马,大吃大用地花"。这种即享即用的奢侈消费,不仅会使自己积累起来的财富被浪费得"连痕迹也没留下来",而且会养成游惰和懒散的品质。[①] 节俭使人在维护人性发展所需的正当物质资料的同时又不致使人沦为动物式的存在,从而抵制了奢侈之风、淫乐之气对个体创造精神、进取观念的消磨、窒息,使人的活动重心不只定位于生存性的消费,更定位于发展性的劳动实践。劳动是人的本质力量的显示,它使人不断超越当下、超越自我,从而确立起人的自由主体地位。同时,节俭是个体对自身生活方式合理安排的理性精神:既使个体按照自己的收入水平合理地安排消费及兼顾社会公平,又不致陷入困顿的窘境及无责任的自我享受,使自己从消费中发展各方面的能力。节俭并不反对人的欲望,而是主张对人的物质欲望进行节制,要求人们不要安逸于当前的舒适与快乐;它告诉人们物质生活享受固然是重要的,是人性的必要内容,但若过分追求暂时的、眼前的快乐和利益,追求物质的充裕与满足,只能

[①] 参见亚当·斯密《国民财富的性质和原因的研究》(上卷),商务印书馆,1997,第 319 页。

消费合宜性的伦理意蕴

给自己带来焦虑、不安、痛苦，丧失人的主体地位，从而越来越背离幸福的真义。幸福的实现有赖于人的创造性的活动，为了永不餍足的欲望而不断地消费，为了享受而享乐的奢侈行径是永远不可能实现人生幸福的。节俭还引导人们树立远大的生活目标，关注人的全面发展。它不仅要推动人的物质生活质量的改善，还要提高人的文化生活水平、精神文明程度，而后者正是培育具有高尚情操、创新意识、科学观念与享受能力的现代性人格气质的重要条件。这种人格内在的具有自觉摈弃那些不健康（如吸毒）、不文明（如大操大办、溺于迷信）、无意义（炫耀、讲排场）等消费方式的品质。"俭以养德"，节俭还有助于其他美德的生成，如同情、人道、公平、自制、廉洁、勤劳。这些美德仍是现代人所应有的美德，有助于人的合理生活方式的培育。

然而，究竟该如何界定节俭？本文第四章曾对个体消费的正当性标准作了分析，与这种标准相适应，笔者认为，节俭应当包含：（1）与个体的收入、财产状况相适应。这种收入、财产状况不仅包括当期的，也包括将来的。比如在进行信贷消费时一定要考虑到自己的日后的偿还能力，不应把消费可能性与还贷能力的现实性混淆。（2）消费支出应等于或接近于社会平均消费水平。当然，对于低收入者、贫困者不能这样评判，因为他们本身就没有足够的消费条件与可能，不能因为他们的消费水平低于社会平均消费水平就指责他们为吝啬。他们贫困境况的改善应当有赖于制度的正义。所以，这个标准更是对高收入人群而言的。个体虽然有消费支出的能力，但这并不意味着他就能随意消费资源，而应当考虑到这种消费对他人造成的影响。（3）不得损害他人与社会的根本利益。（4）不过多地占用或消耗自然资源，也不应浪费自然资源。

在全面建设小康社会的新时期，人民日益增长的物质文化需

第六章　现代消费美德

要同落后的社会生产之间的矛盾仍然是中国社会的主要矛盾，为达到"经济更加发展、民主更加健全、科教更加进步、文化更加繁荣、社会更加和谐、人民生活更加殷实"的目标，仍需要进行长时期的艰苦奋斗、勤俭节约的教育，仍然需要节俭精神培育节制有度、精明强干、勤俭开拓的现代性人格，为社会发展提供精神动力与人力资本，从而及早将中国引入繁荣富强的现代化，人民不再受贫困对人性尊严、人的存在方式的压抑，并避免出现西方消费主义所造成的人为物役的人的异化现象。笔者认为，全社会节俭之风兴起的关键是政府的节俭、各级领导干部的节俭。政府要求人们节俭，自己必须首先以身作则、做出表率。这是因为政府消费在社会总消费中所占比重较大，政府所施行的制度，必定对国家繁荣或衰退有很大影响。其次，政府的消费代表国家，政府如何消费对民众有一种示范作用。政府消费的豪华奢侈必然成为一些人追求的时尚，这种消费很快引导人们将把注意力集中在物欲的享受和满足上，懈怠自己对国家对社会的责任，不努力工作，甚至投机取巧或不择手段地猎取财富，从而腐化社会风气，扰乱经济秩序，并容易引起社会动荡。所以，对政府来说，为了人民的利益的实现，认识和实施节约更为迫切，即政府的节约比个人的节约更为重要。政府节俭的另一面是领导干部的节俭。领导干部总是与一定的政治权力相联系，在相当程度上掌握着社会资源的管理、分配和协调的权力，直接关系着社会公共利益，因而他们的道德状况便始终是社会普遍关注的焦点。恰如邓小平所言："群众对干部总是要听其言，观其行的。"[①] 如果领导干部能够严格遵守节俭美德，并能够时刻约束自己的消费行为，那就会成为普通民众心目中的道德楷模，政府的权威性也

---

① 邓小平：《邓小平文选》第 2 卷，人民出版社，1993，第 333 页。

就高，整个社会的道德风尚也必然会有根本性的改善。"上老老，而民兴孝；上长长，而民兴弟；上恤孤，而民不悖。"① 反之，则极易引起公众的失望，就会从根本上对整个社会的道德风尚和政治道德产生腐蚀作用。党的各级领导干部没有自己的特殊利益，在任何时候都要把人民的利益放在第一位，艰苦奋斗、勤政为民，同人民群众同甘苦、共命运，甘做人民的公仆，担当领导社会主义现代化建设和改革开放的重任。领导干部在艰苦创业方面起模范作用，不仅是稳定社会、反腐倡廉的重要法宝，更是在全社会兴起大公无私、服从大局、艰苦奋斗、克勤克俭精神的关键。

第三节 基本消费价值观辨析

为了能够正确理解节俭的现代内涵，澄清消费主义、享乐主义等等价值观念对人的现实消费行为的渗透与影响，笔者认为还应当辨析如下价值观念：

一 "节俭"与"吝啬"

谈到吝啬，无疑会令我们想起夏洛克、葛朗台、泼留希金等等吝啬鬼的形象。这些吝啬鬼是畸形的、病态的、冷酷无情的人格典型。亚里士多德指出，吝啬是不可救药的，它是比浪费更大的恶，吝啬主要表现为两个方面：给予上的不及、取得上的过度。那些被称为守财奴、小气鬼的人是给予上的不及；而另一些人如从事下流行业的人是取得上的过度，他们无处不要，无所不要，他们贪得无厌，为了小利而不顾羞耻，甚至会为获得金钱而

---

① 《大学·十章》。

第六章 现代消费美德

不惜出卖人格和灵魂,所以在危害上,亚里士多德将它看做是比浪费更大的恶。

吝啬是一种"恶"。吝啬内在地包含着对金钱的迷恋和贪婪。吝啬鬼把钱作为目的本身。他们爱那闪闪发光的钱币或堆积成山的财物。比如葛朗台的唯一乐趣是"半夜里瞧着累累的黄金",为此而快乐得无法形容。他"连眼睛都是黄澄澄的,染上了金子的光彩"。泼留希金则满足于充当"他的一切财产的保护者,看守者,以及唯一的所有者"。吝啬鬼是精神变态的拜金狂,一味地崇拜金钱、聚敛财富,失去了正常人的物质生活及精神生活。钱是他们的生命,而钱之所以成为钱,就是因为钱能生出更多的钱来。所以他们会以各种手段去揽财,甚至是贪婪地攫取,丧心病狂地赚钱,放高利贷。吝啬鬼是极端的利己主义者,在处理人际关系时不但对他人的权利与财富表现出无耻僭越与攫取,还表现出极端的鄙吝与小气,对他人危难冷眼旁观、无动于衷。他们从不把任何东西给予别人,比如阿尔巴贡害怕"给"这个字眼,即使家中的旧衣杂物、破铜烂铁也要折合成现金,甚至在放贷时一并贷出去,并且折价还要高出原物的几倍。在他们看来,良心、爱情、亲情都是无关紧要的,唯有金钱才是最要紧的。为了钱,吝啬鬼们会声名狼藉地放高利贷,他们不仅丧心病狂,还想出种种花样,设计用重利盘剥那些贫苦者,迫使他们走投无路,却丝毫没有半点同情之心。即使对于自己的亲人,也同样表现出冷酷无情。比如葛朗台眼看着弟弟因四百万债务破产而不予理睬;听到弟弟自杀的消息后他无动于衷,一面继续兴致勃勃地搞投机买卖,一面盘算着如何从其弟的破产中大捞一把;当妻子气息奄奄,行将就木时,他首先想到的是请医生需花多少钱,妻子尸骨未寒,他就强逼女儿放弃遗产继承权;而阿尔巴贡为了聚财,牺牲子女的幸福,他把女儿艾莉丝嫁给了有钱的老头

消费合宜性的伦理意蕴

儿,为儿子找的是一个有钱的寡妇。对黄金的占有欲,已经泯灭了他们身上一切正常的感情。

吝啬是人性的畸形发展,吝啬者名为爱财实则作贱财富,他向往金钱的孳生却又不甘于将金钱投入再生产。比如泼留希金,他积攒了很多的钱财却不消费,他将钱锁在箱子里,将物品藏在仓库里,以致纸币霉烂变质,用手一碰便化为灰,地窖的面粉硬得像石头,要用斧头去劈。葛朗台虽懂得货币的作用,但最终也是把它贮藏在自己的密室中,使它无法发挥社会作用。所以,吝啬实际上是对金钱作用的无知,它破坏甚至浪费了社会财富,严重阻碍了社会生产力的解放和发展,严重地阻碍了社会的进步与发展。

总之,吝啬不仅造成了资源的浪费,更导致了人格的畸变,同时也影响了整个社会经济的繁荣与发展。节俭不同于吝啬,它是对金钱的合理支出,既是对资源的有效使用与保护,使经济发展保持一定的张力,又能正确处理人际关系,表现出对他人、国家利益的较大关注与维护。节俭是理性地规划生活和享受生活的美德,也就是理性地创造生活美德。节俭不是一般地反对欲望,而是主张对欲望进行节制,是对人的本性的肯定,对人的真实存在意义的认可。在很多情况下,节俭是与勤奋相联的,这就决定了节俭是建立在自己诚实劳动基础上的行为,它使人能尽量地怜财惜物,珍视自己的劳动成果。

二 "高贵"与"高消费"

人的价值的实现离不开消费。在市场机制的作用下,消费的确是个人能力的一种标识,消费量的多寡也确实是对个体创造能力、工作绩效的酬劳。但这一标识在金钱法则下又有着将人的能力、成就、价值仅仅等同于消费品、物的倾向。于是,高贵奢华

第六章 现代消费美德

的生活不但能够提高消费者的荣耀，而且也证实了其事业的成功与社会价值。但是，这种价值评价却存在着一种危险性，即是将消费档次、品质直接与消费者的身份、地位乃至人格相等同。似乎商品拥有程度的高档在根本意义上就是消费者高贵人格程度的体现。

但高消费并非就是高贵。高贵的真实意蕴是就人的德性价值而言的，其衡量标准在于人的道德行为，是人合理地处理自身发展，在自己与他人的关系中所展示出的崇高美德，是良心、责任感的向外拓展。帕斯卡尔说："人是一枝有思想的芦苇"。人的生命像芦苇一样脆弱，宇宙间任何东西都能置人于死地，可是即使如此，人依然比宇宙间任何东西高贵得多。因为人有一个能思想的灵魂。我们不能也不该否认肉身生活的必要。但是人的高贵却在于他有灵魂生活。即使是强调人以快乐为目的的思想家约翰·密尔也感慨道："做一个不满足的人比做一个满足的猪好。"[①] 人只有不断从感性生活上升到理性生活，从低级快乐上升到高级快乐，他才能实现自己作为人的尊严与高贵。所以，作为肉身的人，并无高低贵贱之分，唯有作为灵魂的人，由于内心世界及其对生命意义、人生之路的设计，才分出了高贵和平庸乃至高贵和卑鄙。因为每一个生命都是弥足珍贵的，每一个人的生命都是独一无二的，每个人的生命都是平等的，每个人都是有着同等人格尊严的存在，即使是无足轻重的小人物也不能因为他的贫困、他的地位卑微而丧失掉他的人格。就如简爱在表明她的爱时的那一番发人肺腑的激昂话语一样。高贵并不在于外在形态、外在拥有物，而在于人的内在情操。正是人的内在情操、人格支

---

① 引自罗国杰、宋希仁主编《西方伦理思想史》（下卷），中国人民大学出版社，1988，第388页。

消费合宜性的伦理意蕴

撑着他高贵与否的形象。真正高贵的人，绝不是一个贪恋荣华富贵的人、挥金如土的人、沽名钓誉的人，而是在外在的荣誉与利益冲突面前能够保持着一种坦坦荡荡的君子风度，宠辱不惊的美德；是一个将自己的志向投射于奉献于人的解放事业的真诚的实践者，是一个追求内在人格完善的毅然的求索者。

高消费仅仅以自身利益的最大化为目标，将人的无限发展的目标简单地归结为单一的物质需要，认为人生的目的与意义就在于不停地消费，且是要追求高档品的消费。它将人的价值等同于消费水平的高低，以为能够穿着名牌服装、住着高档住宅区、开着高级轿车、戴着贵重的首饰就是上等人，就是高尚人士。人的价值与商品的价值等同起来，人失去了人之为人的主体性，人成了一个符号性的存在，人的本真性的存在被抽空了，而仅仅沦为对物质的占有和消费这一特性。高消费并没有真正使人变成高贵者，而当人企图通过高消费在高档物品中找到自我时，恰恰是人的自我的失落。同样，高消费会引发奢侈，这种消费往往是以感性的快乐与私欲的膨胀为代价而放弃社会的长远利益。它不考虑经济实力与现实国情，不能量入而出，所以它的危害性是极大的。特别是对发展中国家来说更是如此。在当前，一些发展中国家虽然经济上还不富裕，但不少人极力追求高标准的生活，酒要饮法国的香槟、苏格兰的威士忌；车要坐外国进口的；有条件的人每年在旅游季节还要纷纷到欧美等国去度假。高消费会使发展中国家将有限的资金过多地投入生活享受与生活消费，从而影响生产的投入、影响有效的社会投资，破坏产业结构的合理配置，加剧消费品供求的不平衡，最终影响经济再生产的进行。而且，它还会加剧人们盲目攀比，追逐高消费，不利于社会安定等。高消费是超越生产力发展水平的消费，对经济承受力具有严重的破坏性，是对资本和资源的浪费以及对商品使用价值的背离。在社会生产

第六章 现代消费美德

力并不发达的情况下，只顾眼前的消费利益，社会发展往往难以持久。更重要的是，这在根本上影响了人民生活质量的改善。虽然高消费会带来一定程度上的经济繁荣，但这种繁荣只是一种虚假的繁荣，因为这种消费模式只是少数富裕者的奢侈品，与支付能力有限的广大群众无缘。同时，由于少数人的消费需求的潜在饱和性，所以这种繁荣只是一时的现象，缺少持续发展的后劲。

三 "享受"与"享乐主义"

现代人应追求全面自由健康发展的生活，不仅需要有创造高度文明而且要有相应的享受这种文明的能力。兢兢业业的工作狂形象固然令人敬重，但这种人的生活却是单调的、平面的、没有情趣的。从人健康发展的角度而言，人需要劳逸结合，需要休闲以松弛身心，缓解与恢复由脑、体力劳动所带来的精神紧张和疲劳。享受是一种蓬勃的活力状态，它来自建设性的生活经验。马克思将人的需要分为生存需要、享受需要和发展需要。作为满足人的需要的消费，在本质上是人的社会生活的一种方式。所以，在消费生活中实现人的享受需要，实际上体现了人的一种更高的生活要求。在具体的生活层面，消费是一种与生产、劳动相对立的活动，或者在一定意义上它是在生产、劳动时间之外的活动，因而它总是以人的休闲为前提的。尤其是现代社会，消费已经成为一种需要花精力、时间的活动。没有休闲，没有自由时间的获得，也就不可能有真正意义上的消费，也就不可能有享受。"休闲是从文化环境和物质环境的外在压力中解脱出来的一种相对自由的生活，它使个人能够以自己所喜爱的、本能地感有价值的方式，在内心之爱的驱动下行动，并为信仰提供一个基础"①。没

---

① 戈比著，康筝译《你生命中的休闲》，云南人民出版社，2000，第14页。

消费合宜性的伦理意蕴

有休闲就不可能去缓解生活的压力与重负,就不可能有足够的精力去思考生活意义、生命价值等等精神玄想,就不可能通过合理的消费去实现人的精神提升与全面发展。休闲的产生具有革命性的颠覆意义,它既是对那种只重生产不重生活、只重积蓄不重消费的生活理念的根本变革,也同样是对阶级压迫的革命性抗争——"八小时工作制"的形成就是工人与资本家斗争的革命产物。休闲时间往往是同消费联系在一起的,它们都旨在展示人的生活方式、价值存在。尤其是在现代社会,休闲与消费具有同等内容。比如生活中为了健身、美容、益智、消遣等等目的而进行的消费。

马克思和恩格斯在阐述剩余劳动的性质时,明确指出:"时间实际上是人的积极存在,它不仅是人的生命的尺度,而且是人发展的空间。"[①] 自由时间实际上就是人的充分发展的时间。整个人类社会的发展,就是通过对这种自由时间的运用,并且把这种对自由时间的运用作为必要的基础的。休闲恰恰是以自由时间为根本前提的。只有拥有大量的自由时间,个人才会在艺术、科学等方面获得发展,才能有充分的时间参加各种文化娱乐活动,从事科学研究、文学创作等创造性活动;才能从事高级精神活动,以达到陶冶情操、纯正品格、培养和发展多方面的情趣、爱好及能力等目的;才能扩大人们的社会交往和社会关系,丰富人们的自由个性。"因为要多方面的享受,他就必然有享受的能力"。人们只有通过闲暇时间、自由时间的利用去发展自己的本质,去提高自己享受消费品的能力,方可在根本上实现人的自由。随着现代经济的高度发展,人们在物质生活水平提高的同时也获得了更多的闲暇,有了更多的时间与能力享受自己创造出的

---

① 《马克思恩格斯全集》第47卷,人民出版社,1979,第532页。

财富。但享受并非享乐主义，它是对自身创造成果的珍视，它必须立足于一定经济水平，并在满足人的正当合理的需要之上方有的合理生活方式。同时，享受还内在地含有"分享、共享"之意，而绝不是"独享"，体现了一种友爱精神。

享乐主义从人的自然本性出发，把人的生理本能需要的满足作为人生的最高追求，认为人生的根本目的就是追求快乐，尤其是肉体上的快乐，因为肉体的快乐远远胜于灵魂的快乐。人活着就是要"为美厚尔、为声色尔"，"唯患腹溢而不得恣口之饮，力惫而不得肆情于色"①。享乐主义将人类的多样性追求仅仅局限于感官享乐和物质欲望的满足，将人还原为肉体欲望、本能的存在物，彻底贬黜了人的精神生活的价值以及其对肉体本能的超越。这是对人的尊严的贬低。享乐主义的实践，必然使行为者贪图安逸、不思进取，不去追求人生的理想，将自己沦为物欲的奴隶。而且，享乐主义使人将视野仅仅局限于个人利益的满足，"我"字当头、"利"字当头，而毫无社会责任感，他不仅不会与他人分享自己的快乐，而且会为自我享乐而不择手段，甚至把自己的快乐建立在别人的痛苦之上。所以，享乐主义在本质上是彻头彻尾的利己主义者。在物质感官享乐的指挥棒下，享乐主义使人生活颓废，看不到生活的希望，由于害怕人生苦短，害怕自己无福消受各种幸福，所以要抓住眼前的机会尽情享乐，它不求将来，只重眼前，只图"过把瘾就死"。表面上潇洒幸福，实际上内心十分空虚、焦虑、痛苦，所以，它又是悲观主义的人生哲学。"享乐哲学一直只是享有享乐特权的社会知名人士的巧妙说法"②。享乐主义说到底还是一种剥削阶级的人生观，是剥削者

---

① 《列子·杨朱篇》。
② 《马克思恩格斯全集》第3卷，第489页。

消费合宜性的伦理意蕴

通过特权不劳而获却贪得无厌地鲸吞他人劳动成果和社会财富，盘剥劳动人民的劳动成果并剥夺劳动人民追求幸福的人生写照。享乐主义是人性的畸形发展，它将人的存在滞留于物质的层面，使人沉溺于萎靡的生活方式，必然会将人的力量和勇气消蚀殆尽。曾经气宇轩昂、挥斥方遒、纵横千里的古罗马帝国的统治者不正是因为享乐主义而招致覆灭的绝妙注解吗？所以，享乐主义不能等同于享受。享乐主义与享受的根本区别不在于消费的多少而在于消费方式是否具有科学性与文明性，某些虽属耗钱多的消费如买房、听古典音乐会、旅游反倒是享受；而某些虽然是相对耗钱少的消费如大吃大喝、愚昧消费反而是享乐主义。两者的重要区别在于是否有利于人的全面发展。从某种程度上讲，享乐主义恰好是那些急于摆脱内心贫乏、精神空虚者的极端反应。

四 "荣誉"与"虚荣"

人的消费总是会受到一定社会意识的支配，并总会伴随一系列复杂的心理活动。心理学的研究表明，每个消费者都是属于一定社交圈的，周围人的消费观念和消费方式会对他的消费行为产生极大的影响。为了表明自己是这个圈子里的具有同样消费能力的人，他往往会在消费方式上向他所交往的人看齐，追求体面和荣耀的消费，以保持心理的平衡。比如从众行为、追求时尚的求同、求异行为等等。凡勃伦曾刻画了这一消费行为的心理特征，"每个阶层的成员总是把它们上一阶层流行的生活方式作为他们礼仪上的典型，并全力争取达到这个理想的标准。他们如果在这方面没有能获得成功，其声名与自尊心就不免受损，因此他们必须力求符合这个理想的标准，至少在外表上要做到这一点"[①]。

---

① 凡勃伦：《有闲阶级论》，商务印书馆，2002，第64页。

第六章 现代消费美德

行为者试图通过这种维护和争取自己地位、面子的消费以获得他人的尊重，获得荣誉。

荣誉是幸福的表征，是社会、他人及自我对行为主体人生价值的肯定，是其人生价值与目的实现时的满足感。荣誉是个历史范畴，每个社会都有其特定的荣辱观。在封建社会，等级、门第和权势是荣誉的标准。在资本主义社会，金钱和财富的多寡是人们评价荣誉的标准，货币的价值就是货币所有者的价值的真实体现。显而易见，荣誉归根到底源于人们所处的社会生活条件和历史条件。也就是说，荣誉的获得总是要以某些条件来确证。如德行、容貌、才智。消费也是赢得荣誉的重要手段。尤其是在人际接触面最广、人口流动性最大的市场经济中，消费的数量、质量在相当大程度上指示着个体的成就、能力与趣味，是最能作为博取荣誉的手段。然而，荣誉在本质上却不在于衣着、金钱等外部条件，而在于内在的德行。也就是说，荣誉是个道德范畴。荣誉总是与"善"联系在一起的，荣誉是德行的尺度。"荣誉是圆满的善"。"不荣誉的快乐就不会是善"[1]。荣誉是对人的道德行为的肯定性评价，是一定社会或集团通过社会舆论或其他方式对个人德行及其为社会作出贡献的褒奖。当人们获得荣誉时，即意味着道德行为价值得到了证实。同时，他在内心会体验到人生目的与价值实现时的满足感和自豪感。"荣誉是为我们想象着的某种行为受人称赞的观念所伴随着的快乐"[2]。个体虽然直接感受着荣誉、荣辱，但荣誉却并不由个体自己所确定，而是取决于他对社会的责任与奉献。也正是在履行义务、职责的过程中，并能够为了社会利益做出自己一定的利益牺牲，所以社会才予以褒奖，

---

[1] 周辅成编《西方伦理学名著选辑》（上卷），商务印书馆，1987，第 220 页。
[2] 斯宾诺莎著，贺麟译《伦理学》，商务印书馆，1981，第 147 页。

消费合宜性的伦理意蕴

才对其赋予肯定性评价。费希特曾指出:"给予个人以荣誉的不是阶层本身,而是很好的坚守阶层的岗位。每个阶层只有忠于职守,圆满地完成了自己的使命,才受到更大的尊敬。"[①] 康德也说:"例如好荣誉,假如恰巧目的在于有益公众并合乎义务因而是荣誉的事情,是值得赞美并鼓励,但不值得敬重。因为道德的意义就在于这种行为应该出于义务心,不是出于爱好,所以这种行为标准没有道德价值。"[②] 所以,荣誉是个体获得社会性存在以及社会对其接纳程度的价值认可和伦理评价。只有将个体利益与社会利益有机结合起来,并为社会价值作出贡献方可得到荣誉。正是由于荣誉的获得有赖于他人、社会的评判,荣誉则有着取悦于他人的倾向性。这种倾向会使荣誉走向它的反面:虚荣。

虚荣是荣誉的堕落形式。按照《现代汉语词典》的解释,虚荣是"表面的光彩"。即好面子。适当的虚荣心是正常的,可如果虚荣心得不到及时校正,任由它膨胀,就会给人们的生活带来极为严重的后果。比如法国著名小说家莫泊桑笔下的路瓦栽夫人,因其受虚荣心的驱使,为了想要在舞会上大出风头就向朋友借了项链,结果却将项链丢失。最后爱慕虚荣的她不得不付出十年的艰辛劳作,最终才用一条真项链偿还了那位朋友的假项链。虚荣的表现是多样的。在消费生活领域,这种为面子或好名声的虚荣消费尤其突出。荣誉消费是以满足荣誉心、好胜心来评判消费行为,其内在逻辑是消费者的数量、档次与消费者价值、地位的正比例关系,必然会带来奢侈、挥霍的行为。因为在它看来,奢侈是荣誉的象征,而俭约、劳身是无能,是一种耻辱。在这种

---

① 费希特著,梁志学、沈真译《论学者的使命人的使命》,商务印书馆,1980,第33页。
② 周辅成编《西方伦理学名著选辑》(下卷),商务印书馆,1987,第229页。

消费理念中,消费的意义已发生了根本转向,即由耗用物质资料来维系人的生命存在的手段蜕变为以金钱证实其财富与地位的标志,消费与人的实际需要相脱节了,人不再是积极探索生命意义的实践者,而是追求享乐、生理本能满足的物欲的奴隶,变成了为了满足自己感性欲望的自私自利的吞噬者,对公共福利形成一定的威胁。

虚荣不是荣誉,虚荣在一定程度上会导致恶。在生活中,的确有人为了赢得他人对自己的肯定、尊敬甚至赞扬,往往会采取夸张、隐匿、欺骗、攀比等手段来满足自己的虚荣心。它是道德上的恶。因为,为了面子上的荣耀,虚荣者采取的夸大实际能力的行为本身就是撒谎,而他通过伪装、文过饰非的方式获得他人的羡慕,则不可能获得他人的认可,也并不必然带来真正的自我肯定,而恰恰是人格不完善、心理不成熟的表现,他的所作所为不过是自欺和不自爱。那种"死要面子活受罪"、"打肿脸充胖子"的行为,不仅是虚荣者缺乏自尊的表现,而且,这种行为发展下去会使虚荣者作茧自缚、以至于陷入穷困潦倒的窘境。虚荣心的盛行,会将个体与社会与他人对立起来,为了"荣誉"和名誉,他会不顾一切,引发挥霍、奢侈之风,并且会因自己的虚荣的满足而升出邪念,失去理智,侵吞他人钱财,走上违法犯罪之路。所以,一个人荣誉的获得应当树立正确的自我荣辱观,要获得自我人格的独立,而不是单纯地取悦于人、随波逐流。同时,应当在奋斗和进取中而不是在消费中亮出真实的自我,以社会事业的光芒来展现自我的风采,以获取社会的认可与赞赏。在荣誉面前,要做到自信、自爱、自立、自强。

五 "成功"与"占有"

在现代市场经济的利益机制下,人们的获利欲望获得了前所

消费合宜性的伦理意蕴

未有的膨胀，追求尽可能多的物质财富似乎成了社会的普遍规范和中心，一切都仿佛围绕着这个中心运转。于是，人的成功与否的最为明显的标志就在于能否获得最大的经济效益，能否追求到尽可能多的财富，似乎谁占有的财富越多，他就越成功，就越有社会地位，越受人尊重，他对社会越有价值。与之相适应，谁占有的消费资料越多、档次越高，谁也就越成功。在过去，成功者是那些为社会作出贡献的道德楷模，是安于平凡工作岗位的兢兢业业的劳动者。但在今天，这种标准却被完全颠覆，那些老实巴交的劳动者、道德英雄被视作"傻冒"、无能者。而成功者是那些拥有雄厚资产的商人，是那些在吃、穿、住、行等消费生活中的顶尖级领潮者。"什么叫成功人士？你知道吗？成功人士就是买什么东西，都买最贵的，不买最好的。"①

  成功并不只是对物的占有，生命的意义并不在于"我买故我在"，不是我消费了什么，我就是什么样的人。如果一个人没有了良心、没有了责任心，纵使他消费得再多、再高贵，他也是一个低劣的、粗俗的人而不能成为高级趣味的人。那些斗富者、炫耀者、攀比者，纵然再有钱，他也是冷酷无情、精神乏味的消费人；那些追求享乐感受，挥金如土、奢侈浪费却毫无斗志的享乐主义者也只是精神空虚的物的奴隶。他们在消费中失去了自己的灵魂。弗洛姆认为，人身上存在着两种倾向，一种是占有倾向，一种是生存倾向。占有倾向来自于人想活下去的生物要求，而生存倾向则以奉献、分享和牺牲为乐。但现代人将幸福理解为最大限度地消费满足，以为人生活的唯一目的就是"多多益善"，就是拥有更多、更好、更新的东西。"他对自己价值的理

---

① 电影《大腕》中的台词，转引自胡大平《崇高的暧昧——作为现代生活方式的休闲》，江苏人民出版社，2002，233页。

第六章　现代消费美德

解就在于占有的多少,而他如果想成为最好的,就不得不成为占有最多的。"① 人们总是希望购买更多、更好的东西,但却总会被更新的东西的可能性所迷惑,人就像个饥饿的吞噬者,永远不会得到满足。人完全成了商品的奴隶,成了现代性的行尸走肉。所以,人要放弃一切占有的方式,以达到真正的存在;他要尽可能地消除贪欲、仇恨和种种幻想;他要从给予和分享中获得快乐,而不是从积聚财物和剥削中获得快乐;他要培养自己的爱的能力和批判思维、理性思维的能力;他要让自己和自己的同胞得到全面的发展,并使之成为生活的目标……尽管弗洛姆对占有型人格破除之路的方案有些浪漫主义的、乌托邦式的色彩,但是他深刻地揭示了将占有等于人生实现的做法是极度危险性的。占有并非成功,只表示拥有了某物,它只是"有",是单面的而非立体的"有";是孤立的、静止的而非联系的、运动的"有"。单纯的占有会使人变得愚蠢而片面,使人的生命意义荡然无存,生命的存在只能以"无聊"、"单调"所展示。人的生命活动由此陷于单调的重复和周而复始的循环,人失去了生机、活力和创造性。生命的意义、成功的真谛在于创造性的生活,这种创造性生活是多维度的而不仅仅是物质享受这一单一性维度;这种创造性生活是个人潜能的充分发挥,是高层次需要不断取代低层次需要并被满足的过程;这种创造性生活是人能够最好和最完善地运用自己的全部智能去发挥自己的选择能力、创造精神,并且能不断形成人的优美心灵、完善人的境界的过程;这种创造性的活动是人摆脱外在物的控制、束缚,逐步实现自由的过程,这种创造性生活的深刻使命在于致力于全人类的解放、追求人的存在方式的

---

① 转引自欧阳谦《20世纪西方人学思想导论》,中国人民大学出版社,2002,第269页。

消费合宜性的伦理意蕴

和谐。

总之,作为现代消费美德的节俭,并不是一种过时的美德,也不是简单化的道德约束,使人的正当的、合理的需要无法实现的障碍,而恰恰是人的需要得到合理满足的保障。它体现了合宜性的精神,即实现了立本(以人为本)、执中(适度消费)、求和(人与自然、人与人、人与自身的和谐)的统一。不仅如此,节俭在其根本上是包含着需求与责任、享受与奉献、创造性与人文性相统一的价值理性,它为经济发展提供必要的伦理张力,指导人们进行合理消费并为人的存在方式提供价值制衡,养成人的世俗性与超越性相统一的精神气质的美德。

结　语

　　当从野蛮时代跨越文明社会的门槛之时,人类就面临着一种抉择:究竟该如何处置人类的原始情欲?人类该如何对待自己的情欲?如果放纵它,无异于说人类依旧没有脱离饮血茹毛般的野蛮性、动物性,难以堪称"万物灵长"的誉称;如果否认它,则人类文明、进步的动力何在?人性的力量如何呈现?人正是要在对欲望的矛盾态度中寻求自己的生命意义,寻求自己作为人的生活方式。因而,人的生命存在的意义并不在于追求那种割断世俗的虚无缥缈式的精神畅游,也不在于那种压抑人欲的闭门修道式的生活,更不在于那种溺于享乐、纵欲的放浪形骸,而在于生命的律动、生命的昂扬状态。意义本身就是生命的活泼、怡然状态,体现在人对各种矛盾、冲突能动选择的张力之间,体现在人的自主、自由精神,正是这种张力、自由精神,引发作为主体的人去反思生命的意义问题,并推动人去付诸实践。遗憾的是,人类并不能够真正把握好这种张力,并不能够真正处理好自然性与超自然性、个体性与社会性之间的矛盾,也并不可能完全实现自己向往与期待的自由。相反,当人类在体验着每一次社会进步给自己

消费合宜性的伦理意蕴

带来可贵的自由、相对富足的生活方式的同时，对生命意义的焦虑、对苦难、奴役、战乱的恐惧又使人类承受着深深的紧张与不安。

现代消费问题的产生在深层次上反映着人的存在方式的内在矛盾，在于人日益疏远甚至偏离了自己赖以生存的根本，还自以为这是"人"的生活。在"多多益善"、"我买故我在"之类的劝告中，人的欲望得到了极大的张扬，人们总是希冀更多、更大的消费，并希望在消费中感受幸福，但是很可惜，幸福却离人们越来越远。因而，人的欲望的发动不是以自身的实际需要为根本的，而是由资本增值的逻辑所决定的。人的消费的前提不再是自己的真实的需要，而是由商业文化所诱导出来的虚假的需要。这种需要具有无限膨胀的倾向性。人们总是在追求着什么却总是会有被淘汰出局的危机感，甘愿地投身于资本增值所制造的消费神话的麾下。消费本是一种自主性的活动，它本是要通过使用和享用资料去推动真正的人的生产，去创造出"同人的本质和自然界的本质的全部丰富性相适应的人的感觉"[①]，使人成为人。但是，现代人的消费却是与人的本质、与人的目的相背离的行为，人只是去投身于商品的流行之中、时尚之中，在消费中去发现自己，而不是在创造中发现自己，他通过消费所生产的只是人的"身体"的感觉，如舒适、华丽、豪华、前卫、漂亮之类的评价，只是对他身体的呵护与关爱。人的肉身及其附着物被现代化的科技塑造得如此的神奇，以至于他除了消费之外什么也不想干；除了物之外，什么也看不到。为了离奇的、新颖的、高贵的欲望的满足，他发动了所有的想象力与可能性使欲望的满足不受到任何条件的束缚，使自己得到及时的享受。于是，科学技术不断贴近人的享受的需要，新的消费手段如信用卡等等信贷也不断涌

[①] 《马克思恩格斯全集》第42卷，人民出版社，1979，第128页。

结　语

现……但是，有些条件是可以超越的，有些条件是无法超越的。人无法超越自然生态承载力这一客观条件，也无法超越社会性存在这一本质，更无法超越自己的应当作为"人"的生命存在所应当拥有的灵魂的、精神的维度这一事实。而现代消费问题的出现，人与自然矛盾的激化、人与人之间冲突的加剧也正是由于本属于人的灵魂的、精神的力量被遮蔽的结果，人的消费没有顾及到人的灵魂、精神力量的人化与生成。人的生理肉体生命固然重要，如果不尊重它也就否认了生命本身。但肉体生命中如果没有灵魂的统摄、主导，没有精神的贯注，也同样不成其为人的生命。"'精神'本质的基本规定便是它的存在的无限制、自由，——或者说它的存在中心的——与魔力、压力，与对有机物的依赖性的分离性，与'生命'乃至一切属于'生命'的东西，即也与它的冲动理智的可分离性。这样一个'精神'的本质不再受本能和环境的制约，而是'不受环境限制的'，如同我们所要说的，是对世界开放。"① "精神"是人的感性肉体生命的结晶和升华，是人的生命的自我表达、自我体验、自我意识、自我理解。拥有了灵魂的、精神的、道德的力量，并在它们的引导下合理地安排自己消费生活的人，才会在消费中使自己身体和精神的能力得到充分的发展和锻炼，才能实现人的完善。同时，个体的人在追求自我发展和自我完善的过程中，才会积极投入到与自然、社会、自我的广泛的关联之中，感受各种伦理关系，并积极认同自己置身其中的价值关涉，从而找到个体生命跃升的价值路径。正是在对各种（人与自然、人与人、人与自身）伦理关系的细致入微的体验之中，人的道德理智、情感、智慧才会得以提升，人的生活之路才会得以无限敞开，人的生命尊严才会得到维护和升华。

---

① 舍勒著，刘小枫选编《舍勒选集》（下册），上海三联书店，1999。

参 考 文 献

1. 马克思:《1844 年经济学哲学手稿》节选本,北京:人民出版社,2000。
2. 马克思:《德意志意识形态》节选本,北京:人民出版社,2003。
3. 帕斯卡尔:《思想录——论宗教和其他主题的思想》[M],何兆武译,北京:商务印书馆,1986。
4. 罗国杰、宋希仁编著《西方伦理思想史》[M],北京:中国人民大学出版社,1985。
5. 苗力田:《古希腊哲学》[M],北京:中国人民大学出版社,1996。
6. 柏拉图:《理想国》[M],郭斌和、张竹明译,北京:商务印书馆,1996。
7. 柏拉图:《政治家》[M],黄克剑译,北京:北京广播学院出版社,1994。
8. 北京大学外国史教研室编《古希腊罗马哲学》[M],北京:三联书店,1957。

9. 亚里士多德：《尼各马科伦理学》[M]，苗力田译，北京：中国社会科学出版社，1990。

10. 亚里士多德：《政治学》[M]，吴寿彭译，北京：商务印书馆，1965。

11. 亚当·斯密：《道德情操论》[M]，蒋自强等译，北京：商务印书馆，2003。

12. 亚当·斯密：《国民财富的性质和原因的研究》[M]，郭大力、王亚南译，北京：商务印书馆，1997。

13. 罗尔斯：《万民法》[M]，张晓辉等译，长春：吉林人民出版社，2001。

14. 康德：《道德形而上学原理》[M]，苗力田译，上海：上海人民出版社，1986。

15. 黑格尔：《美学》第1卷[M]，朱光潜译，北京：商务印书馆，1979。

16. 萨缪尔森、诺德豪斯：《经济学》，萧琛译，北京：华夏出版社，1999。

17. 波德里亚：《消费社会》[M]，刘成富等译，南京：南京大学出版社，2000。

18. 迈尔·费瑟斯通：《消费文化与后现代主义》[M]，刘精明译，南京：译林出版社，2000。

19. 堺屋太一：《知识价值革命》[M]，金泰相译，北京：东方出版社，1986。

20. 马尔库赛：《单向度的人——发达工业社会意识形态研究》[M]，张峰等译，重庆：重庆出版社，1988。

21. 弗洛姆：《占有还是生存》[M]，关山译，北京：三联书店，1989。

22. 张世英：《新哲学讲演录》[M]，桂林：广西师范大学出版社，2004。

23. 弗雷德里克·巴斯夏：《和谐经济论》［M］，王明毅、冯兴元等译，北京：中国社会科学出版社，1995。

24. 陈宏志：《社会主义消费通论》［M］，北京：人民出版社，1994。

25. 厉以宁：《资本主义的起源——比较经济史研究》［M］，北京：商务印书馆，2004。

26. 马克斯·韦伯：《新教伦理与资本主义精神》［M］，于晓、陈维纲等译，北京：三联书店，1987。

27. 维尔纳·桑巴特：《奢侈与资本主义》［M］，王燕萍等译，上海：上海人民出版社，2000。

28. 哈特穆特·莱曼等著《韦伯的新教伦理》［M］，阎克文译，沈阳：辽宁教育出版社，2001。

29. 凯恩斯：《就业利息和货币通论》［M］，徐毓枬译，北京：三联书店，1957。

30. 丹尼尔·贝尔：《资本主义文化矛盾》［M］，赵一凡等译，北京：三联书店，1992。

31. 汤因比、池田大作：《展望二十一世纪——汤因比与池田大作对话录》［M］，荀春生等译，北京：国际文化出版公司，1987。

32. 艾伦·杜宁著《多少算够——消费社会与地球的未来》［M］，毕聿译，长春：吉林人民出版社，1997。

33. 路德维希·冯·米瑟斯：《自由与繁荣的国度》［M］，韩光明等译，北京：中国社会科学出版社，1994。

34. 沃夫冈·拉茨勒：《奢侈带来富足》［M］，刘风译，北京：中信出版社，2003。

35. 王宁：《消费社会学》［M］，北京：社会科学文献出版社，

2001。

36. 约翰·罗尔斯：《正义论》[M]，何怀宏等译，北京：中国社会科学出版社，1997。

37. E. 舒尔曼：《技术文明与人类未来》[M]，北京：东方出版社，1995。

38. 柯林武德：《自然的观念》[M]，吴国盛等译，北京：华夏出版社，1990。

39. 康德：《实践理性批判》[M]，关文运译，北京：商务印书馆，2001。

40. 赫伯特·西蒙：《关于人为事物的科学》[M]，杨砾译，北京：解放军出版社，1985。

41. A. J. M. 米尔恩：《人权哲学》[M]，王先恒等译，北京：东方出版社，1991。

42. 施里达斯·拉夫尔：《我们的家园——地球》[M]，夏堃堡等译，北京：中国环境科学出版社，1993。

43. 巴巴拉·沃德、雷纳·杜博斯：《只有一个地球》[M]，吕瑞兰、李长生译，长春：吉林人民出版社，1997。

44. 岩佐茂：《环境的思想》[M]，韩立新等译，北京：中央编译出版社，1997。

45. 纳什：《大自然的权利》[M]，杨通进译，青岛：青岛出版社，1999。

46. 傅华：《生态伦理学探究》[M]，北京：华夏出版社，2002。

47. 哈贝马斯著《作为"意识形态"的技术与科学》[M]，李黎、郭官义译，北京：学林出版社，2002。

48. 黑格尔：《自然哲学》[M]，梁志学等译，北京：商务印书馆，1980。

49. 弗洛姆：《健全的社会》[M]，孙恺详译，贵阳：贵州人民出版社，1994。

50. 罗伯特·弗兰克：《奢侈病——无节制时代的金钱与幸福》[M]，北京：中国友谊出版公司，2002。

51. 保罗·福塞尔：《格调》[M]，梁丽真等译，南宁：广西人民出版社，2002。

52. 阿马蒂亚·森：《以自由看待发展》[M]，任赜、于真译，北京：中国人民大学出版社，2002。

53. 王海明：《伦理学原理》[M]，北京：北京大学出版社，2002。

54. 哈耶克：《自由秩序原理》[M]，邓正来译，北京：三联书店，1997。

55. 凡勃伦：《有闲阶级论》[M]，蔡受百译，北京：商务印书馆，2002。

56. 麦金太尔：《谁之正义？何种合理性？》[M]，万俊人等译，北京：当代中国出版社，1996。

57. 万俊人：《义利之间——现代经济伦理十一讲》[M]，北京：团结出版社，2003。

58. 萨缪尔森：《经济学》[M]，高鸿业等译，北京：中国发展出版社，1992，第12版。

59. 约·雷·麦克库洛赫：《政治经济学原理》[M]，郭家麟译，北京：商务印书馆，1975。

60. 罗伯特·达尔：《论民主》[M]，李伯光、林猛译，北京：商务印书馆，1999。

61. 卢梭：《社会契约论》[M]，何兆武译，北京：商务印书馆，1980。

62. 马斯洛：《动机与人格》[M]，许金声译，北京：华夏出版社，1987。

63. 罗素：《西方哲学史》[M]，马元德译，北京：商务印书馆，

1976。

64. 黑格尔：《哲学史讲演录》（第二卷）[M]，北京：商务印书馆，1983。

65. 穆勒：《功用主义》[M]，贺麟等译，北京：商务印书馆，1957。

66. 黑格尔：《小逻辑》[M]，贺麟译，北京：商务印书馆，1980。

67. 弗洛姆：《为自己的人》[M]，孙依依译，北京：三联书店，1988。

68. 布热津斯基：《大失控与大混乱》[M]，潘嘉玢等译，北京：中国社会科学出版社，1995。

69. 费尔巴哈：《费尔巴哈哲学著作选集》（上卷）[M]，北京：三联书店，1959。

70. 比尔·麦克基本：《自然的终结》[M]，孙晓春等译，长春：吉林人民出版社，2000。

71. 包亚明等：《上海酒吧——空间、消费与想象》[M]，南京：江苏人民出版社，2001。

72. 阿尔温·托夫勒：《未来的冲击》[M]，孟广均等译，北京：新华出版社，1998。

73. 席勒：《席勒精选集》[M]，张黎编选，济南：山东文艺出版社，1998。

74. 弗洛姆：《逃避自由》[M]，陈学明译，北京：工人出版社，1987。

75. 多米尼克·斯特里纳蒂：《通俗文化理论导论》[M]，北京：商务印书馆，2001。

76. 雅斯贝尔斯：《当代的精神处境》[M]，黄藿译，北京：三联书店，1992。

77. 西奥多·怀特：《美国的自我探索——总统的诞生》［M］，北京：中国对外翻译出版公司，1985。

78. 卢梭：《论人类不平等的起源和基础》［M］，李常山译，北京：商务印书馆，1996。

79. 戈比：《你生命中的休闲》［M］，康筝译，昆明：云南人民出版社，2000。

80. 斯宾诺莎：《伦理学》［M］，贺麟译，北京：商务印书馆，1981。

81. 费希特：《论学者的使命人的使命》，梁志学、沈真译，北京：商务印书馆，1980。

82. 欧阳谦：《20世纪西方人学思想导论》［M］，北京：中国人民大学出版社，2002。

83. 弗兰克·戈布尔：《第三思潮：马斯洛心理学》［M］，吕明、陈红雯译，上海：上海译文出版社，1987。

84. 焦国成：《中国伦理学通论》［M］，上册，太原：山西教育出版社，1997。

85. 樊浩：《中国伦理精神的历史建构》［M］，南京：江苏人民出版社，1992。

86. 樊浩：《中国伦理精神的现代建构》［M］，南京：江苏人民出版社，1997。

87. 章海山：《西方伦理思想史》［M］，沈阳：辽宁人民出版社，1984。

88. 张曙光：《生存哲学——走向本真的存在》［M］，昆明：云南人民出版，2002。

89. 詹世友：《道德教化与经济技术时代》［M］，南昌：江西人民出版社，2002。

90. 尹世杰：《消费文化学》［M］，武汉：湖北人民出版社，2002。

91. 伯纳德·曼德维尔：《蜜蜂的寓言》[M]，肖聿译，北京：中国社会科学出版社，2002。

92. 罗钢：《消费文化读本》[M]，北京：中国社会科学出版社，2003。

93. 休谟：《道德原则研究》[M]，曾晓平译，北京：商务印书馆，2001。

94. 叶敦平、高惠珠、周中之等：《经济伦理的嬗变与适应》[M]，上海：上海教育出版社，1998。

95. 王岩：《整合·超越——市场经济视域中的集体主义》[M]，北京：中国人民大学出版社，2004。

96. 田海平：《西方伦理精神》[M]，南京：东南大学出版社，1998。

97. 甘绍平：《论消费伦理——从自我生活的时代谈起》[J]，天津社会科学，2002（2）。

98. 成伯清：《现代西方社会学有关大众消费的理论》[J]，国外社会科学，1998（3）。

99. 周梅华：《可持续消费及其相关问题》[J]，现代经济探讨，2000（2），20。

100. 陈晓彬：《看美国如何刺激消费》[J]，广西质量监督导报，2003（5），42。

101. 王玉生、陈剑旄：《关于节俭与消费的道德思考》[J]，道德与文明，2003（1）。

102. 胡金凤、胡宝元：《关于消费的哲学考察》[J]，自然辩证法研究，2003（11）。

103. 程秀波：《关于消费伦理的几个问题》[J]，山西师大学报（社会科学版），2003（7）。

104. 倪瑞化：《可持续消费：对消费主义的批判》[J]，理论月刊，2003（5）。

105. 刘雪丰：《绿色消费的伦理维度》[J]，消费经济，2003（4）。

106. 茹春亚、黄爱华：《社会转型期符号消费的伦理学分析》[J]，理论与改革，2003（6）。

107. 刘福森、胡金凤：《资本主义工业文明消费观批判——可持续发展的一个重要问题》[J]，哲学动态，1998（2）。

108. 许斗斗：《休闲、消费与人的价值存在——经济的和非经济的考察》[J]，自然辩证法研究，2001（5）。

109. 王儒年、赵华：《美国20世纪20年代的广告与消费伦理》[J]，连云港职业技术学院学报，2001（12）。

110. 蒲心文：《浅论西方消费文化研究》[J]，社会科学研究，1997（4）。

111. 王泽应、张晓双：《从生态经济伦理视角看绿色消费》[J]，消费经济，2001（2）。

112. 姚登权：《后现代文化与消费主义》[J]，求索，2004（1）。

113. 马永骏：《人类的生活方式和可持续发展》[J]，浙江师大学报，2001（2）。

114. 倪东：《人的存在论研究的新领域》[J]，江海学刊，2001（1）。

115. 朱仁友：《市场经济与个人消费》[J]，经济经纬，1999（6）。

116. 徐长山：《现代消费方式批判》[J]，河北学刊，2002（9）。

117. 郑永奎：《消费正义与人的存在和发展》[J]，东北师大学报，2002（4）。

118. 董才生、闻凤兰：《论资本主义精神的失落与重建》[J]，内蒙古民族师院学报，1998（4）。

119. 郭景萍：《消费文化视野下的社会分层》[J]，学术论坛，2004（1）。

后　记

　　行文于此，距本书的定稿已近一年。回想琢磨、构想、撰写本书的日子，感慨万千。这部书稿的最终完成既是对自己以往知识积累、思维能力、学术水平的一次总结与检测，也是自己接受学术磨炼、提高自己科研水平的新的起点。所以，在本书写作的一年半的时间里，虽然自己也有前期的积累，但却时时感觉到写作的艰难，自己总想表达得深刻、透辟些，却总会感受到思想的贫乏与知识的不足，目标与实际能力之间总是存在着一定的差距，令人焦虑不安却又心存不甘。我想，自己还需要进行不断的学习、历练和磨砺。

　　这部书稿的顺利完成有赖于我在三年的博士生阶段所接受的学业和科研方面的历练。三年的博士生生涯是我在各方面不断成长的日子。在这三年，自己真正有了自觉地、有意识地去潜心做学问的动力和需求。所以，阅读不再是盲目的而是有目的的，做论文不再是迷惘的而是主动探索。也许正因为如此，自己才能够有所获得。这三年也是自己不断地应对人生的变故的三年，它使我体验到了人生中诸多的不如意。但，它同样也是一笔财富，它使我学会了以一种冷静的、宽容的、开阔的方式去看待与接受人生的挫折与痛苦，感悟到某些人生的真谛，它使我在心灵上开始走向成熟。真心感谢这三年的光阴，感谢母校——东南大学六年的培养。

自己能够走到今天，离不开师长、领导、朋友们的关心与支持。在这里，我首先要感谢我的博士生导师——尊敬的田海平教授对我的悉心教导，导师严肃负责的态度、开阔的学术视野、独到的见解对本书的写作提出了建设性的意见。我要感谢樊和平教授，感谢他严谨的治学态度、严格的教育理念、系统的教学方法对我的科研工作的启迪。我要感谢我的前任导师高兆明教授对我的指导，高老师对我四年的教导是我人生的一笔财富，是我要时刻铭记于心的。我更要感谢一直支持着我的单位领导及我在博士后阶段的合作导师——王岩教授对我的关怀、支持和提携，他的帮助，使我真正深刻体悟到作为一名高校教师应有的素质与理想，使我有了坚强地面临人生各种问题的勇气。我还要衷心感谢国内学界许多前辈、专家和老师们的研究成果对我的启发。

本书是我承担的江苏省哲学社会科学"十五"规划项目：生命存在的尊严与自由——消费合宜性问题研究（04MZB006）的最终成果。2006 年，该书被列为"江苏省哲学社会科学重点学术著作出版资助项目"，这既是对我以往研究成果的一种肯定，也是对我今后研究工作的激励，我将以此为契机，不断深化自己的研究，坚持和恪守学者应有的良知和社会责任感。

感谢江苏省委宣传部理论处的领导！

感谢社会科学文献出版社的孙以年编辑，他对本书细致负责的态度使我感动不已！

感谢我的家人、朋友及所有关心与帮助我的人！

赵 玲
2006 年 5 月于卫桥

20世纪西方消费社会理论研究

莫少群 著
2006年8月出版　25.00元
ISBN 7-80230-217-X/D·043

  本书基于现代西方有关消费社会研究的主流文献，对消费社会研究兴起的社会文化背景、研究主题、研究特征进行了深入的探讨和分析，区分出消费社会研究所持有的两种批判性立场，以此为切入点，系统考察了消费社会研究的理论基础和话语资源，挖掘和提炼出消费社会的批判体系，实现了对消费社会理论知识的"重构"。这一工作为我们认识西方社会的结构和权力运作机制、把握现代人的生存状况提供了重要的入口，也为审视当代中国的消费现象提供了必要的理论平台。

消费认同

姚建平 著
2006年3月出版　22.00元
ISBN 7-80190-923-2/D·288

  消费方式的身份认同主要包括两个互逆的过程：一是群体所属感，它是通过消费方式将个人融入某个阶级、阶层和群体来定位身份，强调群体间的差异。二是自我感，自我感的本质是一种群体疏离感，通过消费方式强调自己不属于任何群体和阶层（只属于自己）来定位身份，所表达的是个体间的差异。

经济转轨、不确定性与城镇居民消费行为

罗梦亮 著
2006年1月出版 25.00元
ISBN 7-80190-883-X/F·286

20世纪90年代中后期以来,中国经济体制改革具有新的特点。失业下岗增加、公费医疗等福利政策被逐步取消,教育费用支出也以较大幅度增长,这些因素可能会对居民的消费行为产生重要影响。为此,本书在预防性储蓄的理论框架内,针对全国城镇居民的三次抽样调查数据,对收入、失业、医疗及教育支出等不确定性因素对居民消费行为的影响进行经验分析。

中国都市消费革命

戴慧思 主编
黄菡 朱强 等译
2006年3月出版 30.00元
ISBN 7-80190-990-9/F·340

本书是1997年耶鲁大学"当代中国城市的消费者与消费革命"研讨会论文集。中国社会正受到消费主义的深刻影响:商业化的童年、市场转型之舞、保龄球的友谊之道、生意场上的香烟支配、豪华公寓、麦当劳、咨询热线、婚纱、贺卡……在中国经济增长的新蓝图中,私营企业和消费需求被赋予了中心地位,在这个意义上说,消费革命是中国社会的"第二次解放"。

社会科学文献出版社网站
www.ssap.com.cn

1. 查询最新图书　　2. 分类查询各学科图书
3. 查询新闻发布会、学术研讨会的相关消息
4. 注册会员，网上购书

本社网站是一个交流的平台，"读者俱乐部"、"书评书摘"、"论坛"、"在线咨询"等为广大读者、媒体、经销商、作者提供了最充分的交流空间。

"读者俱乐部"实行会员制管理，不同级别会员享受不同的购书优惠（最低7.5折），会员购书同时还享受积分赠送、购书免邮费等待遇。"读者俱乐部"将不定期从注册的会员或者反馈信息的读者中抽出一部分幸运读者，免费赠送我社出版的新书或者光盘数据库等产品。

"在线商城"的商品覆盖图书、软件、数据库、点卡等多种形式，为读者提供最权威、最全面的产品出版资讯。商城将不定期推出部分特惠产品。

咨 询／邮 购 电 话：010-65285539　　邮箱：duzhe@ssap.cn
网站支持（销售）联系电话：010-65269967　　QQ：168316188　　邮箱：service@ssap.cn
邮购地址：北京市东城区先晓胡同10号　社科文献出版社市场部　邮编：100007
银行户名：社会科学文献出版社发行部　开户银行：工商银行北京东四南支行　账号：0200001009066109151

·江苏省哲学社会科学重点学术著作·青年文库·

消费合宜性的伦理意蕴

著　者／赵　玲

出 版 人／谢寿光
出 版 者／社会科学文献出版社
地　　址／北京市东城区先晓胡同 10 号
邮政编码／100005
网　　址／http：//www.ssap.com.cn
网站支持／(010) 65269967
责任部门／编辑中心 (010) 65232637
电子信箱／bianjibu@ssap.cn
项目经理／宋月华
责任编辑／孙以年
责任校对／孙　鹏
责任印制／盖永东

总 经 销／社会科学文献出版社发行部
　　　　　(010) 65139961　65139963
经　　销／各地书店
读者服务／市场部 (010) 65285539
排　　版／北京中文天地文化艺术有限公司
印　　刷／北京智力达印刷有限公司

开　　本／889×1194 毫米　1/32 开
印　　张／10.5
字　　数／247 千字
版　　次／2007 年 6 月第 1 版
印　　次／2007 年 6 月第 1 次印刷
书　　号／ISBN 978-7-80230-694-3/D·200
定　　价／28.00 元

本书如有破损、缺页、装订错误，
请与本社市场部联系更换

版权所有　翻印必究